PUBLIC HISTORY IN CHINA

中国公共史学集刊

第二集

（影像史学专号Ⅰ）

主编◎姜　萌　王文婧

中国社会科学出版社

图书在版编目（CIP）数据

中国公共史学集刊. 第二集／姜萌，王文婧主编. —北京：中国社会
科学出版社，2019.12
ISBN 978 - 7 - 5203 - 5646 - 6

Ⅰ. ①中⋯　Ⅱ. ①姜⋯②王⋯　Ⅲ. ①史学—中国—文集
Ⅳ. ①K207 - 53

中国版本图书馆 CIP 数据核字（2019）第 247815 号

出 版 人　赵剑英
责任编辑　耿晓明
责任校对　石春梅
责任印制　李寡寡

出　　　版　中国社会科学出版社
社　　　址　北京鼓楼西大街甲 158 号
邮　　　编　100720
网　　　址　http://www.csspw.cn
发 行 部　010 - 84083685
门 市 部　010 - 84029450
经　　　销　新华书店及其他书店

印　　　刷　北京明恒达印务有限公司
装　　　订　廊坊市广阳区广增装订厂
版　　　次　2019 年 12 月第 1 版
印　　　次　2019 年 12 月第 1 次印刷

开　　　本　710×1000　1/16
印　　　张　20.75
插　　　页　2
字　　　数　305 千字
定　　　价　89.00 元

目　　录

调查与分析

资料整理

学术编年

影像正在深刻影响历史学

古老的历史学在信息化时代受到了各种各样前所未有的冲击。文献的获取及传递方式、文献数量的增长、信息化辅助技术的发展等，都对历史学产生了显著的影响。对此，历史学界已经有了较为理性的认识。在近些年的讨论中，历史学从业者普遍认为，历史文献呈现方式、信息化辅助方法等变化，并不能改变历史学的基本理念、作业原则及呈现形态。但是，情势正在发生明显的变化，影像对历史学的影响正在与日俱增，并有可能对历史学的作业原则、呈现形态等产生根本性挑战。为什么影像可以有如此的威力？这是因为影像正深刻改变着历史记录和历史知识传播及接受的方式。

历史记录的主要方式正在从文字向影像过渡。海德格尔在 1938 年写作《世界图像的时代》时应该没有意识到，在不到一百年的时间里，人类就会进入影像时代。当今世界，即使在不太发达的地区，具有摄影摄像功能的手机也已经非常普遍，政府单位或私人机构架设的摄像头更是遍布街头巷尾、房前屋后，甚至于一些室内场所。每一秒钟，世界各地无数个空间都在产生着数量庞大的影像，记录着个人或群体的活动。众多分享网站或社交软件，则提供着影像传播工具，推动了"自媒体"的产生和发展。与此同时，曾经记录社会与群体生活的主要载体，如报纸、日记、信件等，如今已经越来越走向边缘。虽然在政治、经济等领域，报纸、政府公文等还是以文字为主要表达方式，但是在个人的情绪态度、日常生活、亲历亲见，官方对政策的阐释与宣传等方面，影像越来越受到青睐。

历史记录方式的根本性改变，也正在影响着人民大众认知世界的方式。如果说文字记录世界、表达观点的优点是化繁为简的话，那么影像记录世界、表达观点的优点则是更全面、更直观、更场景化。文字由于是化繁为简后的呈现，因此可以给人更多的想象空间和更集中的信息，而影像是全面直观的信息呈现方式，因此让人更容易接受。文字固然很有魅力，但是影像显然更受欢迎。正是由于文字和影像的差别，影像越来越成为人民大众认知世界的最重要方式。一方面，在现实世界中，"有图有真相"成为人民大众判定"真相"的基本依据。近年来很多新闻事件的翻转，主要是因为反映事件现场情形的影像出现。另一方面，影像也越来越成为知识观念传递的核心方式。影像不仅越来越成为大中小学依赖的教育手段，影视剧、视频节目及动画等也越来越成为人们接受新知识观念的最主要途径。

广义的历史学依次应该包括历史记录、史事辨析、历史书写、历史知识传播和历史知识接受几个方面。近二十年来，在信息化技术革新浪潮的推动下，处于起始阶段的历史记录和处于链条末端的历史知识传播与接受都在发生着深刻的变化，影像正在从边缘走向中心，处于中间环节的史事辨析与历史书写想不变也难。史料形态的影像化或许不能挑战历史学对真实性不懈追求的基本原则，但势必会挑战史事辨析的基本作业路径、历史书写的呈现形态。此外，由于人民大众对历史知识接受的方式越来越依靠影像，历史学如果想要在快速发展的社会中保持必要的社会影响力，想要更有效地开展历史教育，就不能不思考如何改变自我以适应影像时代。

从全球史学发展的情况来看，近几十年来，世界各地的历史学从业者对影像的关注与研究日益增加，影像实际上已经与历史学有了深层次的融合。自20世纪六七十年代法国年鉴学派的马克·费罗正式将影像与历史研究结合之后，关注影像的历史学家越来越多，不仅有娜塔莉·泽蒙·戴维斯这样投身历史电影实践的学者，也有彼得·伯克这样把钱币、画像运用到历史研究和历史书写的学者，还有哈斯克尔这样对历史图像进行理论探讨的学者。近十几年，中国史学界对影像也越来越重视。在古代史领域，岩画、画作、宗教造像等各种历史图像已经被学者广泛运用到历史研究、历史书写和历史教育中。在近现代史领域，照片、视频的史料价值以及对历史叙事的影响等，也已经为一些学者研究探讨。特别是公共史学的兴起，把影像史学作为其中一个重要形态，将历史学界对影像的重视推上了新的高度。但是，相比于影像正在对历史学产生的深刻影响，中国史学界对影像的重视还远远不够。关于影像，有诸多的问题需要史学从业者展开理论的探讨和实践的尝试，如：

影像是什么？

影像与历史学的关系是什么？

历史研究与书写如何应对影像的挑战？

历史学人才培养是否要考虑增加有关影像的内容？

历史学能否借助影像实现人民大众历史教育的目标？

……

在影像化时代，影像触手可及。当我们对影像进行学理追问时，又颇感茫然。可以肯定的是，现代历史学即将因为影像进入大变革时代。

姜萌

2019 年 10 月 5 日

军团传统：英国的博物馆、
军队记忆与社会[*]

[英] 杰夫·丘比特[**]

（温灏雷译，王文婧审校）

摘要： 在英国人的记忆中，有一种独特的记忆和纪念活动——军团记忆。自 18 世纪以来，军团和军团体系始终是英国军队组织的主要架构，也是军人军旅生涯记忆和身份认同的核心所在。研究军团记忆的形成及其影响等，有一些应高度重视的资源和视角：有关军团的官方记忆和非正式个人记忆、军团教堂内的纪念物、军官餐厅、军团史的写作，以及军团刊物等。研究军团记忆，更绕不开军团记忆的贮藏所——军团博物馆。与军团有关的物品通过各种途径进入博物馆，被转换成叙事的工具，成为军团记忆的构建者。随着时代发展和军团整合，有些军团博物馆走出了军营，得到了地方政府的资助，成为公共博物馆的组成部分，开始被视为地方文化遗产的一部分。

关键词： 英国军团 传统军团记忆 地方文化遗产 公共史学

———————————

* 本文为丘比特教授在 2017 年 9 月第一届"公共史学国际工作坊（中国）"的演讲稿。

** 杰夫·丘比特（Geoffrey T. Cubitt）是英国约克大学（University of York）历史系教授（Reader），同时是该系 18 世纪研究中心和公共史学中心研究员，兼公共史学中心主任。他的研究兴趣主要集中在 19 世纪的法国政治、知识、宗教和文化史，以及社会记忆等问题。他的主要代表作有《历史与记忆》（*History and Memory*，Manchester University Press，2007）等。

　　一个社会与过去的关系如何，是我们研究和分析该社会文化的一个重要维度。这个问题与我们研究这个社会的政治制度、社会组织、信仰结构和经济体系并无不同，实际上，所有这些方面都是相互关联的。记忆研究、遗产研究和公共史学给予我们不同的分析语言和路径去探索这个维度，而又不失各自的侧重点。过去，有不少研究都汇聚在民族国家这一概念性标题之下，探讨记忆、纪念活动和历史策略参与民族认同、发展的方式。虽然公共史学家们总体上也非常关注地区和社群，但在近期有关记忆研究的成果中，他们常常涉足多个学科，愈发走向了跨民族国家、跨文化和全球视野的研究维度。事实上，这样的维度经常用于地方性的、民族国家内部和跨国性研究。这些问题在此种研究维度中也具有某种互动的关系。因此，理解这些相关的领域是如何联系在一起，滋养并吸收利用那些有组织或制度化的特定群体——家族、企业、政党、宗教或教育团体或机构、社交组织——的记忆文化，就显得愈发重要。

　　今天我将讨论在军队组织——具体而言就是英国军团——中的记忆与纪念活动。不过我指的"军事记忆"，并不是那些通常在社会上流传的军事活动的记忆。例如，英国人对第一次世界大战的记忆。确切地说，这里要讨论的是记忆本身如何在军队内部得以形成的问题。军事群体通常具有高度发达和独特的记忆文化。一般地说，军人的服役经历作为多种类型的集体记忆文化，既要以一种生动的方式将集体遗产灌输给军队成员，借此来塑造当前的共同身份认同；同时，还要巩固那些来自军队内部和外部更广阔的社会要求。这样的军事记忆文化当然常常与民族国家，甚至是帝国的记忆文化交织在一起；由于士兵们根植于平民社会，从平民社会应召入伍，他们的记忆还与一系列其他社会记忆结构——尤其是家族、阶级和地方共同体的记忆——互相影响着。

——

　　本文是建立在我与约克大学的两位同事——卡特里奥娜·肯尼迪

（Catriona Kennedy）和贾斯珀·海恩森（Jasper Heinzen）——正是在进行的一个研究课题基础上的。该项目有三个相互关联的研究目标，它们分别探讨的是军团记忆随时间推移的发展情况，军团博物馆在当下作为记忆发声者、解释者、呈现者和延续者的角色作用，以及军团与一些博物馆合作发展出的解释和呈现藏品的新方式。与传统军事史的趋向有别，我们所遵循的是文化史和社会记忆研究的路径。需要强调的是，该项目仍然处于研究的初级阶段。今天在此提供的仅是一些想法和思考，它们是基于我自己的一些初步研究而非已经成熟的结论得出的。我只是想提出一些方法，以使这项研究能够与公共史学家和遗产研究者所关注的更大的问题联系在一起。虽然本文关注的是英国，但我更希望在可能的情况下，将之扩及与其他国家的情况进行比较研究。

这篇文章的前半部分将聚焦于军团记忆的一般特征，后半部分会具体讨论军团博物馆及其所处的制度环境，不过在涉及军团博物馆的藏品时，我并不全然严守这样的"二分"。

就此类研究而言，英国军队中的军团是一个自然的分析单位。自18世纪以来，军团和军团体系始终是英国军队组织的主要架构，也是军人军旅生涯记忆和身份认同的核心所在。大多数英国士兵都在军团架构内服役，军团归属就是他们的身份标识。作为军人象征符号和文化传统的主要载体，大部分有助于保存军人身份记忆的社会和体制机构——军官餐厅、纪念教堂、老兵协会——都主要是在军团层面发展起来的。因此，军团应该是研究军事记忆的学者们希望研读的各类收藏和纪念品的主要收集单位。而我们的项目也将军团锁定为研究对象。

对军团记忆的研究，当然会涉及形塑记忆的实践过程，这其中既有高度正式的官方记忆，也有非正式的、个人的记忆。一方面是对军团英雄行为的官方回忆，我称为"光荣故事"。这些辉煌的场景经常出现在体现战斗荣誉的军团旗帜上，重要战斗的纪念仪式上和官方历史当中。军官餐厅的纪念银器和绘画装潢也会呈现类似的场景。例如，在东肯特军团（the Buffs, the East Kent Regiment）的藏品——一个桌面摆件——中，有一名该军团军官英勇守卫军团旗帜的形象，这个场景就是取自 1811 年的阿尔布厄拉战役（Battle of Albuera）。军团的辉煌故事是经过严格筛选的，要求绝对正面，绝大多数展现的是战场上军人的英武形象而非和平时期的军人服役生涯。这样做是为了维护军团的威望，强调其对国家荣誉所做出的贡献，激励士兵仿效先辈，从而做出更大的贡献。相同类型的军团记忆还有一个例子。1914年，第九枪骑兵团（9th Lancers）出征法国前夜，指挥官在面向该团士兵讲话时回忆了"军团历史中的所有伟大功绩——他们如何在镇压'印度兵变'（Indian Mutiny）中比其他军团赢得了更多维多利亚十字勋章（VC）"，如何在阿富汗和南非战场上建立卓越功勋。他还特别提到了军团在布尔战争（the Boer War）中的一次英勇行动，当时"中尉麦克唐纳（Lieutenant MacDonald）在绝境中率领他的队伍战斗直至最后一人"。最后，他激励军团士兵们"为捍卫我们最伟大的传统而战斗"。

　　除了"光荣故事"，还有属于个别士兵的私人记忆，它们源自士兵们自己的服役经历，记录的可能是军团历史上的任何时刻：人物、地点、友情、作业环境、行动、痛苦的经历和欢乐的时刻。这些记忆经常以口头交谈或趣闻的形式出现，而且内容多是普通寻常而非英雄式的经历。在这些非官方记忆与"光荣故事"中间，存在着一整套社会文化活动。它们往往能够将两者联系在一起，在某种程度上增进士兵们融入这种代际传递的军团记忆共同体。因此，对军团记忆的全面考察就需要研究诸如阅兵场上的训练，军队的歌曲，以及军队中的其他日常习惯是如何激励士兵，让他们有意识地按照传统行事等问题。这样的考察还需关注军团饱含纪念性质的文化传统，重点是设在军团教堂内的纪念物、墓地和碑铭，这些物品纪念的往往不仅是那些战死沙场的兵士，还有许多通常死于疾病的海外服役人员，甚至包括他们的妻子儿女。此外，诸如军官餐厅是如何成为社交和家庭活动的场所，以及它如何——通过其家具、配件装饰和社交仪礼——成为军队传统孵化器和军团记忆维系者这样的问题，也应被纳入考虑范围。以现存于普雷斯顿（Preston）的兰开夏步兵博物馆（Lancashire Infantry Museum）的一件藏品为例。它本是一只龟，1806 年战争结束时不幸在南意大利的梅达（Maida）战场上被捡到，成为第 81 军团的司令员、陆军上校詹姆斯·坎普特（James Kempt）的晚餐。后来，晋升为将军的坎普特又将这只龟壳制成了鼻烟盒，镶银后赠给了他之前所在军团的军官们，摆放在他们的餐厅中。通过这样一件物品，我们不仅可以去探询军官们之间的礼物馈赠传统，还可以研究餐厅内社交仪式是如何发展出军团层面的记忆文化的（如图 1）。

图 1　收藏在兰开夏步兵团博物馆的龟壳鼻烟盒

对军团记忆的全面研究，也会涉及一些文学创作形式，如军团历史的写作，以及更重要的，军团刊物的形成。首份军团杂志出现在 19 世纪末期，在海外服役的各军团中比较常见，不过到了 20 世纪二三十年代，已经成为各军团的"标配"。军团杂志的目标受众一部分是正在服役的士兵，另一部分是退役老兵，它曾经——现在依然——为军事记忆做了大量工作，包括发表涉及军团历史的文章，刊发老兵们的回忆文章，张贴讣告，发起纪念性呼吁，报道纪念活动，等等。

二

我们或许还有一系列关于军团记忆的问题要问。例如，军团是如何发展并维持对自身历史的认知的？它如何将这种认知传达给外人，又如何将之传递到新一代士兵们心里？普通士兵如何将个人经历融入其中？缅怀和纪念活动是如何与军团的日常生活协调起来的？这些活动在空间、时间和社交方面怎样加以组织？在不同类别的军团中，军团记忆文化是否有差别？即便在同一军团，这种记忆文化是否也会因为群体的不同——军官、军士、列兵，或者短期服役和长期服役的军人，又或者和平时期的职业军人与战时应征入伍的士兵——具有不同感受？最后，各军团的记忆文化又是如何与其他的社会记忆文化交叉联系的？

我们可以考察一下妇女在军团记忆中的位置。这里有三个简单的例子。

玛丽昂·洛夫特斯夫人（Lady Marion Loftus）是第三代伊利侯爵（Marquess of Ely）的女儿。她在青年时期相继嫁给了三个在第五龙骑兵团（5th Dragoons）服役的军官。她的第三任丈夫可耻地选择了与情妇私奔，使得这位夫人最终打破了先前的惯例，转而选择了一位神职人员作为她的第四任，也是最后一任丈夫。洛夫特斯夫人死于1933年，当年的《泰晤士报》刊载了她的讣告，其中写道，她"非常受第五龙骑兵团的青睐，甚至该军团有时会说，自己是玛丽昂夫人的家人"。报道还提及，洛夫特斯夫人曾打趣说，她"若能活得足够长久，愿意与整个军团的人依次结婚"，不过，作为一位贵族出身的妇女，她的意思应该只是指军团的军官们。

我们将目光转向较低的社会阶层，一名军士长的遗孀特丽萨·里根（Theresa Regan）是同一时期与军团关系密切的一位妇女。1902年，她发表了一本名为《军旅逸闻》（*Unique Military Records and the Coincidences*）的小册子，其中详述了她的家庭关系。"我是第五龙骑兵团的外孙女，我的母亲、我自己，还有我的许多兄弟姐妹，都出生在这个军团。我的父亲……祖父……我妹妹的公公及他的三个兄弟，我的丈夫……和他的两个兄弟……还有两个叔父……（他们）都是曾在第五龙骑兵团服过役的老兵。"接着她开始讲述家里的女性成员，"我的母亲，和她的四个女儿，加上她的妹妹，以及丈夫的妹妹，都嫁给了这个军团的军士，这些人都服役了很久，直到可以获得一份养老金"。她并不是在谈论短期的关系：这些人的生命轨迹都在军团之内，他们的家庭关系深深受到所属军团结构的影响。对于特丽萨·里根来说，家庭和军团的身份认同有着错综复杂的联系，而女性在军团内的经历及其与男性之间的相互关系，与男性一样，都在构建这种联系的过程中起着非常重要的作用。

第三个例子是一个更富浪漫主义元素的记忆承载物。这是一块蕾丝手帕，上面绣有"由特拉利（一座位于爱尔兰西南部的城市）的纺织女工们献给第14军团的军官们，1867年6月"的字样。此外还有一行附加的说明，表明它是"由伤感的美人在火车站赠予的"，想必是这个军团将要开拔，进行新一轮的海外派驻。这块手帕究竟是这五名在其上绘制肖像的女子（其中四人都有名字）设计，还是后来由军官们完成，我们不得而知。但它至少提醒我们，军事记忆常常是与市民社会交织在一起的（如图2）。

图2　献给第14军团军官们的蕾丝手帕

那么，军团博物馆是如何融入军团记忆中的呢？在此次研究中，我们选取了三个方面来考察这些博物馆。首先，它们显然是记忆的贮藏所。博物馆中保存的藏品即是明证。我们可以举出两例，它们均是来自西约克郡军团的藏品。其一是一枚指环，上面有藤条饰纹，刻着从 19 世纪 70 年代直到 1954 年，先后出任过该军团军士长的名字；另外一个是奶油壶，它是用第一次世界大战时期的一枚弹壳制成，为的是纪念 1918 年该军团在某村庄抵御德国人进攻的事迹。军团博物馆中的这些物件是通过各种途径进入博物馆的。其中的一部分——如军鼓和军旗——一直是军团博物馆藏品的核心组成部分；另一部分要么是军团获赠的纪念品，要么是战斗中虏获的战利品。另外，还有一些则是由个人收集——也有可能是家族内部不断积累的——而后由军团募集的藏品。这其中的一部分藏品是明确具有纪念意义的；还有一部分藏品的纪念价值则须置于博物馆环境中才会凸显出来，从而在某种意义上成为能够体现或代表军团历史记忆整体中的一部分。

其次，我们感兴趣的是军团博物馆作为讲述故事和构建身份认同空间的角色。博物馆是将物质文化转换为叙事的工具：它们不是简单的记录者，而是军团记忆的构建者；它们将物品的历史同与物品相关的人的历史糅合起来，成为军团故事的一部分，也与其他故事共同编织成了民族国家和帝国的故事。博物馆也借此成了想象的共同体之构建者。举一个几乎所有军团博物馆的共性特征为例：勋章展示。对那些不怎么着迷于军事的人而言，一列列勋章可以说是军事博物馆比较乏味的展示之一，只有偶尔出现的维多利亚十字勋章或带有异域风情的外国勋章才会让展示略带些生气。不过，军团博物馆坚持将勋章放置在重点区域，显然表明了勋章展览是重要的历史记忆之展现。勋章往往是奖给个人，而不是军团，尽管他们之间存在可互换性，但一组奖授给个人的勋章体现出的是军事服役的个性化记忆，有时甚至是一些极为英勇的故事。老兵的勋章留在自己家里，能将他的记忆传于后世子孙；而这些勋章最终"回归"到军团，陈列在军团博物馆中，则具象化重建了该士兵在共同体中的身份记忆，并可能让士兵的家庭在这个共同体内获得一种情感联系。在皇家威尔士火枪团博物馆

（Royal Welch Fusiliers Museum），大量的个人勋章被密集编组，如接受检阅般排成了弧形，以军旗为衬。这就形成了一个颇具象征性的紧张冲突场景，它们在军团身份认同上生动地融入了人与符号，并巧妙地向参观者传递了该军团作为一支训练有素的代际记忆共同体的想象（如图3）。

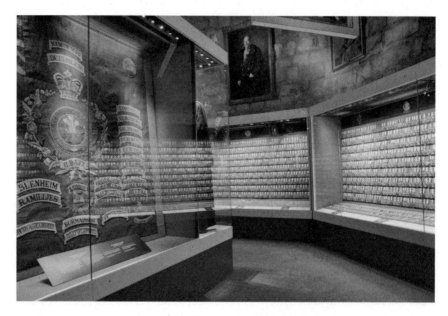

图3　皇家威尔士火枪团博物馆的勋章

最后，我们对博物馆的兴趣还源于它是介于军队与市民社会之间的记忆载体。在此我要多讲一些军团作为社会机体一部分的更久远的历史。英国军团系统中的庆祝活动，一直以来都在强调的，第一是军团传统的悠久历史，第二是军团——至少是步兵军团——与地方社会的牢固联系，尤其是许多军团与特定郡或市的关系，如杜伦轻步兵团（Durham Light Infantry）、兰开斯特火枪兵团（the Lancastrian Fusiliers）、皇家诺福克军团（the Royal Norfolk Regiment）等。悠久的历史和地区归属感，实际上都是军团记忆发展和形成过程中的重要方面，但是这其中的发展历程并非看起来那么简单。

三

尽管英国军团，无论是过去还是现在，都无疑作为继承者从军团悠久的传统那里汲取了力量，但其实际的制度演变过程显然是充斥着大量的断裂和中断。军团会被解散、重建、更名、扩充、收缩或合并，这就经常使得人们对于军团传统的实际连续性产生疑问。特别是，英国军团历史上曾有两轮大规模的重组。第一轮是在19世纪80年代，在新的军团结构下，当时具有迥异传统的各军团被配对分组——并不见得是和谐的——成为姊妹部队。第二轮是第二次世界大战之后的一系列合并活动，在此过程中，历经两次世纪大战洗礼的多个军团被合并重组，军团的总数大幅减少。所以，今天的军团发展谱系基本都呈收缩状态：从第二次世界大战爆发以来，是7个军团，若从拿破仑战争开始算的话，是12个。（如图4，这幅军团谱系图，你会发现这些线条最后都归并到了一个点——若从第二次世界大战开始

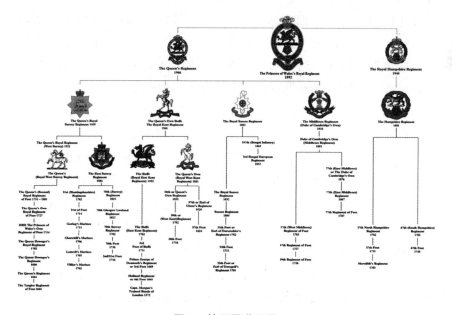

图4　某军团谱系图

算的话，是 7 合 1，若从拿破仑战争开始算的话，就是 12 合 1 了）每次军团进行合并的时候，其传统都不是简单延续下来的：它们需要重新调试、选择、协调以适应新的机制，有时甚至会被彻底改造。

因此，当军团博物馆在讲述某军团的历史时，虽然它会给出一个连续性的故事，以表明军团的历史和记忆只是随着时间的推移而增加；但实际上，这其中充满了艰难的妥协与重构。而让事情更复杂的是，博物馆的合并未能坚持——或肯定是不均衡地——与军团的合并保持同步。如今的英国军队共有 18 个步兵军团和 14 个骑兵或装甲兵团，但在笔者的近期统计中，却共计有近 70 个军团博物馆。所以说，许多博物馆展现的军团历史传统，是属于那些数十年没有作为独立单位存在的军团。尽管在某些情况下，合并后的军团中会有一个营仍然在自觉继承先前军团的传统，但是从原军团兵源地招募的兵源日益稀少，而且与地方的联系也在减弱；同样地，人们对军团合并之前的实际服役经历，或其他家庭成员服役的经历等记忆也在日渐衰微。有时，不同军团的收藏品因军团合并而被放置在同一座博物馆中，但使它们在叙事上实现融合却并不容易。也有些合并后的军团仍保留了三四座博物馆，为新军团过去的传统提供着不同的叙述。最后，还有一到两个博物馆只是不再具有实体的旧军团的精魂的体现。例如，约克和兰开斯特军团（Yorkand Lancastrian Regiment）在 20 世纪 60 年代与其说是合并，不如说是解散。不过该军团博物馆仍然在位于罗塞兰（Rotherham）的一座博物馆中占据了几个房间以示纪念。

与之类似的是，虽然军队和地方政府一直以来都在孜孜不倦地维护郡市与军团的关系，但这些关系同样并非如人们猜测的那样具有悠久的历史传统。不过，若据此质疑军地双方深厚的感情是否依然存在，则是一种误读。例如，在英格兰东北部，杜伦轻步兵团（the Durham Light Infantry）与其他军团合并 50 年后，该军团仍然像 18 世纪时一样维持着军地之间的情感关联。但是英国军团并非在初创时期就与其诞生地存在关联，大多数后来被认为理所当然存在的军地联系，实际上是经历了 19 世纪末期的改革后才真正确立的。例如，在第一次世界大战时期，有六分之一左右的军团属于标准意义上的约克郡军团，即其兵员实际最初是从该郡中招募来的。因此，当我们实地探访军团博物馆时，经常会看到两个方面的倾向。一方面，他们希望强调所属地方在其讲述故事中的重要性，这也是为了吸引该地区观众的兴趣。例如，有些博物馆往往会强调第一次世界大战期间的"兄弟部队"（Pal's Battalions）。"兄弟部队"的征募在很大程度上是以地缘为基础的：许多来自同一条街道、同一个工厂或企业的伙伴被编入同一支队伍，若这支队伍在行动中被消灭，就必然会对地方产生毁灭性的影响。在军团的结构中，军民之间的联系或许会诞生最为动人的故事。另一方面，这些博物馆也会有意识地庆祝或纪念军团更悠久的历史，而这些历史中的重要部分可能并没有体现出太多随后出现的军团与地方社会的明显关联。当然，需要看到的是，即便军团与郡或城市有明确关系，军团士兵们的大部分经历却与这些地区关系不大：他们的记忆，会是在印度、南非、加勒比海和帝国的其他前哨，而不是兰开夏郡或牛津郡（Oxfordshire）。如何去展现这种情况，在后帝国社会中再次成为困扰军团博物馆的难题。此外，博物馆应如何对待像一个军团在19世纪80年代阿散蒂战役（Ashanti）的战斗成果这样的物品呢？这些物品的展出，首先是已经抹去了其原初在文化和民族意义上的重要性，而代之以建构为军团的战利品或纪念品的文化意义，随后则要被"博物馆化"，以成为一个军团将要传承的物质文化的一部分。而以这种路径为参照来看，许多军团博物馆的工作才刚刚开始。

最后，我们需考察军团博物馆自身逐渐演化的历史。第一阶段，军团博物馆是从军团内部成长起来的，它们通常要进行展品——旗帜、军鼓、绘画、银器和战利品等——收集，将之累积起来，并陈设在军官餐厅或军团的仓库。第二个阶段，这些收藏会在兵营或军团总部被"博物馆化"，以满足军团内部的需要：除了仪式需要外，也用于教育新招募的士兵，培养他们的集体荣誉感。第三个阶段，虽然在时间节点上各有差异，但是对大多数现存的军团而言，都出现在第二次世界大战之后。这些博物馆搬出了"营房"，实际上就是转移到了兵营之外的建筑物（尽管有些还在兵营内）中，对公众开放。此举意味着在许多方面，博物馆具有的功能和前景，在演进和多元化的道路上，也常会受到军队内部结构变化的影响。这是我已经提到过的。但是在不少案例中，人们仍然希望军团博物馆继续服务军团，哪怕是合并后出现的新军团。还有一种更为普遍的期许，即希望军团博物馆为整个军队履行公关方面的职能。英国国防部也参与其中，对一些博物馆提供了资助。这样的期许，如一份政策文件中所说，是为了"在公众的视野里维持军队的良好形象"。文件也讲到了它更广泛的背景："到20世纪60年代末期，大多数家庭都与军队之间存在直接和个人的关联。但随着全国性服役的结束，以及三军规模的缩减，这种关联已经显著减少了。因此，如若要未来的几代人理解军队作为民族国家构建的一部分，及其在社会中的地位，这些博物馆所保存的军队历史的记录，就变得愈发重要。"当然，这种公关功能也会因为一些更直接的当下原因而显得重要：在具体的军事干预行为可能会遭到公众批评时，军团博物馆可以在维持军队总体的正面形象方面发挥作用。

然而现实的情况是，博物馆既然已经走出了军营，它们就在不同程度上面临与其他各类博物馆和遗产管理部门一样的压力和机遇。的确有少数博物馆，得到了地方政府的资助，搬到了市立博物馆中。这就意味着公众可以自由参观，而地方政府也要为其配备相关工作人员。但也因此产生了压力，比之军队机构，军团博物馆更多被视为一个地方文化遗产的一部分，如我之前所说，他们更愿意强调那些与地区认同最为相关的部分。此外，军团博物馆也正在走向专业化：过去的员工大多是来自退伍和或临近退伍的军人，有时候由更高级的军官出任；而现在则大多由非军方背景的青年女性取代。这些青年女性通常拥有艺术或博物馆相关学位。不仅如此，希望获得遗产福利彩票（Heritage Lottery）资助使得博物馆必须要为获得专业化方面的官方认证和增强社区的参与而努力。因此，这些博物馆更需要面临多方面的问题，面对背景各异的观众，回应各利益团体的要求，争取各类资助来维持下去。正是这些关系在历史和当今社会不断转变的背景下，我们才应该去理解军团历史如何被展现和阐释的过程。

（温灏雷：中国人民大学历史学院世界史专业 2017 级博士生；王文婧：中国人民大学历史学院助理教授）

Regimental Heritage: Museums, Military Memories and Society in Britain

Geoffrey T. Cubitt

Abstract: In the memory of the British, there is a unique memory and commemorative activity-the memory of the regiment. Since the 18th century, the regiment has always been the main unit of the British military organization, and it is also the core of the military's memory and identity. To study the formation and influence of the regiment's memory, there are some resources and perspectives that should be highly valued: the official memory and informal personal memory of the regiment, the memorial in the regiment church, the officer's restaurant, and the writing of the history of the regiment, and the journals of the regiment. Regiment museums are also important. Items related to the regiment enter the museum through various ways, are converted into narrative tools, and become the builders of the regiment's memory. With the development of the times and the integration of the regiment, some regiment museums have stepped out of the military camps, received funding from local governments, became part of public museums, and began to be seen as part of a local cultural heritage.

Keywords: British Regiment Heritage; Regiment Museum; Local Cultural Heritage; Public History

情感史视野下的澳大利亚
战争纪念活动[*]

[澳] 安德鲁·林奇[**]
（温灏雷译，王文婧审校）

摘要： 在澳大利亚的公共生活领域，纪念战争的活动占据着十分重要的位置，澳大利亚的国家认同也是围绕战争建立起来的。在官方的宣传中，它们更是常常作为澳大利亚移民国家公共形象的核心出现。对战争纪念的投入，远远大于其他塑造澳大利亚的重大历史事件，如欧洲人登陆澳洲或澳洲土著居民的历史。但在公众心目中，澳大利亚的战争指的是海外军事行动，而不是欧洲人对澳大利亚的征服。在澳大利亚战争纪念中，苏丹战争、南非战争和第一次世界大战的地位最为独特。参加苏丹和南非战争，被澳大利亚人塑造成与不列颠牢不可破的关系，戈登将军和南非战争战士的雕塑给公众带来了丰富的信息，点燃了公众的兴奋点。但是第一次世界大战在澳大利亚人中引发了一种特殊的情感反响，也以更为复杂的路径借助着历史来实现某些目标。在第一次世界大战时，对德国的恐惧和仇恨被挑起后，激发了澳大利亚人的参战热情。残酷的战争对澳大利亚造成了难以愈合的伤痛，志愿军中有 6.2 万人阵亡，15.6

---

* 本文为林奇教授在 2017 年 9 月第一届 "公共史学国际工作坊（中国）" 的演讲稿。
** 安德鲁·林奇（Andrew Lynch）是西澳大利亚大学（University of Western Australia）英语与文学研究院荣休教授和高级荣誉研究员。他的研究兴趣主要在中世纪晚期英格兰文学和文化，以及 "中世纪学"（medievalism）。他的代表作品有《劳特里奇欧洲情感史，1100—1700》（*Routledge History of Emotions in Europe，1100–1700*，Routledge，2019）等。

万人受伤、中毒或被俘，而且只有一具尸体被带回家乡埋葬。因此，与纪念苏丹战争与南非战争相比，澳大利亚纪念第一次世界大战可以被视为一种情感上的补偿，去弥合那些最初引发分裂和破坏性影响的沟壑。

关键词：澳大利亚　战争纪念　澳新军团纪念日　情感史

在澳大利亚的公共生活领域，对战争的纪念活动占据着十分重要的位置。在官方的宣传中，它们更是常常作为澳大利亚移民国家公共形象的核心出现。不仅如此，移民参与战争的历史，也常被视为澳大利亚整体历史最重要的组成部分。

在澳大利亚，为纪念战争，人们已经写了很多著作，拍了不少电影和纪录片，建起了不少纪念馆和纪念碑，还有更多的公共财政投入其中。这些投入远远大于其他塑造澳大利亚的重大历史事件，如欧洲人最初登陆澳洲、19 世纪中期的淘金热、1901 年 6 个独立州组成单一的联邦、经济大萧条，以及由新移民浪潮带来的澳大利亚的持续转型等。当然，公众由此所闻的澳大利亚战争经历，也要远远多过有 6 万多年历史和文化的澳洲土著居民的历史。

坐落在堪培拉的澳大利亚战争纪念馆（Australian War Memorial）是这个地区最重要的国家机构，然而这里并不纪念土著澳洲人与军队、警察和民兵之间的战斗。1770—1930 年，成千上万的人因此而丧生，但官方却并不将其视为"战争"。因而，国家历史的这个部分就较少为公众所知。新西兰的情况却截然不同。比如，之前被称为"毛利人战争"（Maori Wars）的"新西兰战争"（New Zealand Wars），就是新西兰广为人知的历史事件。

与许多现代后殖民地国家一样，澳大利亚的国家认同也是围绕战争建立起来的。但在公众心目中，澳大利亚的战争指的是海外军事行动，而不是欧洲人对澳大利亚的征服。并且，澳大利亚的民族主义战争团体，与许多其他前殖民地的类似组织差别很大，这主要是因为战争并未使澳大利亚摆脱殖民统治。相反，1901 年澳大利亚以和平宪法建立起独立国家后，在澳大利亚移民的情感中，战争就变得极为重要。而 1914 年澳大利亚参与第一次世界大战则被视为向英帝国展现其忠诚和价值的方式。

在成立联邦之前,澳大利亚曾参与过两次战争。1885 年,著名的将军查尔斯·戈登(Charles Gordon)在喀土穆(Khartoum)被击毙后,新南威尔士政府资助由大约 750 名步兵和炮兵组成的特遣队,将之派往苏丹(Sudan)参战。在加拿大招募军队之前,这支新南威尔士州的部队还卷入了与其他州——尤其是维多利亚州之间的冲突中。公众对此事反应不一,澳大利亚的派出军队也很少采取行动,但它的参与却被视为"殖民地自信发展的重要阶段以及……证明了与不列颠关系的牢不可破"。①

1899—1902 年的南非战争(第二次布尔战争),引发了澳大利亚更大规模也更为长久的军事反应。受私人、各州政府、英帝国政府以及新建的联邦政府资助,澳大利亚派出以各种方式招募的不少小规模队伍作战。此事引发了公众的想象。尤其是 1900 年澳军解围梅富根城(Mafeking)消息传来时,澳大利亚像是"在庆祝农神节"② 一般,与帝国同乐。③

与后期战争的纪念活动相比,这些对澳大利亚早期战争的纪念是隆重欢愉而又富有教益的。例如,矗立在墨尔本的维多利亚州议会大厦外的戈登将军雕像,就是对一位帝国英雄的颂扬。雕像中的戈登手持着手杖和圣经,基座四周的浮雕展示着他生活的场景。这

---

① K. I. Inglis, *The Rehearsal: Australians in the Sudan, 1885*, Sydney: Kevin Weldon and Associates, 1985; Peter Stanley (ed.), *But Little Glory: the New South Wales contingent to the Sudan, 1885*, Canberra: Military Historical Society of Australia, 1985; Ralph Sutton, *Soldiers of the Queen: War in the Soudan*, Sydney: New South Wales Military Historical Society and the Royal New South Wales Regiment, 1985.

② 亦称作萨图恩节(Saturnalia),最初是古罗马时期为祭祀农神而设立的大型节日,一般在每年年底举行,其间有罗马皇帝主持的祭祀活动,后流行并传承于广大拉丁—基督教文化地区。节日期间会在广场举办大型公共宴会和庆祝活动,类似于中国的庙会。——译者注

③ Jane Carruthers, "'Historical carnival of reconciliation': Commemorating the South African war, 1899–1902", *Mots pluriels*, 16 (December 2000), 引自 C. M. H. Clark, *A History of Australia*, Vol. V, Melbourne: Melbourne University Press, 1981, p. 175。

座雕像是由公众捐资建造的，它实质上是位于伦敦的戈登雕像的复制品，但其基座上的传记浮雕则是墨尔本雕像独有的。① 由此，澳大利亚人将自己与一位从未到过澳大利亚本土的英帝国英雄联系在了一起（如图1）。

图1　维多利亚州议会大厦外的戈登雕像

在西澳大利亚州（West Australia）珀斯市（Perth）的国王公园（King's Park），也有一尊纪念南非战争的雕像。它刻画的是一个场景：一名头戴宽边软帽的战士，坚定地护卫着倒在身边的同志。环绕雕像的基座是四块浮雕，展现了其他的战争场景："一门4.7英尺火炮在雷地史密司（Ladysmith）开火""夜袭布尔人车队"等。它们就如同当时大众媒体——像伦敦新闻画报（*The Illustrated London News*）——经常使用的极能引发人们联想的图片，其目的就是为了给

① "General Charles Gordon Memorial", eMelbourne, http：//www.emelbourne. net. au/biogs/EM02037b. htm, 2018 – 07 – 25.

公众带来丰富的信息，点燃公众的兴奋点（如图2）。

图2　珀斯国王公园纪念南非战争的雕像

　　第一次世界大战在澳大利亚人中引发了一种特殊的情感反响，也以更为复杂的路径借助历史来实现某些目标。它是在澳大利亚定居者的历史中最深刻也是最长久的感情凝聚点。而这种更深层次的感情，体现在一战纪念物的共同风格上，它们往往高大、具有象征性、令人伤感，以荣誉而非荣耀之名称颂逝者。"每个表现战争场面的人物背后，都意味着实际有大约10名在战争中的阵亡将士。"①

　　第一次世界大战还因为一些重要文本不断被诵读而被人们铭记，如"永志不忘（Lest We Forget）""在黄昏和黎明／我们会记得他们（At the going down of the sun and in the morning／We will remember

----

① Inglis, Sacred Places, p. 160.

them）"。① 一些特殊仪式和文化习俗也夹杂其间，如晨祈仪式、沿街游行、澳新军团纪念日（ANZAC Day）足球赛、"双立"游戏，② 还有近期蓬勃增长的前往加里波利（Gallipoli）和索姆省（Somme）等战场的旅游活动。此外，不少建筑也在时刻提醒着人们，如战争纪念碑、雕像（如图3）、士兵礼拜堂，或者墨尔本建造的纪念圣堂（Shrine of Remembrance）。一些特殊的用语，如"挖掘者们（diggers）"（一个专指澳大利亚士兵们的词语）、同伴之谊（mateship）、奉献牺牲（sacrifice）、鲜血（blood）、牺牲他们的生命（laid down their lives）、塑造国家认同（forged national identity），以及自由（freedom）等表达也是为唤起回忆的非常有力的元素。

图3　澳大利亚布里斯班的曼利士兵纪念公园雕像

---

① "永志不忘"（lest we forget）是鲁德亚德·吉卜林（Rudyard Kipling）《退场赞美诗》（"Recessional"，也译作《曲终人散》）中的叠句，1897年7月17日首次在《泰晤士报》发表。"在黄昏和黎明"出自劳伦斯·宾扬（Laurence Binyon）的《致倒下的战士》（"For the Fallen"），1914年9月21日首次发表在《泰晤士报》上。这首诗的四个小节（包括前述诗句所在小节）组成了澳大利亚军队"颂歌"，从1921年沿用至今。"The Ode"，https：//www. army. gov. au/our-history/traditions/the-ode.

② 即Two-up Games，是一种传统的澳大利亚赌博游戏，主要内容是赌同时向上抛起的两枚硬币落在桌面时的状态。——译者注

　　我们可以从一篇 2015 年 4 月 25 日为澳新军团百年庆典纪念日而作的报刊文章中感受到这些政治修辞的影响。澳新军团日是澳大利亚的全国性假日，是为纪念澳大利亚和新西兰步兵联军在土耳其的加里波利登陆而设立的，尽管在历史上，此次军事登陆是英帝国军事战略的一大败笔。这篇文章的作者，时任澳大利亚总理的托尼·艾伯特（Tony Abbott）写道："在加里波利的大溃败，中东的胜利进军，以及西线代价惨重的胜利中，我们的战士身体力行了对自由、不畏艰难的精神和同伴之谊的诺言，直到今天我们仍然应该珍视。他们的价值观帮助塑造了我们的民族国家认同，他们的奉献牺牲铸就了'这个世界不得不赋予我们的最伟大的特权'，亦即我们当下的澳大利亚。"① 这个论调与澳大利亚实际参战时的表述在许多方面大相径庭。首先，战时的宣传并不直接强调民族主义的内容，而是澳大利亚要协助英帝国打击德国及其盟友（如图 4）。但此举在澳大利亚社会内部引发了争议，因为不是所有的澳大利亚人都甘为英国人的臣仆。

图 4　1915 年左右的战争海报，鼓励澳大利亚人积极参战

① Tony Abbott, "Anzac values forged our identity at Gallipoli", *The Australian*, April 25, 2015.

　　不仅如此，澳大利亚人并非仅仅被鼓励支持英帝国，而且还被灌输憎恶德国和热爱法国的情绪。这是在进行情感的快速重新定位。然而，德国既是宗教改革的发源地，又是澳大利亚文化中具有严格种族等级体系的"日耳曼"国家；作为一个极成功的现代民族国家，它极受澳大利亚中产阶级推崇，况且在澳大利亚还有许多德国移民的后代都是社会中的成功人士。在战争进行期间，一些德国移民还以"敌国人"（enemy aliens）的名义被拘禁。另外，法国的形象则经常与革命、衰落和罗马天主教相关联，被认为是英国传统的敌人。第一次世界大战期间，历史被多次拿来解决这些矛盾。例如，德国人被刻画为"匈奴人"（Huns）——这是种巧妙的暗示，以掩盖他们既非基督徒，亦非文明开化者的真相（原文如此。——译者注）——以表明他们不是欧洲文明的继承者，而是极度危险的敌人。这种故意的隐喻，唤起的是人们对于公元 5 世纪罗马帝国的入侵者，匈奴人阿提拉（Attila the Hun）的历史记忆。

　　法国在这一时期则是以一名受辱却勇敢斗争的妇女形象出现的，"她"需要得到澳大利亚的帮助。这个绝佳的形象源自 15 世纪的法国女民族英雄——圣女贞德（Joan of Arc）。战时宣传的一个结果就是赋予国际关系以性别特征，如澳大利亚被看作英国的兄弟，是具有男子气概的法国救星。然而面对战争威胁，澳大利亚也能成为需要他者救援的女性形象。德国，尤其是被赋予恺撒的形象后，进而塑造成为毫无人性的、行为卑劣的食尸鬼。宣传中还利用了基督教中的符号资源——撒旦形象，以及"镰刀死神"（Grim Reaper）的传统形象。一位母亲痛悼她被屠戮了的孩子的形象与一则讲述德国士兵在比利时用刺刀刺死婴儿的报道有关。这里借鉴了古老的基督教故事，即"希律王滥杀无辜"（the Slaughter of the Innocents by King Herod），其中就有他尝试杀害婴儿基督耶稣的情节。公共宣传已经开始注意长时段的情感史以转移舆论，并继续强化宣传德国人不是基督徒的主题。

　　对于德国的恐惧和仇恨，还源于这架"战争机器"如果获胜，就会入侵澳大利亚本土的暗示。与之相同，一旦战败的耻辱也被用于鼓励民众主动参军服役（如图 5）。所有的澳大利亚军队都是志愿兵。

图5　澳大利亚参加一战前鼓励参战的海报

"在一个人口不到500万（人口）的国家里，共有416809人参军，其中6.2万人阵亡，15.6万人受伤、中毒或被俘。"① 在英国政府要求提供更多兵员的压力下，澳大利亚政府试图在1916年和1917年就施行征兵制一事展开全民公决，最终以失败告终。澳大利亚人不愿派出更多非志愿兵军队。在反对征兵制的运动中，也大量使用了历史意象——投票桌上的反征兵宣传单上，首相休斯（W. C. Hughes）身旁绘制着死神，以反对"带血的投票"（The Blood Vote）。母亲们无论是否将她们的儿子和丈夫送往前线，都备感内疚和压力（如图6）。

　　战争的另外一个重要影响，就是已经延绵几个世纪的对逝者的临终关怀、埋葬和纪念习俗被彻底打破。只有一名战死士兵的尸体被带回家乡埋葬。家人无法守护在垂死的亲人身边，不能为他们做临终祈祷，无法安排和举行葬礼，甚至无法祭奠。亡者的直系血亲会收到一

---

① "Australians in World War 1". State Library of Victoria. https：//guides. slv. vic. gov. au/wwone_ soldiers/casualties. ，2018 – 07 – 25；http：//www. emelbourne. net. au/biogs/EM02 037b. htm，2018 – 07 – 25.

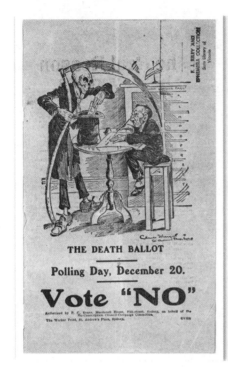

图 6　澳大利亚一战时反对征兵制的海报

封宣告亲人死亡的电报，随后也许还有来自官方或战友们的信件。报纸上也会刊登伤亡名单。

　　相比之下，澳大利亚如今纪念第一次世界大战的活动，可以被视为一种情感上的补偿，去弥合那些最初引发分裂和破坏性影响的沟壑。第一次世界大战已经开始以多种方式与家庭历史紧密联系在一起，如在澳大利亚战争纪念馆网站上可以查阅数字化档案文献；成倍增加的以旧战场和烈士公墓为主题的旅游活动；还有为曾经在战场上发掘出的遗骸做 DNA 鉴定以确定其身份等。这种与家庭的联系，通过鼓励年轻人代表其祖辈参加纪念性游行活动尤其是澳新军团纪念日的游行，得到了显著加强。尽管澳新军团纪念日为的是纪念所有澳大利亚军人，即参加了第二次世界大战和其后战争的所有人，无论男女，但是在公众的意识中，这个节日仍然是带有浓厚的第一次世界大战专属纪念色彩的。

偶尔会有人问，这个以极为不同的澳大利亚史为基础，为纪念第一次世界大战而设立的公共性活动，是否真的是当代国家塑造过程的强力黏合剂。毕竟，这个纪念活动排除了土著澳大利亚人，也忽视了妇女和数百万后来移民群体的作用。1914 年的澳大利亚在很大程度上仍是一个盎格鲁—凯尔特（Anglo-Celtic）社会。而现在的澳大利亚则是一个种族多元、文化多元的社会。如今的澳大利亚人口中可能仅有半数人属于双亲都出生在澳大利亚的"纯本地人"。但不可磨灭的现实仍然是，澳大利亚参加第一次世界大战的这段历史是澳大利亚公众最为"公共化"，也是最熟悉的记忆。无论未来关于澳大利亚的观念会出现什么变化，对战争纪念的关注都将持续下去。

（温灏雷：中国人民大学历史学院世界史专业 2017 级博士生；王文婧：中国人民大学历史学院助理教授）

Emotional Histories in Australian War Commemoration

Andrew Lynch

Abstract：In the field of public life in Australia, the commemoration of war occupies a very important position, and Australia's national identity is also built around the war. In official propaganda, the commemoration of war is often the core of the public image of Australian immigrant country. The investment in war commemoration is far greater than other major historical events shaping Australia, such as the history of Europeans landed in to Australia or the history of Australian Aboriginal people. But in the eyes of the public, the Australian war refers to overseas military operations, not the European conquest of Australia. In the Australian War Memorial, the status of the Sudan War, the South African War and the First World War was the most unique. Participating in the wars in Sudan and South Africa, the Australians were shaped into an unbreakable relationship with Britain. The sculptures of General Gordon and the war fighters of South Africa brought a wealth of information to the public and ignited the excitement of the public. However, the First World War triggered a special emotional repercussion among Australians, and also borrowed history from a more complex path to achieve certain goals. During the First World War, the Australians had a disagreement about whether Australia should participate in the war and how to fight. In the propaganda that encourages participation in the war, it has begun to pay attention to the long-term emotional history to transfer public opinion, encourage support for the British Empire, and is also instilled with aversion to Germany and love to France. The fear and hatred of Germany provoked and stimulated the enthusiasm of the Australians. The brutal war caused a painful healing pain in Australia. Of the volunteers, 62, 000 were killed, 156, 000 were injured, poisoned or captured, and only one body was taken home to bury. Thus, in commemoration of the Sudan War and the South African War, Australia's commemoration of the First World War can be seen as an emotional compensation to bridge the gullies that initially caused division and destructive effects.

Keywords: Australia; War Memorial; ANZAC Day; Emotional History

历史知识的应用与传播

编者按：2018 年 11 月 17 日，中国人民大学史学理论研究所主办的"公共史学工作坊"举行第一次活动，工作坊邀请了日本就实大学人文科学部李开元教授、中央电视台科教频道《中国影像方志》执行总导演于洪老师、中国人民大学史学理论研究所所长杨念群教授、中国人民大学历史学院副院长朱浒教授、山东政法学院传媒学院院长蒋海升教授、温州大学口述历史研究所所长杨祥银教授、杭州师范大学历史系系主任周东华教授等十余位学者，围绕"历史知识的应用与传播"主题，展开了自由热烈的讨论。兹将发言稿整理，选取部分发言刊布。

杨念群（中国人民大学史学理论研究所所长、教授）：

大家好，这次前来参加工作坊的朋友来自全国各地，大多数是从事史学研究的，也有一些朋友来自其他领域，如影视创作机构，所以说这次公共史学工作坊具有跨界的性质。其实公共史学的特点之一就是强调跨界，主张走出专业历史研究的小圈子，所以我们特别欢迎不同领域的朋友来参加讨论。我首先想介绍一下坐在我身边的李开元老师。记得我们两个人在 20 世纪 80 年代就一起在《文史知识》上发表过笔谈，探讨历史学方法论变革的问题，所以我们是老朋友。为什么我今天特别请李老师来呢？正是因为他目前的写作具有跨界的特点。李老师当年是北京大学的老师，而且很早就在三联书店出版的《哈佛·燕京学术丛书》里写过一本关于汉代政治体制结构的著作，叫作《汉帝国的建立与刘邦集团：军功受益阶层研究》，可见他以前是做非常专精的历史研究的。后来李老师到日本教书，回国后花费大量精力从事非虚构写作。他最近在三联书店和其他出版社出版了一些作品，如《秦崩》《楚亡》等，具有相当大的影响力，可以说完成了一次成功转型。我比较好奇的是，为什么他会突然想从事以往正统学术界不屑一顾或颇有些微词的非虚构写作。一会儿也请他跟大家分享一下这方面的转型写作经验。今天是朋友聚会聊天，不必搞得拘谨严肃。因为我所理解的公共史学的特点就是好玩、有趣，从某种意义上说是专业史学工作者与民众进行交流的一种中介形式，同时也是沉浸于专门化历史写作的学者进行自我救赎，进而使自身变得有趣的一种必要手段。公共史学不是板着面孔大谈只有几个人才懂的枯燥知识，或者是为了评个职称，为了尽快步入某种专业圈子商量怎么写出符合规范的学术论文。只要一进入"公共"空间，就无须如此刻板拘谨，我们就是为了打破史学专门研究的壁垒和框架，从跨界的角度来讨论史学在普通大众面前或者面对社会的时候，应该采取什么样的姿态，怎样传递出与专业写作不一样的知识内容。

　　公共史学这个话题我们已经感兴趣很久了，以姜萌为首的研究团队 2018 年已经开始策划并成功组织了"公共史学"国际工作坊。后来我接手中国人民大学史学理论研究所之后，就跟姜萌商量，看看史学理论研究所应该向什么方向发展。大家知道，按照史学界比较僵化的分类规则，史学理论和史学史在专业上属于二级学科，但是其地位却有些尴尬。因为从事史学史研究比较有成就的单位或机构，似乎认可一种不言自明的隐形划分：好像做史学史研究的学者大都集中在对中国历史典籍和史学观念的梳理与分析方面；搞史学理论研究的学者则多偏向于引进和翻译介绍西方史学理论。因为在大多数人的印象中，史学史好像是专属于中国的学问，史学理论则一定归属于西方。因为西方史学理论与社会科学方法的兴起密不可分，所以探讨社会科学方法与史学写作之间的关系仿佛就变成了史学理论专业的当然职责，而中国古代的历史观念似乎恰恰与此无缘。其背后隐藏的逻辑是，中国古代思想因为缺乏近代观念的指引，也不具备进化论历史观的先进性，理所当然地只具有文献学的意义，大多数史学史研究著作只不过停留在对古代历史文献的整理阶段，并没有总结出足以和西方相媲美的中国历史理论模式。这样就造成了史学史与史学理论专业形成了一种隐形分工，各司其职，甚至相互排斥的局面。

实际上中国也有自己的史学理论传统，只不过在西方社会科学特别是进化论的逻辑制约下很难加以定位。那么，人民大学的史学理论研究所到底应该做什么？是继续研究西方史学理论，或者继续按照旧有的文献学模式梳理中国古代史学史的脉络，还是另辟蹊径寻找新的生长点？大量翻译和引介西方史学理论精髓无疑仍然是中国史学理论研究领域的未来主导方向，前人为此已经做过大量研究。但是能不能在史学理论的学院派分工模式中开辟出一个新的方向，即如何与普通民众共同分享专业化的历史知识和观点，如何汲取非专业化的非虚构历史写作者的观点及其叙述手法，并与之形成有效对话，可能是史学理论研究者将来必须面对的问题。

在我看来，非虚构历史写作需要专门化史学严谨知识的支撑，以免流于"民科"式的过度臆想和随意诠释。与此同时，民间非虚构历史在写作手法上的探索和对历史情境进行的合理想象，也会为当今逐渐流于僵化和拘谨的规范化历史写作注入新的活力。所以公共史学研究应该成为史学理论研究所未来发展的一个方向。要做好公共史学研究就必须充分重视跨界的意义，聚集不同专业、学科背景的人，形成彼此有益的交流、对话，既要考虑现有的专门化史学知识如何向社会传播，又要充分顾及民间非虚构历史写作对学院派史学所带来的冲击及其有益之处。只有使两方面的人才真正形成一种互动交融，公共史学才能得到健康的发展，这是我们达成的一个基本共识。

公共史学自20世纪70年代在西方产生以后早已成为比较热门的话题，因为受到后现代史学的影响，公共史学不仅触及历史的真实性问题，最关键的是对传统历史的写作方式形成了巨大冲击。目前中国也出现了大量的非学院派历史写作热潮，对这些作品到底应该如何认识，如何评价，的确是个有趣的议题。第一期中国公共史学集刊已经出版了，我大致想到了以下几个问题想请教大家。什么叫公共史学？

其与学院派史学研究的内涵和边界应该划在什么地方？公共史学的写作都有哪些类型？其写作内容的真实性与想象的交融互动应该如何评价？历史学在多大程度上可以通过想象来完成研究目标？我自己对这些问题的认识尚处于既模糊又肤浅的阶段，在此初步提出几点看法供大家讨论。

第一点想谈的是目前对公共史学大体形成了一个比较一致的基本态度，那就是要让历史学具备某种"公共性"，就不能故步自封地把历史知识的教学和传播局限在学校的专业知识范围里，不能自说自话。公共史学必须面对校园外或专门知识领域之外的普通大众，直面他们的所思所想和兴趣点之所在，必须跟他们形成交流互动，这是公共史学获得生命力的出发点和基本前提。

现在市面上流行各种写作方式，如网络写作、科幻写作、架空历史写作等样态，最近《三体》作为科幻小说的代表已经被哲学家和社会学家视为研究对象，出现了不少从哲学伦理和未来学角度进行考察的文章和著作。对历史事实的非虚构写作也是其中的一个重要分支。但我个人认为，公共史学不应该仅仅满足停留在所谓通俗写作这个阶段，使历史知识让普通人都能接受只是公共史学最原始的层次。通俗写作主要是把一些基本史实用简洁的语言写成通俗小册子，或者是基于一些历史知识写成通俗小说，如许多从事非虚构写作的人往往对康雍乾三朝帝王的历史特别感兴趣，也特别喜欢把他们的政绩或生活进行一些简单的流水账式的复原叙述，当然这样做也并非没有意义，但如果大家一拥而上全都采取迎合老百姓猎奇心理的方式去诠释这段历史，就会流于一种重复劳动。这种写作是否应该作为公共史学关注的主要方面，恐怕是有疑问的。因为这类写作大多只是局限于复原历史的最表层一面，而缺乏先进的历史观的支撑。我常说，现在通俗写作与黄仁宇《万历十五年》的差距就在于黄仁宇有一套自己的历史观作为写作的支撑点，哪怕这个历史观是有问题的，但其写作的立足点却足够强大。现在大多数的通俗历史作品表面看上去很受欢迎，卖得也很好，却常常用一种陈腐过时的历史观加以包装，并没有为提高民众的历史辨别力做出应有的贡献。

　　第二点我想谈的是，公共史学早已突破了纸本甚至网络写作的限制，已经越来越和影视等多媒体手段结合起来。例如，最近一直很火的中央台制作的《国家宝藏》节目，已经播出到第二季，其中就启用了一些影视明星参与表演，与博物馆专家进行合作，通过他们的客串讲解，让观众了解考古文物中蕴含的历史故事。尽管这样的合作形式惹来不少争议，却在某种程度上对于传播正确的历史知识具有启蒙作用。历史知识的传播甚至扩展到了游戏领域，这期集刊中我比较欣赏的一篇文章就关涉"游戏史学"这个新概念。我自己不太会玩儿游戏，而且游戏早已长期被污名化。某个小孩儿如果爱打游戏，家长肯定要出来干涉，认定会妨碍孩子把注意力集中到课内的学习目标上。这篇文章却为游戏正名。这就涉及一个有意思的话题，如果把历史知识融入游戏加以传播，对 90 后、00 后这一代的影响力将非常大，可能比一般的非虚构小说的影响力都要大很多，只不过一般人还无法想象把"游戏"与"真实历史"连接起来，以为游戏反映的一定是个虚幻的世界，与历史无关。我们是否考虑集刊专门搞一个专号，集中讨论和展望一下游戏史学的规则及其发展前景，那肯定特别有趣。此外，关于影视剧本的创作，其对历史题材理解的边界到底在哪里？历史想象和历史事实之间到底是什么样的关系？历史是否可以像小说那样进行剪裁和情节设置等问题都可以讨论。我们的脑筋再也不能停留在批评某部影视作品是否符合历史真实这个没有建设性的话题之内了。好像学院派就天生掌握着评估历史真实性的生杀予夺大权。在这方面，学院派史学研究者反而应该多听听影视创作者们的意见，而不要故步自封，好像只有自己才掌握了真理。非虚构历史写作的边界是可以无限延伸的，未来跨到任何一个领域里面去都不会让人觉得奇怪，公共史学应该面对所有的开放空间和想象的可能性。

　　第三点想谈的是在与公众交流的过程中，公共史学的具体表现形式应该是什么样子，这也是一个比较重要的问题。例如，口述史算不算公共史学的一个分支？口述史是一种专门的研究类型还是面对大众表达历史真相的一种形式？现在口述史的研究方法和关注角度还是一个比较专门化的领域，我自己也尝试做过一点口述史，写了一本《雪域求法记：一个汉人喇嘛的口述史》，这本书影响比较大，是我所有著作里面卖得最好的一本。但它在多大程度上符合公共史学的标准？我心里也没有底，因为我选择的这个口述史对象具有一定的偶然性，这个口述对象本身太具有传奇性，他兼具汉藏两地佛教高僧身份，同时又负有特殊的政治使命，横跨世俗神圣两边，所以作为口述史的传主是比较合适的。但是否任何人或任何团体都具备口述史的资质，我对此深表怀疑。因为如果不对口述史对象资质做充分论证，就会使口述史写作陷于平庸的流水账式的记录，这个分寸如何把握也是需要加以讨论的。

　　还有一个问题是，非虚构写作是不是应该把我们的知识简单转化成大众所喜闻乐见的形式也值得怀疑。我们是需要引领大众还是迎合大众？很多人觉得公共史学只要迎合大众就完成任务了，民众想要什么样的历史知识我们就给他们灌输什么样的历史，可是如此一来专门化的史学研究就会变得毫无意义，因为公众想要什么你就提供什么，那还需要什么精深的研究？

　　学院派史学的规范性研究，当它们转化成公共史学的样态时，其内核仍然必须具有前沿性，我们需要引领大众，但同时也需要大众的认可，引领大众和顺从大众趣味之间的分寸和边界到底在什么地方是需要认真进行探索的。学院派长期封闭在自己的小圈子里，有自说自话的嫌疑，甚至失去了感知鲜活历史的能力，成为评职谋生的工具，这方面公共史学写作的想象力和不拘一格的叙述活力恰好可以弥补学院派身陷僵化体制的不足。两者应该形成有效的对话机制，共同提升中国历史认识世界的穿透力。在座的朋友这方面可能都有一些尝试，包括我们期刊第一集的作者朋友们。这次把大家请来就是希望各位能畅所欲言，给我们提供一些帮助，大家通过讨论能尽快形成一些共识，当然这是一个非常漫长的过程，需要我们共同努力。

　　朱浒老师是清史研究所所长，也是历史学院的副院长，请朱浒老师代表历史学院说两句。

朱浒（中国人民大学历史学院副院长、教授）：

非常感谢大家在年终还能抽出时间，来参加我院关于公共史学建设问题的研讨。杨念群老师说我们的座谈是以开放性讨论为主，但作为主办方的学院，也想借此机会给大家介绍一下我院学科整体发展的大致思路，以及我们对公共史学学科发展的意见，从而更充分地表达我院对发展这样一个学科和领域的态度。

我院大力发展公共史学，跟人民大学历史学科的布局大思路有关。众所周知，在历史学领域，国内每个学校都有自己的优势和特点。例如，北京大学最强的是中古史研究，以及考古和文博领域；北京师范大学长期在史学史和近代思想文化史方向名声卓著；南开大学比较强的领域是社会史研究；复旦大学比较强的领域是历史地理和思想史研究，大家都有各自的特点。而按照目前教育部规划的"双一流"学科建设，在事实上很容易造成强行拉齐的局面。这其实很难做到，因为每个学校都有自己的特点，而每个学校的历史学科又都有自己长期的传统，并非是单独一个学校就能把历史学科所有的领域都做大做强。多年以前，中国社会科学院历史研究所的杨尚奎先生曾经推行分头把关的做法，以便每个领域都有人进行研究。那个时候的中国社会科学院可能有这个能力和资源，现在国内所有高校都做不到这一点。因此，我们人民大学历史学科只能在保持大体平衡的同时，努力发展自己的特色研究方向。

对于人民大学历史学科，以前大家了解较多的是清史，这是我们长期发展的方向。清史研究作为一个领域，人民大学从建校以来就很注意，1978 年复校以后正式成立清史研究所，在清史方面曾经投入了比较多的力量。另外还有中共党史研究，20 世纪 50 年代就开始建系，招收本科生，也是人民大学长期居于优势的方向。可以说，这也是人民大学历史学科以往在学界比较知名的强项。90 年代以后，在如何发展我校历史学科建设的问题上，又有了一些新的动向。其中最引人注目的动向，是杨念群、黄兴涛两位教授和其他几位老师联合推动发展的新史学。2002 年，杨念群和黄兴涛等人举办"香山论剑"，此后结集出版了两大本《新史学：多学科对话的图景》（中国人民大学出版社 2003 年版），成为向往新史学研究的年轻学人的必备书目。近十几年来，新史学更是得到长足的推广。就人民大学内部而言，在新史学的促进下，新社会史、新文化史、新政治史，还有各种各样的新兴史学方向，都在人民大学得到了比较迅速的发展。推陈出新、勇于尝试，已经成为人民大学史学的一个重要特色。

我院对于发展公共史学，也完全算得上是一项继承传统、发扬传统的工作。虽然以前并没有明确的发展规划，也没有形成明确的概念，但是在公共史学的实践上，人民大学很早以前就有意识地实施。二三十年以前，人民大学就出现了非研究性的、非学术性的历史写作。在这方面，大家比较熟悉的、也是刚刚去世的凌力老师是最著名的代表，她从 20 世纪 80 年代的长篇小说《星星草》，到 90 年代的《少年天子》《暮鼓晨钟》等，完全是以清史为创作核心，并且获得了茅盾文学奖。这样的历史写作，对当时的我们有着巨大的影响。

除了凌力老师，我们还有不少老前辈在历史写作方面有很多的实践。比如清史所创所的老前辈戴逸先生，在步入近代史领域之初，就写过《中国抗战史演义》这样在当年影响很大的通俗读物，以演义的形式诠释了抗战史，受到广泛欢迎。所以，戴老师本人对非学术性历史写作一直以来非常重视，当年引进凌力老师到清史所工作，就是戴老师力主的结果。而目前在清史所工作的张宏杰，同样是出于戴老师慧眼识珠的力荐。他反复向学校和学院写信，认为张宏杰人才难得，对于传播清史有独特的作用。可以说，戴老师之所以举荐张宏杰，也是戴老师长期重视非学术性历史写作明显的体现。而在人民大学发展新史学的大背景下，发扬传统、弘扬传统，在学科建设上有一些更大的拓展和进步，这当然应该成为我们进行学科建设的主导思路。而在坚实的历史研究基础上，发展公共史学，发展非学术性历史写作，也完全符合这种学科建设思路。可以肯定，在这个思路的指导之下，公共史学现在有着很好的发展时机，也可以成为目前学术发展的新增长点和引人注意的亮点。在这方面，无论是老一辈的戴老师，还是倡导新史学的杨念群和黄兴涛教授，我想肯定都是大力支持的。因此，这也是我们进一步推进公共史学的一个很重要的动力。

就我个人来讲，对公共史学多少也有一些了解，甚至还有一点感恩之情。虽然我在人民大学中共党史系读了本科，但在那时并没有接受多少史学专业的写作训练。那个时代，我的写作意识是属于一种比较概括的、比较宏观的述论，顶多只能算是一些讲史、谈史式的写作，根本谈不上历史研究。所以，我刚刚到清史所学习的时候，很不习惯那种专业态势，要从梳理文献开始，以史料说话，不要以论代史等。不过，在接受了史学专业训练之后，再回顾一下我在党史系接受的跟历史有关的训导，个人感觉，在如何把史学讲得有趣、如何真正让外界愿意和能够了解历史的问题上，还有很多工作可以做。我在党史系的经历，促成了我对专业历史研究有了一些"局外人"的观感。当时也是因为史学界有杨念群教授这样的人存在，他经常在《读书》上发表不那么过于严肃的、跟历史又密切关联的作品，对我很有启发，使我对历史写作能够有一些不同路向的做法产生了一定的兴趣。后来，我自己也尝试在历史写作方面有一些实践，曾在《北京日报》《中华读书报》，以及一些不知名刊物上，也写过一些小方块的文字。因为限于专业化研究占据了极多的时间和精力，这种历史写作也就没有坚持下去。但我接触的一些人，对于我曾经写过的这些不那么严肃的历史文字还有一些印象。所以我想，这方面对我个人来讲至少不是一个让人觉得很难堪的记忆。

最近几年，我们与诸如《三联生活周刊》、"罗辑思维"这样一些新媒体平台有了一些接触，了解到现代社会对于讲史、解史有着很大的需求，史学界内外都有不少人向大众宣讲历史细节和温情的东西，也引起了较大反响。中国知网也一直跟我们就设计历史问答体系、建立付费平台的问题进行商讨，希望能有史学界人士参加这类平台建设。此外，在包括知乎、豆瓣这样的平台上，也常常见到相当丰富的历史讲述。由此可见，现在社会上业已形成一定规模的论文市场。杨念群教授曾在我校博士生毕业典礼上有一个很著名的演讲，主题是解释历史学的无用之用。这个说法可以慰藉志存高远的博士生，但对大众来说还是有用之用更管用。现实的应用是可以挣钱的，可不能非要做穷光蛋才能做历史研究。不过，怎么能把这个"用"发挥出来，跟大众需求相结合，还是一个需要多加探索的问题。我想公共史学应该是目前看起来有可能的一条路径，也是值得我们大力发展的路径，这样才能够把我们的专业历史知识与大众日益增长的历史文化需求相适应。这是我们需要花大力气去琢磨的事情，也是历史学人应该承担的责任。这是我个人的一点感言。谢谢大家！

杨念群：

刚刚朱浒老师代表历史学院给公共史学定了位，而且以后历史学院会积极支持《公共史学集刊》。他说得很对，我非常同意他的观点。我们的公共史学，包括集刊现在的地位在评价系统中比较尴尬，但实际上好文章往往都在集刊里。而且我们这个集刊应该是以后在所有集刊中最好玩，最有意思的，我们就是要用集刊对抗体制内僵化的风气，我们应该承担起这样的责任，所以我要鼓掌（笑）。刚刚谈到，咱们就是好玩、开放、多样，兼容并包是我们今后重要的职责，以后能不能把微信里的一些东西都弄出来，我觉得都可以探讨。下半场我们就畅所欲言，首先请李开元老师给做一个开场的讲话，谈谈他这么多年的经验，他的转型当时我也挺惊讶的，现在他基本放弃了所谓的学院派。虽然他在学院里做专门的学问做得很好，他放弃了这个，从事我们称为广义史学的工作，我想他在这方面会有很多的经验和体会。有请李老师。

李开元（日本就实大学人文科学部教授）：

不好意思，因为临时被杨念群拉到这儿来，说开个会，随便来讲一讲，我和杨念群是很老很老的朋友，老到 20 世纪 80 年代。那时候在北京搞新史学运动。当时我和杨念群在《文史知识》座谈。还有中国社会科学院文学所的靳大成、北京大学的彭小瑜。后来因为出国的浪潮开始以后，人都散了，这一出去就是 30 年，30 年后又回来。回来以后和杨念群又联系上，我一直很关注他。我在日本的时候，他跟孙江一起搞新史学，我跟孙江在日本也是老朋友，由此多了一层关系。

这次来非常期待，因为我已经注意到，在实践上，我们的公共史学已经走得很远；但是我们的研究，特别是学院一直以来是排斥这个东西，远远落后于实践的发展。心里常常在想，希望有谁来把这个旗子扛起来，这次杨念群敢为人先，主动站出来，在人民大学把这个旗子扛起来，我非常高兴，非常期待。

我是学院派出身，本科北京大学历史系，最早搞史学理论，做新史学运动也是从理论的角度，做了之后又回到实证主义上，完全按照科学主义的指导做实证研究，成果是我的博士论文《汉帝国的建立与刘邦集团：军功受益阶层研究》。我做历史喜欢做理论性的总结，反省自问一下：我们的这个研究做出来以后，离真实的历史究竟是更远了还是更近了？反省的结果是，我并不能确定严谨的历史研究与历史更接近了，因为活生生的人和事都没有了。后来才想明白，严谨的历史研究只是历史学诸多形式的一种。近代以来，历史学怎么变成历史论文一种形式了？这是非常古怪的现象，古来的历史学不是这样的。

我最初进历史系，是因为读了司马迁的《史记》，想当司马迁一样的历史学家。到了历史系后，才发现历史系是不写历史的，是历史科学系。司马迁在历史系排不上号，评不上职称也升不了级，因为他不写论文。我非常失望，又不得不接受，按照科学主义的道路走。但是，司马迁才是我们历史学真正的祖师，我心中的偶像，这个火种是没有熄灭的。

久了，也就慢慢明白了，19 世纪以来，历史学有重要的转变，就是从一个叙事性史学转变为一种以问题为中心的研究性史学，论文成为表现研究性史学的形式。论文这种文类有它的优点，可以把某一个问题弄得很深很透，把基础做得很扎实，不过，这个东西发展到后来，我感觉就变成了一种八股。一味地沿着这条道路走下去，在求真方面会有所发展，却会失去历史学的一些故有的基本要素。历史学本来是有美的要素的，历史学的思维是在艺术和科学之间，这个是我们一定要清楚的。

研究和叙事，文类不同，思维方式也有差异。研究向科学靠拢，叙事接近艺术。历史学，在科学和艺术之间。有了这些实践和思考后，我就想到，这些年来历史学是不是走偏了路，过于强调科学性，成了科学主义的附庸。从我自己的实践经验而言，感觉到自己的历史研究的路是越走越窄，越来越枯燥乏味。好一段时间，我完全沉浸于史料整理、图表统计，从书本到书本，从概念到概念，对世间万事万物的兴趣逐渐丧失。感觉这样做下去，自己的心灵都要枯竭了。这不光是我个人的感受，最近读美国学者周雪光的书，他跟我有同样的感受。他长期做中国社会学研究，做完后就反省，质疑这样做出来的东西，离真实的中国现实更近还是更远了，自己是否正在失去鲜活的感觉？反省的结果，促成他走向田野，开始实地调查和写作。

我自己反省的结果，是走出书斋，走向历史现场，在历史研究的基础上，写历史叙事。最先写出来的，就是《秦崩：从秦始皇到刘邦》。这部书，最初题名为《新战国时代的英雄豪杰》，写出来的时候不知道是什么东西，既不是小说也不是论文，寄到中华书局的《文史知识》，被很客气的退稿，说不适合刊载。请朋友帮忙联系出版社，也没有回音。

我在北京大学有一个后辈陈爽，自己办了一个历史网站叫"象牙塔"。因为没有人要我的稿件，我写信给他，问我写的东西是否可以在你那儿发一下？他说可以。一发出来，就有很多出版社的编辑来跟我们说希望出版。很奇怪的是，最早来的是中华书局大众编辑室，眼光不同。所以，我至今感谢互联网，如果没有互联网，我这样的新作在旧学术界早就被扼杀了。也感谢中华书局，不同的部门，有不同的眼光。

书出版以后，反应林林总总，赞否两论都有。我写的这个东西，受到文化界，特别是媒体的欢迎，他们觉得新颖有话题，可以据此作进一步的编纂。学术界不一样，有些人觉得好，夸奖历史还可以这样写。有些人不以为然，说是不知道你在写什么东西。有朋友调侃我说，你就是把旅行记加进去了嘛？当初，我送书请人读，问过一个年轻的后辈，说是都在看，也都不说话。想来，大概是侧目而视吧。

因为是新东西，当初我自己也吃不准，也不便多说话，先请大家看，听大家评说。不过，我写《秦崩》有自己的追求，我并不认为自己只是在写一种通俗的历史著作，而是认为这是一种历史叙事的追求。历史研究和历史叙事要并行，这才是我的新认识和新追求。最初，我想加注释，中华书局的编辑担心一般的读者接受不了，就没有加。书出来后有一定的影响，编辑们鼓励我接着写下去，于是开始写第二本，后来的《楚亡》。

正在写的时候，中华书局的编辑联系我，说是北京电视台要做一个讲座，希望我去。电视讲座，是我没做过的事，感觉很新鲜，想尝试一下，就答应了。之所以答应，还有另一个理由，写《秦崩》的时候，有关秦始皇的所有史料，所有的研究资料都过了目，发现秦始皇有很多问题，最主要的是史书中有关秦始皇的记载，本身就是严重的史料问题，从根子上就是不清楚的。但是，这些问题，没有办法在《秦崩》里写出来，因为《秦崩》是历史叙事，这种文类，很难讨论问题。讨论问题，论文才是最好的方式。所以说，历史系的学生要注意文体文类，不仅仅注意文字的写作，还要注意到不同文类的不同应用。

去见了面，回来开始准备。不久，北京电视台说最近形势有变化，秦始皇不能说了，就把这件事就放下了。不过，中华书局说书还是要出，要我把这本书弄出来。我在日本写书的时候，上海东方卫视《世说新语》节目组给我打电话，希望我讲《秦崩》。我说《秦崩》我已经写完了，不想讲，我正在写秦始皇，就讲秦始皇吧。他们说行，我就写讲稿，去上海讲了两周秦始皇，题名为《秦史谜案》，讲完后整理成书，就是《秦谜》。

《秦谜》这本书，与《秦崩》《楚亡》《汉兴》完全不同。《秦崩》《楚亡》《汉兴》，是我作为终身之志，托付生命的三部曲，精心布局，字句推敲。每写一部，都反复吟诵，随时修改，每一部都耗时多年。《秦谜》短时间一蹴而就，几乎没有做过修改，可以说是一挥而就。

不过《秦谜》却成了我的著作中流传最广的一部，7 年间出了 5 个版本，有中华书局版、台湾联经版、韩文版、泰文版、北京联合版、中信版，最近说是还要出新版。

《秦谜》从写法上说完全是新的。历史学必须做考证，这是史学的基本功。从哲学上分析，考证的基本思路就是逻辑推理，跟侦探小说完全一样。这个认识，不仅出于我自身的体验，我的老师周一良先生还专门写过文章，论述日本的推理小说和乾嘉考据在逻辑思维上的相通关系。在《秦谜》中，我有意识地运用推理小说的手法，遵循逻辑思维的形式，来做历史。从一个崭新的角度，从秦始皇的亲族关系的角度，破解有关他的诸多历史之谜。《秦崩》是历史叙事，《秦谜》，我定义为历史推理，又是一种文类，形式是推理小说，内容是历史考据。

《秦崩》写到秦亡，项羽分封天下，本来计划两部曲，第二本写《汉兴》结束。但是内容太多，两本收不了场，中间多出一本《楚亡》，后面才是《汉兴》，上下集变成了三部曲。眼下《汉兴》正在收尾，预计今年年底交稿。三部曲完成后，写什么还没想好。有心在写法上再做改变，再为历史学增添一种新文类？

我做这些新探索，最初有很多朋友不大理解，有些朋友还语重心长地告诫我，当年这么一个有见地的学者，如今竟然沦落为大众讲故事［杨念群：堕落成这样了。（笑声）］。我后来很客气地回答说，是啊，为了这个沦落，我努力了20多年。

什么是历史，什么是历史学，如何写历史，历史可以用什么形式表现？历史学的这些基本的问题，我思考了几十年，自己有了一整套看法，也做过些理论性的总结。不过，多年的经验告诉我，理论不要空谈，先做出来再谈，效果就不一样。

我1982年毕业留校，在北京大学中古史研究中心当助教。1986年在《历史研究》上发表文章，题目是《史学理论的层次模式和史学多元化》，基于科学思维，为历史学建立理论模式，非常时新。不久，开了一个全国史学理论讨论会，他们邀请我参加。我去找中古史研究中心的主任邓广铭先生，请求批准去。现在还记得很清楚，邓先生脸一沉，说不要去，这种会开不出什么名堂。他把手一伸，摊开五指说，你给我把成果拿出来。事后想来，这是对我的爱护，不能空谈理论。希望拿出实实在在的成果后再谈，这是对的。所以今天我说，历史学，包括公众史学不能只谈理论，需要实践。实践做出成果来了，质疑就会销声匿迹。以前对你侧目而视，现在可能是敬而远之，将来定会是归心仰望。

公众史学的著作，并不是说增加了学术内容就不受欢迎，有时候正好相反。刚刚杨老师也讲到，央视的于洪导演也提到了，从学术研究到公众史学，有一个发展的序列，也有一个接受和认识的过程。《秦崩》这本书，在中华书局出的时候书名是《复活的历史：秦帝国的崩溃》，没有注释，被归类到大众历史出版物里。在台湾联经出版的时候，做了一些变更，增加了地图，新的书名也是他们起的，《秦崩：从秦始皇到刘邦》。这个书名，我开始不接受，觉得太扎眼。他们说，李老师，我们做过市场调查，把几个不同的书名放在书店门口投票，这个投票最高。书名并不影响内容，要尽可能吸引读者，响亮的书名，得到更广泛影响，何乐而不为呢？我接受了，也由此开始关注读者市场。

《秦崩》和《秦谜》，在台湾受到读者的欢迎，也得到专家的认可。《楚亡》写出来后，先在台湾出版，同样受到欢迎和认可。大陆的出版社也都想出。当时，我同时与中华书局和三联书店谈。我写《秦崩》和《楚亡》，有自己的追求，追求基于历史研究的历史叙事。我对待这两本书的态度非常严谨的，里面每一个字词的使用，都有斟酌，每一个事件和年月的断定，都做了考订。（这两本书加上《汉兴》，背后有完整的考异，留待将来整理成书出版）我希望新版有别于旧版，向上走，向学术典雅的高处去。

中华书局的编辑希望书往下走，更往通俗的方向去，不加注释，还提议我去电视台开讲座，我当时就很不高兴。跟三联书店谈的时候，他们说我们为文化人做书，不迎合大众，同意我把注释加上去，还建议我增加学术性的附录。我当即认同。当时，我的想法是，宁愿牺牲市场，也要加注释，向更学术更典雅的方向走。

结果是出预料之外，加了注释、附录，更学术更典雅的三联版大获成功，既得到学界的赞许，也得到市场的欢迎，成为难得的常销书，无须广告宣传，年年加印，2015 年出版至今，已经加印 18 次。三联书店的编辑笑对我说："李老师，难得的书，有传世相。"呵呵。

对于这件事，我自己有一个分析。这些年，经过各种历史讲座，特别是央视《百家讲坛》等一系列启蒙，大众的历史知识水平得到不断提高，已经不再满足于以前的东西，有了更高水平的需求。我的书加了注释，更学术更典雅后，已经具有一定史学基础知识的听众就觉得这是我们需要的，我们能接受的，我们要和停留在从前的人拉开距离，更上一层楼。

我的这个分析，后来得到印证。"罗辑思维"的罗振宇为《秦谜》做过一次视频节目，效果非常好。他们从分众经济的观念出发，对听众的层次有清楚的定位，来的都是能听懂的，听不懂的人就不要来了，你需要提高知识层次，达到一定程度后再来，我们是为高层次听众服务的。

《秦崩》《楚亡》出版后，我到各地做讲演，最热心的听众主要是受过一定教育的，大学中学的教师和学生、企业的中高层和政府干部等。他们的态度很明确，就是要和电视机前的大爷大妈们区分开来，听取真正的专家传播真实可靠的知识。

2016年冬，我到湖南大学的岳麓书院做了一个月的访问学者，结识了一帮读书爱好者。他们有一个读书会，不但一起读书，还要写报告。入会前读书会要先交钱作预收罚金，如果几次不写报告，就把你踢出去，开除出会，钱没收了，作为大家聚会用。其中一个成员是长沙地铁的高管，他说我因为没有写报告，他们把我踢出去几次，我又几次交报告挤进来了。

这就是一个高端的读者群。如今，我们的读者已经分层了，并非仅仅写通俗写生动就会获得更多的欢迎，情况要复杂得多。通过与各类读者的接触，感觉我们的学院派真是远远离开了公众，自陷于体制中不能自拔。有一次，我在浙江宁波跟当地一个中学名师开座谈会，有很多家长就问到这样的问题，现在语文、数学、外语之外都是选修课，学生选生物还是选历史？

我不知道大家会怎么回答，很多人会说要选历史。请问为什么？你这样回答，得说出选择历史的理由。我当时的回答是：历史学在科学和艺术之间，选择历史，你既能学习科学的思维方式，又能学习艺术的感受能力，一箭双雕，两边都有熏陶。历史老师和家长们都很高兴。

历史学，不只是历史研究，历史教育也在其中。我常常在想，象牙塔中的学者，下来走走，下来听听，你会眼界开阔，心胸舒畅。一个缺少受众的知识系统，只会日益萎缩。公众史学的提出和兴起，正是针对历史学自闭症的药方。

经过多年以来的实践和思考，我非常明确地认识到：历史学不是科学，而是有科学基础的人文学科。历史科学的定义，把历史学害苦了很多年。历史科学要找科学规律，几十年下来那么多人做过，一条规律都没找到。历史学在哪里？在科学与艺术之间。求真，是历史学科学性的体现。历史学的科学性基础，主要体现在史料的可信度和解释的合理度上。求美，是历史学人文性的体现之一，较多地体现在历史叙事当中。学历史的人，《史记》是必读的书。司马迁写《史记》的时候，没有什么学术规范，但你看他叙述的严谨、文字的优美、影响力远不是后代任何史学家能比的。《史记》最好，《汉书》《后汉书》《三国志》也不错，再后来的史书我们都不愿意看，只是当材料翻，为什么？写得不好，特别是到了清史简直没办法看了。都是忽视美之追求的恶果。

放弃了对于美的追求，将历史学变成只写论文的历史研究，这也就是为什么这些年史学的影响越来越小，缩小到一个很小的领域，变成了自娱自乐的自留地，或者是为了求升职、求项目的工具。真正的史学是否就是如此？我们需要重新反省。

这些年我跟文化艺术界的朋友接触得比较多，他们的思维跟我们不一样。很多画家和文学家，他们追求变革，不仅是内容的，更是形式的。同一个文类文体做久了，想要变更，同一个画风到头了，就要变更。像毕加索，由具象到抽象，更像齐白石这样，五十以后，有衰年变法。相比之下，我们的史学论文，不仅形式固定，日益八股，不讲究写法，越来越看不下去。

而且，我们现在面临一个非常重大的问题，文章越来越多，刊物越来越多，一个问题研究，已经有几十篇先行研究放在研究史里。按照这个写法，再过十年二十年，参考论文怕要成百上千篇。怎么办，想不好，怕是要用减法了。从今以后，只能求精，不能求量。

杨念群：

李老师的发言我有三个感想。第一，我突然发现司马迁是咱们公共史学的鼻祖。以后应该把他作为咱们的 LOGO 反复强化，咱们的权威性就很强了，比谁都牛。现在的专业从业者哪能跟司马迁相比？所以我们要追踪到司马迁那儿。第二，我一直有一种感想，把现在所谓的公共史学理解为专业和通俗对立起来，好像稍微面向大众就变成通俗，没有什么学术含量，我觉得这是非常错误的观念。其实你的学术转化得越好，转化为写作的形式化程度越高，学术内涵也越高，你的受众则越多、得益越大。现在有些通俗写作很多，但层次上不去。大家一读还是《万历十五年》最经典，因为黄仁宇先生当时把《明实录》读了好几遍，把他的内容揉碎了写成《万历十五年》，现在这方面的著作非常非常少。李开元老师比较贴近这方面的尝试，我们这方面可以多加关注。第三，还有一个误区，认为所谓的非虚构写作比专业写作容易，认为就是一个通俗的东西，把这个东西写一写就完了。我觉得非虚构写作，比学院派写作难得多，学院派的写作都八股了。一流的史学刊物里的内容都是八股，我最不爱看的就是这种八股，基本都是骗职称的，我们要对这方面有清醒的认识。李老师如果把史学写成推理小说难度相当大，肯定比学院派那些论文难度大得多，所以我觉得这方面可能是咱们以后要探讨的一个方向。

说到口述史学，杨祥银最近在口述史学领域做出了引人注目的成绩。下面请祥银先谈谈他的看法。

杨祥银（温州大学口述历史研究所所长、教授）：

谢谢杨老师，跟杨老师很多年没见，我也做医疗史研究，主要涉及近代中西医关系，所以杨老师那本《再造病人》读过好多次，也深受启发。我 1999 年接触口述历史，在研究过程中，发现口述历史与公共史学有很多交集，在 2001 年也曾发表一篇有关美国公共史学的综述性文章。

1978 年，美国公共史学在加州大学圣芭芭拉分校开始出现，跟口述历史有非常紧密的联系。这类联系其实是一个学科设置的问题，因为在美国，几乎没有学校会颁发口述历史的博士学位，但目前美国有 60 多所大学设有公共史学的博士课程。当然，在这些公共史学课程中，口述历史是一个很重要的组成部分，所以很多人是将口述历史作为公共史学的一部分来理解的。但在实践过程中，包括杨老师也提到，口述历史和公共史学在面上还有很大的区别。口述历史一定是历史事件的当事人去谈，而公共史学的范畴，从呈现内容来讲，可以不是当代的历史，像李老师的这本书。这是一个非常重要的区别。

今天我想谈谈公共史学和学院史学的区别。我们团队这些年做了大量口述历史实践，而我自己接触口述历史则是纯粹从理论出发，因为一直是学生身份，所以将更多精力放在口述历史的理论研究。2007 年到温州大学工作以后才开始较多地从事口述历史实践，这几年我们围绕温州华侨、温州企业家与温州老干部等群体做了不少口述历史项目。在这个过程中，我有一个比较大的感受，也就是在历史研究中，理论与实践的关系问题。而公共史学和学院史学的关系，我做了六个区分，分别是研究对象、研究目的、研究所用资料、研究方法、研究成果呈现，以及研究者身份问题。

我们可以看到，就美国而言，对公共史学的定位，一般将公共史学从业者看成一种契约史学家（contract historians）。1978 年，美国公共史学创始人之一罗伯特·凯利（Robert Kelley）教授从"应用主义"的角度给公共史学下了一个定义："从最简单的意义上而言，公共史学是指历史学家的就业和将历史方法应用于学院之外的诸多领域的学问，包括政府、私人公司、新闻媒体、历史学会和博物馆乃至私人领域。公众史学家无时不在工作，他们凭借自己的专业能力而成为公共进程的一部分。当某个问题需要解决，一项政策必须制定，资源使用或行动方向必须更为有效地规划时，历史学家会应召而来：这就是公共史学。"很多人认为公共史学是属于通俗范畴的，但事实上，从这个定义就看得很清楚，公共史学主要指如何利用公共史学家的专业能力去解决公众所要面对的问题。

曾经担任美国历史协会（American Historical Association）主席的阿兰·内文斯（Allan Nevins），我们也称其为现代口述史学之父。内文斯就和哥伦比大学历史学教授弗兰克·希尔（Frank Ernest Hill）做过美国福特公司的口述历史项目，并出版福特公司历史3卷本著作。在其影响下，越来越多的国外企业与公司启动各种类型的口述历史计划，而这些计划基本上是委托给学术机构、历史商业公司或独立口述历史学家执行。显然，企业口述历史就是一种很重要的公共史学实践类型。

我刚刚讲到的几点，包括口述历史和公共史学的关系，公共史学与口述历史在中国的未来发展等问题，需要一个很重要的东西，就是刚刚杨老师提到的开放性。正是如此，近年来，我更愿意给口述历史下一个宽泛的定义，即口述历史是一种以人类历史活动的主体——"人"为核心对象的研究方法与学科领域。而更关键的是，通过口述历史，可以呈现这个历史主体所经历的历史活动的全部内容。而过去以文献或考古资料作为主要资料来源的研究，你会发现有相当一部分的人类历史活动并没有被记录下来。而口述历史则可以弥补这些缺陷，正因如此，我们今天可以做饮食口述历史、疾病口述历史、移民口述历史、民间艺术与文化传承口述历史、灾难口述历史等。所以，口述历史的跨学科特征可以将其应用到所有可能有人的活动领域，在某种程度上，它也可以扩展历史研究与服务的内容与面向。

去年我们曾做过一个有关温州金融改革的口述历史项目，做完之后也产生了一些意想不到的"副结果"。当时我们要采访其中一家银行的副行长需要收集相关行史资料时，他们才意识到自己行史的保存与编研工作都非常不如意，在我们这个项目的影响之下，他们开始意识到行史工作的重要性，甚至抽调部分人员开始编写行史。这个例子也可以充分说明公众对于历史价值的认知与认可在某种程度上也需要我们这些专业历史从业者去改变与影响。

李开元：

口述史的祖师就是司马迁，这话不是空谈。《史记》里最著名的三篇《荆轲刺秦王》《鸿门宴》《项羽之死》都是根据当事人的口述。

杨念群：

祥银主要是把口述史另外的功能给揭示出来了。在原来我理解的口述史中，我最担心的是口述史是史料保存的功能，什么时候去用，怎么面向大众？他讲得很好，实际上口述史的材料和方法直接介入当下的一些企事业单位，包括公司和战略部门。成为他们改变现状的非常重要的动力，他们从历史中对自己沿革的把握，实际上会影响现实，这对我来说是很有启发的。咱们干脆把口述史先聊聊，东华你来说。

周东华（杭州师范大学历史系系主任、教授）：

各位好，我来自世界上最好的大学——杭州师范大学。吹牛的程度没有之一（笑）。我们称自己是仓前大学，阿里巴巴总部就在仓前，我们在他们隔壁，马云的牛吹得比较大一点，但你要说这个人在历史上会留下点什么，以前我不敢肯定，最近突然发现，他在2009年做的这件事情，就是"双十一"，本来就是4个1，毫不搭嘎的光棍节，变成了一个具有特别历史意义的事件。而且100年前，一战终战也是同一个时间；又发现了1620年一批清教徒从英国到美国登陆前签了《五月花号公约》也是这一天。我就在想，马云作为我们学校外国语学院离职的老师，做了这样一件事，直接把中国的网民调动起来，成就了这样一个公众狂欢的节日。如果将来编写一部公共生活史，这个内容必将入史的。

由此想到我们的公共史学应该怎么样定义的问题，是不是可以从这一具有重要历史意义的事件出发，从受众角度来谈一谈。其实我们今天讨论这样一个话题，我觉得祥银是从行业部门，从受众的角度讲这个话题，其实这只是公共史学受众的三分之一。

我认为公共史学的第一部分应该是严肃的，应该是公共史学家根据公共史学的一些规则来从事学理性的研究，这是专业的所在。我觉得这样一个定义，不管是严肃的史学写作还是像李老师现在做的，相对来说叙述性强一点，但也要有科学基础，当然带一点浪漫主义色彩的历史写作，这都是历史学家应该做的，这部分公共史学的受众其实就是学院派，学院里或者跟历史专业相关的人。也是高校里从事史学研究和教学，将来要安身立命的地方，所以这部分的写作是蛮重要的，不应该把公共史学和严肃的历史研究对立起来。

第二个部分的受众我觉得是一些专业的机构，专门的人员，比如参加香港的公共史学课程的人都是一些律师、公务员等，之所以来读公共史学的硕士是因为有需求。刚刚祥银说的部门，可能就是这批人。这一部分在目前中国，大有用武之处。国家和社会特别需要既懂专业知识，又有公共史学素养的人从事公共阐释、公共服务的工作。

第三个部分的受众是真正的大众。从群体构成看，这一部分受众的人数最多，需求不一。乔·古尔迪和大卫·阿米蒂奇在《历史学的宣言》认为："史学与大众未来的前景，在于我们能否重新学会在长时段的背景下解读文献、事件和史料。……我们相信，历史要面向公众，预示着历史写作必须朝下述方向调整：第一，历史叙事要让非历史专业的人能够读懂并有所感悟；第二，要重视恰当使用图示和数字工具；第三，要能够在大与小之间，'微观'与'宏观'之间妥善协调、适度融合，既要凸显文献档案研究的优势，又要张扬大图景的普遍关怀。"这种观点实际上要求我们这些从事公共史学的实践者，真正从大众需要出发，来思考和运行，非虚构写作应和了这样的需求，大有前途。

总体而言，公共史学的受众，既有李老师所说的有一定的专业素养，觉得自己的层次比普通老百姓高一点的各类知识分子，还要针对具有一定文化水平、生活层次更为普通的民众。杭州师范大学历史学系最近20年时间所从事的公共史学工作，大致是想把上面所讲的三部分做一个结合。

我们有关公共史学的工作大概分三个部分，第一是公共史学与专业发展、人才培养方面。主要是动员学生一起做口述历史。我们从2005年抗战胜利50周年纪念开始，师生一起做了一本《烽火岁月中的记忆：浙江抗日战争口述访谈》（北京图书馆出版社2007年版），直到现在，从未中断，一直和我们的学生参与做口述史。这批学生，我们做回访的时候发现，他们无论是在教师岗位还是其他的工作岗位确实比没有做过公共史学的同学发展得稍好一点。

第二是公共史学与学科发展。从近年来的国家社科基金项目等指标来看，公共史学的学科地位还不太高。但从社会服务的角度来看，公共史学对学科发展的价值还是比较大的。例如，帮忙做点校，古代史某些老师你让他写严肃的学术论文，他写不出来；但是盛世修史，把一些古籍、地方志拿出来点校，他们可以发挥作用，通过点校注释后，一般人也可以看得懂了，这跟学科发展有密切的关系。G20 之前杭州市政协文史委召集了一批老师编过《天城遗珍》（杭州出版社 2016 年版）一书，作为 G20 的宣传资料，中英文版，这本书还是有一点点小影响。当时首发式的时候，我把"公共史学"这个核心概念用进去介绍了一下，后来就有很多人接受这样一种历史书写，我觉得这个还是需要的。

第三是公共史学和公共服务，我们有在做史学研究和智库建设相关联的工作。杭州师范大学历史学系有杭州市哲社重点研究基地——杭州城市国际化研究院，系 G20 杭州峰会后申请立项的，与杭州市发改委等政府机关战略合作，每年提供有关杭州城市国际化的调研报告供杭州市委市政府及相关部门决策咨询。这个研究院的主体成员都是具有历史学背景，擅长从历史梳理中得出结论，很受政府部门欢迎。例如，浙江省和杭州市都希望搞杭州湾大湾区建设，我们从世界湾区发展史角度提供了一份"湾区发展陷阱"的咨询报告，得到省领导的肯定。

这三方面的工作，针对不同的需求在做一些尝试，这里特别想呼吁一点。今天在人民大学开工作坊，人民大学还有一个责任，把内地公共史学教育这面旗帜扛起来。公共史学的教育，一是本科生研修班甚至高中生的研修班也可以，从公众/公共的角度，引导他们做一些工作；二是研究生的课程，像香港中文大学开设的研究生课程，我觉得应该到了可以考虑的时候。如果人民大学有一支国家队，那么地方院校就好办一点。

在这三个基础之上，我觉得我们公共史学的集刊每一期还是应该有一个重点话题，理论研究、实践案例、学术史、名家访谈，甚至一些实践调查研究都呈现出来，提升我们的专业程度。

杨念群：

上半场我们谈得很愉快，也很深入。下半场交给姜萌进行主持，请各位继续畅快发言。

姜萌（中国人民大学史学理论研究所副所长、副教授）：

刚才李开元老师介绍了他的心路历程，杨老师介绍了他对公共史学的看法和人民大学史学理论研究所的规划，朱浒老师谈了学院对发展公共史学的态度和他对公共史学的看法，祥银兄和东华兄谈了他们对发展口述史学、公共史学的认识。下面我们围绕"历史知识的应用与传播"这个主题继续发言。首先请山东政法学院传媒学院院长蒋海升教授发言。

蒋海升（山东政法学院传媒学院院长、教授）：

我硕士和博士时期从事史学理论及史学史研究，博士后期间从事新闻史研究。虽然专业上有所变化，但我在从事新闻学研究期间一直感觉并没有脱离历史学的边界。一方面，新闻史研究本身是新闻学与历史学的交叉地带；另一方面，新闻与历史在本质属性上十分亲近。"新闻"与"历史"的亲近，起码有这样几个理由：

首先，在"事实"这一层面上，"新闻"与"历史"其实是一回事，是一体的。"新闻"与"历史"甚至连"一个葫芦结两个瓜""一体同胞"的"孪生兄弟"都不是，而是事实上的"同一"。对于已经发生了的事实，叫它"新闻"还是"历史"，只不过是人们处在不同时间点上对同一事实的不同称呼。"新闻"与"历史"的区别在很大程度上只是时间轴上的远近问题。说得更直接一点，"新闻"其实是一种特殊的"历史"形态，新闻只是刚刚发生的、更贴近当下的历史罢了。所以有种说法是"新闻是历史的草稿""历史是昨天的新闻，新闻是明天的历史"。或者也可以这样说，历史是"已经沉寂的新闻"。

其次，在"叙述"这一层面上，"新闻"是在大量事实中进行采择报道，而"历史"是在大量事实中进行采择编撰，二者的作业方式颇为相似。客观事实如汪洋大海，选择哪些予以呈现，写作主体有较大的选择空间。无论是记者、编辑，还是历史写作者，他们所处的客观环境、主观意愿等都会在他们书写时形成或显或隐、或大或小的制约，影响他们选择哪些事实材料来书写、怎样来书写。当然，尽管这种制约是无处不在、无法摆脱的，但无论"历史"和"新闻"都必须遵循"据实直书"的共同准则，都需要尽可能做到"客观书写""理性书写"。在"据实直书"原则上，新闻学与历史学的理论基础、实际要求都完全一致。大家知道，在现在的学科分类体系中，新闻传播学相关学科是划归在文学大门类下的，其主要缘由可能就是二者都是"写"。人们通常认为，从事新闻工作需要有写作功底，而写作与文学又密不可分。其实，在叙述层面上，现在的学科分类划归法是损害新闻学品质的。因为新闻学与文学的学科本质是不同的。文学创作在很大程度上是需要虚构的。著名作家王安忆曾经指出，文学创作就是虚构。还有人指出，诗歌的想象、抒情，小说的故事、细节离开了虚构的性质，就不可能发生。文学表现之所以能够极尽辉煌，与其虚构写法的系统运用有极大关系。但老实讲，文学创作的这种特点恰恰与新闻业务背道而驰，新闻业务应该是讲真实的，新闻写作是不允许虚构的。新闻书写与文学书写有相当远的距离，不能因为二者都需要"写"而绑架在一起。何况，文科哪个专业不需要"写"呢？甚至连理工农医的研究也脱离不了"写"。中国人民大学新闻学院有一位去世不久的、在全国新闻学界德高望重的老前辈甘惜分老先生，就曾写过文章，论述新闻与历史的密切相关性。我们必须承认，在学科属性、从业原则、作业方式等诸多方面，新闻学与历史学更具有一致性。我们甚至可以这样说，将新闻学归到历史学门类之内比归到文学门类下更合适。新闻诸多的性质，如客观性、真实性，都跟历史学的性质是完全一致的，有着天然的联系。

最后，新闻与历史都是关注一切、包容一切、包罗万象的。历史是包容一切学问的学问。有史以来所有的学科都具有历史性，都可以放到这个定义下成为历史学的某个分支，乍一说这也许难以接受，但如果往深处想一下，其实是指所有的学科都具有历史性。举个有趣的例子，在目前的新闻学界有个挺有意思的现象，新闻学界中的很多学科都到中国新闻史学会下面成立了二级学会，这当然有现实的原因、功利的考虑——中国新闻史学会是国家一级学会，但这些学科在新闻史学会下面来却也圆融相洽，并无"违和感"，这恰说明了历史这个学科强大的包容力。

　　比较"新闻"与"历史"的关系，其实是想说明，历史学科的"海纳百川""有容乃大"。历史在时空上的无限广阔性，无限包容力，决定了"历史"的"公共性"是天然的，是"历史"作为一门学问产生之时就必然为民众而共享、为民众而存在的与生俱来的属性。如果确实承认"新闻"是一种特殊的"历史"形态，那么，作为具有强烈大众传播属性的"新闻"报道，那也是一种特殊的公共史学。

　　公共史学是既古老又年轻的学科。说它年轻，是因为公共史学这个概念提出得比较晚。公共史学是当下新兴的一个史学研究新潮流。从公共史学潮流兴起的过程看，其初衷是为了拓展历史研究、历史教育的生存空间，其最直接的应用就是在图书馆、博物馆等社会机构中提供"历史"方面的服务，以尽可能在满足社会需要的过程中实现"历史"的价值。

　　说公共史学古老，是从它的实践上来说的。作为"一种在公共领域进行历史建构的历史学实践活动"，公共史学的历史要比专业史学的历史要早得多，远古时期原始人类口耳相传的神话传说、先人往事，实际上就是最早的公共史学。尽管它不是严格现代意义上的公共史学，但它产生于民间，扎根于民间，传播对象在民间，在民间发挥巨大作用，已经具有了公共史学的基本特征。应当说，专业史学是在公共史学的基础上发展起来的，只不过专业史学使得史学具有了学术品质，使得史学研究更专、更深、更具有职业性、权威性。

　　现在历史学的二级学科的领域，通常是从研究领域的时空角度划分的，中国史、世界史、古代史、近现代史、当代史以及各种专题史等。这些研究范围是通行认知。从面向的受众的角度，历史学其实也可以划分为专业史学和公共史学两个学科。这两个学科构成史学的"一体两翼"，不可分割。过去，由于专业史家占据了话语权，专业史学享有"阳春白雪"的地位，公共史学则是"下里巴人"。专业史学是在公共史学的基础上发展起来的，专业史学的出现，是史学发展史上的重要里程碑，但客观上也将公共史学边缘化、草根化、乡野市井化了，公共史学研究仿佛就小儿科、低俗了。实际上，公共史学与专业史学也并非泾渭分明。老实说，在中国史学的传统时代，历史著作虽然由专业的史官们或有相当文史水准的文人墨客撰写，但由于中国史学著述中长期"文史不分家"、文史相得益彰的优良传统，在诸多列传和事件的描述中，我们经常可以感受诸多生命的细节与情感的悸动，几千年的史笔虽有高下之分，但相当多的文墨是富有感染力的。也就是说，传统史学的人文性质使颇具专业属性的史学典籍与大众、与民间、与公共空间也并未疏离太远，如《左传》中的曹刿论战、《史记》中的鸿门宴，栩栩如生，同时也是代代传诵的经典文学作品，为民众所熟知。自 20 世纪初以降，史学界在欧风美雨的冲击下出现了一个剧烈的集体转向，那就是转向"科学"。在服膺"科学"，"科学"至上，"科学"万能的心理影响下，学界的行动，无论是史料考证，还是史观阐述，甚至是配合政治，均以"科学"为圭臬，都是在"科学"的旗帜下进行的。尽管治学理路各异，互相不服，但都以"科学"相标榜。不论各学派是否真能做到"求真"，但"科学"都是他们的追求。在"科学"的旗帜下，被学术界认可的史学成果往往是采用理性分析、论述方式的论文、专著，而中国传统史学中生动的细节、形象的故事基本上被从学术殿堂上驱逐了。在 20 世纪，"公共史学"性质的作品是缺乏地位的。虽然面向民众的史学著述也在其间也偶尔冒泡（如吴晗的"中国历史故事小丛书"和林汉达的《中国历史故事集》），甚或在特殊时代一度畸形燎原。但冒泡的寥若晨星，燎原的畸形走偏，因而都构不成真正的公共史学潮流。历史学在传统中国一直是显学，但 20 世纪 90 年代初期，大家都普遍感受到强烈的"史学危机"，"危机"的产生，当然有很多原因，但不客气说，这与史学过度科学化、专业化，与民间相疏离也有密切关系。历史与当下是不可分割的，历史与民众是不可分割的，脱离了时代、脱离了民众、脱离了地气的孤芳自赏的史学，陷入所谓的"危机"，一点也不奇怪，也不值得惋惜。史学成果终究要实现"民享"。

刚才大家就"公共史学"还是"公众史学"进行了讨论，我觉得公共史学的范畴比公众史学的范畴更大，当然这不一定对。我们不仅仅要面向公众做普及性的东西。

　　"公共史学"十分重要。但我们的史学家过去不屑于做这件事。2004 年，我的导师王学典先生曾经组织过一个关于"历史与现实"关系的笔谈，这组文章发在《山东社会科学》上，一共五篇。我有幸参与其中，写了一篇《重建史学与生活的联系》，里面提到了几个核心观点，一是史学要面向民间，二是史学家要在面向民间这个过程发挥重要作用，三是要注意文学家来抢夺史学界的资源。这篇文章当时发在地方期刊上，我这篇文章也在五篇文章中排到第四位，并不起眼，但不久居然被《人民日报》的编辑看到，并摘要转载，这或许意味着史学走向民间、走向大众成为当时一种共同的期待，这可能都有一定的象征意义。次年（2005 年），易中天在央视《百家讲坛》讲"三国"就火了。《百家讲坛》大约创办于 2001 年，此前《百家讲坛》涉足许多领域，虽然在那时已经颇受欢迎，已经有了一定收视率，但真正大"火"，其实就是从易中天讲历史开始的，之后又有王立群、于丹等承续。有相当长一段时间，《百家讲坛》将讲史作为主要内容。这种节目转向，显然意味着公共空间对史学的迫切需求。而这种史学对民间影响的主要贡献者，是中央电视台和出身于文学界的易中天。文学界频频到历史学家的后院里抢夺资源，但绝大多数史学工作者对此毫无知觉或警惕，确实值得深刻反思。后来《百家讲坛》的多个历史主讲者也并非科班出身的史学家，有不少主讲人是民间历史爱好者、中学历史教师等，这都反映了专业史学界对"公共史学"的疏离与隔膜。这种疏远，一是可能是因为学术评价机制，二是因为专业史学家们的高傲与清高。三是必须承认，写出高水平的"公共史学"作品也并不容易。去年上半年，我为上海合作组织青岛峰会写了本《人文山东》；下半年，又作为主要作者参与为山东滕州撰写了《滕州读本》，这两本书都属于"公共史学"范畴。在写作过程中，深感"公共史学"著作的写作难度，并不比专业史学研究低多少。公共史学并不像专业史家想得那么简单，实际上可能甚至更难。因为它在表现形式上要求画面感强、可读性强，这对长期从事理性思维的史学专业学者来说，是颇有难度的。在这方面，林汉达先生给我们带了一个好头。林汉达先生是和叶圣陶先生齐名的语言学家，他写的是从东周开始到东汉的历史故事，包括《春秋故事》《战国故事》《西汉故事》《东汉故事》《三国故事》等。这是很有价值的一套书。近年来，大量历史通俗读物的出版、历史影视剧的制播、新媒体公众号的推送，都为"公共史学"的发展提供了良好的基础。"公共史学"极大地丰富了人们增长历史见识的需求。我们带给民众不仅仅是知识，还要传达智慧。我们的历史学科究竟有什么用？古代庄子说我们不过于追求用，无用之中可能有大用。但归根结底还是要用，尽管不那么急功近利但内心深处还是有用的企图。历史至少在两个方面上解决受众的需求。第一是"知识供给"和"时空定位"，提供给人们时空背景。如果说地理学科提供给人们的是空间方位，那么历史给人们提供的则是时间方位。第二是提供"见识"给民众，这种见识既有对历史大势基本规律的判断，也有对人性的剖析审视，也有各种具体社会生活的过往经验，等等。这种"见识"一定要有判断，有提炼，体现的是"智慧"，是历史中蕴含的"道"。

中国人民大学可能是最适合牵头搞"公共史学"的阵营。校名中的"中国"表明这是国家牌、"国"字号的学校；"人民"又体现了"人民性""公共性"；"大学"又保证了"公共史学"的学术水准，而非"演义""野狐禅""民间故事"。从这个意义上，中国人民大学的同志们领衔抓"公共史学"，简直是"天降大任于斯人"，是责无旁贷。

姜萌：

非常感谢海升师兄。他最后提出的三个问题，对我们更好发展公共史学、更好传播历史知识，都有非常重要的意义。下面有请王海涛师兄。他现在是山东人民出版社的业务骨干，负责编辑重大选题的书籍，请他从编辑的角度谈一谈看法。

王海涛（山东人民出版社重点项目编辑室主任）：

很荣幸能参加这次"公共史学工作坊"的活动。看到了第一期《中国公共史学集刊》，我想到了我曾经编辑过的一份连续出版物——《历史学家茶座》，每年出版四期，编了十年。

《历史学家茶座》第一期的时候我们特别激动，请了很多人去祝贺，第一期销量很好。做到第十期慢慢遇到了约稿的麻烦：历史学家都很忙，千字 60—100 元的稿费很微薄，又不能评职称，他们的动力越来越不足，需要紧紧盯着，搞得编辑很累；一些普通历史爱好者作者很积极，但他们的功力又不够，中间还有许多抄袭的内容让我们编辑防不胜防。但我们还是顽强地坚持了十年。后来因为工作变动，《历史学家茶座》才停了。我的经验是，办一个刊物的初始阶段都很激动，但这种靠激情来支撑的事情毕竟不长远，越往后越要建立机制。希望你们能找出自己的模式。

2019 年是新中国成立 70 周年，所有的出版社都会把主题出版的精力放在这件事上。目前了解到的情况是，许多出版社更多的是做比较宏大的选题。比如：1949 年毛泽东做了哪些事，我们给发掘出来；也有写 70 年来中国政治、经济、文化等方面的变化，"当家做主站起来""砥砺奋斗强起来"。聂震宁（中国出版集团前董事长，现在是韬奋基金会理事长）、黄书元（人民出版社社长）他们对那些都不感兴趣。在会上他们提到一个很小的选题《我家 70 年》：1947 年出生的崔兆森是一个有心人，仔细整理、收藏自家纸质档案资料和老物什14500 多件，全家人每个人都有详细的个人档案，关键时间的实物证明都保存得完整，他 49 年间每天不间断，写了 49 年 119 册 1500 多万字的日记，于 2015 年创立家庭博物馆，向社会公益开放，每年观众有数千人，受到央视、人民网、新华社、山东电视台、齐鲁晚报、济南时报等媒体报道 150 余次。2016 年当选"山东民间十大收藏家"之首，2018 年获"济南好人"称号。这样一个《我家 70 年》的选题，受到聂震宁、黄书元等许多专家的高度赞扬，他们说你好好做，有冲击"五个一"的可能。由这种讲述老百姓生活的选题得到权威专家的认可这一点，我就感觉公共史学大有用武之地。希望你们坚持下去。

姜萌：

谢谢海涛师兄。海涛师兄从两个方面给我们提出了案例，非常有启发。发展公共史学不仅需要坚持，还需要找到非常好的思路。下面有请于洪老师。于洪老师以前是央视《百家讲坛》的主编，现在又是央视《中国影像方志》的执行总导演，在利用电视节目传播历史知识方面的实践经验非常丰富。

于洪（中央电视台《中国影像方志》执行总导演）：

非常高兴参加今天的座谈会。我是抱着学习的态度来的，真是来学习的。因为我是学中文的，1985 年毕业，是老同志了，但真正史学方面的学术训练是没有经受过的。当然，我们中文系也必须学《史记》、读《史记》，我也非常崇拜《史记》、崇拜司马迁。

很惭愧，以前听说过"公共史学"概念，但不敏感，没有去学习研究，也没有跟大家们来交流。但是，刚才我看书里有一个调查报告，我看完以后不太惭愧了。调查对象是历史系的学生和部分的硕士、博士，其中有一个问题："听说过公共史学吗？""听说过但不清楚"的占 44%，我应该就是在这 44%里，但还有很多没听说过的。刚才听了各位讲公共史学，我学到了很多东西。调查报告里还有一个问题："您认为史学家更需要潜心书斋还是面向社会？"60%认为面向社会，我肯定是在这 60%中。

我把自己的工作给大家介绍一下，也是从我的工作方面跟大家交流一下。刚才杨老师、李老师都提到《百家讲坛》，我原来在《百家讲坛》做编导，后来做主编，去年到了另外一个栏目，对《百家讲坛》的情况非常熟悉。《百家讲坛》原来的定位是文化普及，把专家的学识通过《百家讲坛》的形式告诉公众，2004 年、2005 年以后很受欢迎，收视率非常高，制造了一批所谓学术明星，也制造了几个千万富翁。

我跟大家说一下选人的标准，大家听一听就可以了解《百家讲坛》为什么这么做。我们选人有三个维度。第一是学术根基。主讲人必须有学术素养，经受过严格的学术训练，保证你说话不是江湖派。第二是语言表达能力。语言表达能力跟天赋有关系，你得能从庞杂的史料和典籍中提炼归纳出最有用、最生动的东西，还得有结构能力。这一点李教授肯定是非常了解的，讲课、写文章要讲故事，要设悬念，要按照几分钟一个高潮，环环相扣，你得这么设计，否则观众都走了。第三是个人形象的魅力，得让观众喜欢听你讲。个人魅力不是说主讲人必须长得漂亮，而是说要有风范和个人风格。比如纪连海，别看纪连海长成那样，声音不好听，我们俩还是好朋友，但是我们有调查，一半人特别不喜欢他，另一半人非常喜欢他，说这人有趣，所以大众传播是这么一个标准。我们选人的时候根据这三点，层层淘汰，很严格。但是我们也非常迷茫，在全国的这些高校机构选了很多遍，真正能够满意的还是少。为什么？一方面是大家隐藏得太深了，我们没发现；另一方面是选人方法可能还是有问题。

我一直觉得我们做的是文化的大众传播、传统文化的普及工作，今天来开这个会学习了一下，发现原来我们做的是公共史学的事，有点儿找到组织的感觉。

我给大家提供一个数据，《百家讲坛》做过观众数据调查，每个调查都是委托第三方进行的。我们的受众对象主要是初中文化水平。为什么是这样呢？因为看电视的大部分是这个层次的人。不是说大家的水平就是初中毕业，是"初中文化水准"，这包括所有人，实际上，搞任何专业的人出了自己的圈子，其他认知可能就是初中水平。搞史学就不说了，搞航天的，他的文史知识可能初中水平都达不到。比如我们学了很多年物理，工作以后专业改变，若干年后再忘掉一些，剩下的物理知识也就是初中水平。所以我们的观众中，小到七八岁，大到八十多岁都有，各个行业都有，我都接触过，有好多是搞航天科技的，有搞教学的，有的是北京市名师，学的是化学、物理，当初学历史少。他们本身的文化层次不低，但在文化上有先天的不足，就特别喜欢看《百家讲坛》。所以，《百家讲坛》在讲课的时候，得针对观众去讲，所以，我们强调要留悬念、要讲故事，这跟李教授作为开拓者的心态是一样的。我们以后做公共史学普及工作的时候，也得考虑这方面的问题。写文化普及文章，看起来容易，其实很不简单，把学术的东西转换为大众能够接受、能够喜欢、甚至把原来不喜欢的东西看上瘾，这是很难的。我记得有一位先生说写一篇小小的科普文章比写一篇正规的学术论文更费劲，就是这个道理，如何从无限庞杂的史料里梳理出又好玩又好看、又能让大家记得住的东西，这是非常重要的。

现在我们正在做的是《中国影像方志》，这个策划案是我执笔写的，写了一年多，反复修改，现在是国家级影像文化工程。全国有2300多个县和县级市，现在这个纪录片要做2300多集，这是前所未有的（掌声）。目前已经播出了120多集，其实就是用影像来修志。原来的《地方志》全是用文字和线图，解放后两轮修志加了一些照片，现在我们用影视手段修志。我们的《中国影像方志》宣传片里有句宣传词，"今天的影像，明天的历史"。刚才蒋老师说新闻要划到历史学科，我个人表示同意。所有的新闻，记载的都是正在发生的事情，但是到了明天，今天的记载就是历史。今天的会，明天也是历史。

我觉得搞历史研究，以往的评价体系是有问题的。我们当时做节目也有一种感觉，以往搞历史研究太脱离群众了，太脱离现实了，老是在研究高深的学问，其实老百姓非常需要"科普"。从我的感觉来看，各方面都需要史学专业人士进行指导。第一，我们的《百家讲坛》节目，很多编导都不是学历史专业出身的，大部分是其他专业。我们在学习、了解相关历史的时候，就很费劲。我学中文离历史还近点儿，还有其他学科的编导，就比较困难。第二，影视剧这方面非常缺人才，编剧相当缺乏历史知识，很多完全是靠自己的想象。有的编剧比较严肃，请一些专家做顾问，有的完全按照自己的理解一意孤行。

我觉得公共史学大有可为，覆盖的方面很广。电视曾经辉煌过一段时间，20年前有一个说法，"电视台是躺着做广告"，躺在家里就有人打电话要来做广告；"报纸是坐着做广告"，坐在办公室，人家来谈我要登"寻人启事"；电台最悲摧，要"追着人家要广告"。当时电视很红火，从《东方时空》一直到《百家讲坛》。现在新媒体风起云涌，电视也成了传统媒体，好像已经"过时"。但在新媒体的情况下，公共史学更是大有可为。李开元教授的《秦崩》《楚亡》，就是在网络上发布并火起来的嘛。现在，微信、微博、网络无所不能，喜马拉雅非常火，里面有各种课程。经过这几年的培养，观众对传统文化、公共史学需求非常迫切，我认为咱们在座的各位，要发挥你们的主动性。喜马拉雅不像央视那样，出镜、讲课还要层层批、层层选，现在在家里用手机就可以录音，只要你讲得好，就有观众，还有钱挣。所以现在是一个很好的时代，各个领域随时都可以进行公共史学的传播。当然，这也是大家的一个责任：帮助民众提高历史文化水平，通过潜移默化，助力文化启蒙。因为现在我们整体的、大众的文化素质还需要提升。

新媒体时代，公共史学正在兴起，这对我们来说都是机会。

非常高兴，今天在物理上已经进了中国人民大学历史学院、进了会议室的门，但精神上还没有进入公共史学的门，希望在大家的帮助下，我好好努力，尽快入门，谢谢！

姜萌：

《百家讲坛》也好，《中国影像方志》也好，确实是中国公共史学在实践方面非常重要的开拓者。我是做理论的，感觉是在空谈，空对空，过去跟实践的老师联络比较少，在发展公共史学的过程中，我跟杨老师也多次商量，理论和实践一定要结合，把学院内、学院外结合起来，大家从多方面，多元地促进这件事的发展。就像刚才李开元老师所说，我们把学到的知识传递给更多的人，这是非常有价值的事情，不仅有个人的价值，也有更多的社会价值，甚至对整个社会和国家的发展都有非常重大的意义。

李扬老师来自北京联合大学历史文博系，他们在培养人才方面特别注重实用知识和技能，在国内可谓独树一帜。下面请李扬老师谈谈想法。

李扬（北京联合大学应用文理学院副教授）：

我们北京联合大学是 1978 年成立，其中我所在的北京联合大学应用文理学院是在北京大学分校和人民大学第二分校基础上成立的。我们历史文博系在 1985 年开设文物博物馆方向，可能是全国最早一批探索历史学应用人才培养的院系。我们系这些年一直在倡导应用史学，历史学与文物博物馆、历史学与文化遗产研究保护传承等都是这些年努力的方向。有意思的是，参加今天这个活动我刚刚发了个朋友圈，结果有个考古专业的老师留言说公共考古在考古圈是比较边缘的，你们最好不要搞这个。所以可以看到专业内部的认知差异，为什么公共考古就比专业考古差一个档次呢。

刚才听了杨念群老师、李开元老师的发言，很受启发。2010 年，我在香港中文大学做半年访问，第一次接触到公共史学。我看这里有提到梁元生老师发表的公共史学的文章，介绍香港中文大学的公共史学。当时我去旁听科大卫老师晚上讲的公共史学课程，看到参加课程的大多是一些在职的从事教育、金融、法律等行业的中年人，科老师给大家读晚清的报纸，用讲故事的方式授课，所以感觉公共史学是用普及的方式，给那些对历史有兴趣的大众传授一些理念和方法。

我到北京联合大学之后，一去就接了史学概论这门理论性很强的课，给学生如何讲史学理论确实一度让我很头疼，但我觉得应用史学和公共史学应该是一个可以努力的方向。去年我开始讲授中国古代史（后半段），我在备课的过程中，去国家图书馆、北大图书馆看书，感觉有点吃惊。我原来是学习和研究明清史的，但我发现这些大的图书馆书架上的明清史著作至少三分之二的作品都是由民间写史人完成的，非科班出身的作者几乎主导了明清史的历史叙事。如果说一些热门书店卖这些作品无可厚非，但这些专业的图书馆，居然摆在书架上的大部分都是这些作品，我还是有些意外。刚才杨老师提到了《百家讲坛》，我觉得专业的学者应该去占领阵地，给大众提供好的精神产品。在这方面如何改变当下的局面？我自己觉得，公共史学可能是一个很好的途径，所以我非常支持姜萌兄的工作，这是一个很好的方向，希望大家一起努力推动这个事情。

这几年我们一直在强调应用史学，这个月（2018 年 11 月）初在山东大学开了一个历史教学会，是我的师兄韩朝建组织的，当时我讲了我们学校做了哪些实践。我们每年单独留两周时间，做北京的四合院胡同调查、历史建筑调查，做北京非物质文化遗产口述史调查，已经坚持了很多年。香港中文大学的蔡志祥老师对我们的探索方式很赞赏，说我们做的才是真正的公共史学，这是一个很好的途径。所以历史学在专业培养、实践教学内容等方面是可以跟公共史学相互转化的，如博物馆，我们系的文物博物馆专业有一个文物修复的方向，大家都知道有个纪录片《我在故宫修文物》很火，类似这样的文物博物馆跟我们历史学互动的人才培养模式，也是公共史学可以发展的方向，这是我个人的一点想法，我就说这么多。谢谢！

姜萌：

李扬兄提到的公共史学如何融入历史学人才培养过程，是个很重要的问题，我想我们后面可以找个专门的时间，来进行深入专门的探讨。除了历史学人才培养这个当下的现实问题外，其实公共史学与当代史研究的关系也很密切，下面有请中国社会科学院当代中国研究所的储著武老师谈谈他的看法。

储著武（中国社会科学院当代中国研究所副研究员）：

大家知道，当代中国史是距离我们最近的一段时间的历史。现实生活中，人们经常见到的比较多的是关于当代中国史的宏大的叙事，或者是解密之类的书籍。总之，当代中国史或者说新中国史的话题在现实生活经常见到或者被反复提及，是具有极高公共性的话题来源。应该承认，改革开放 40 年来，当代中国史研究的学术进展比较大，所取得的研究成果也很多。举个简单的例子来说，我们国家每逢历史节点的时候，都会有大量的国史研究与宣传的成果出版。这样做既能够很好地宣传中华人民共和国的成就与经验，又较好地推动了相关问题的学术研究，一般总会形成一次关于国史学术研究与宣传传播的高潮。应该说，如何研究好、宣传好中华人民共和国的历史，讲好党领导人进行社会主义革命和建设以及推动改革开放伟大事业的历史故事，就是公共史学研究能够发挥重要作用的一个重要领域。有人说，21 世纪最重要的是平台，中国人民大学历史学院创办的"公共史学研究工作坊"就是一个历史学者参与公共史学话题及其相关话题的历史知识生产的重要平台。可以想见的是，随着时间的推移，这个平台的地位与作用会更加凸显。

我原来的专业是史学史及史学理论，对公共史学的理论与方法有过一些关注，但却从来没有实践过。这次应姜萌老师的邀请前来学习，机会难得。在我看来，当代中国史或者说中华人民共和国史的公共性问题更加重要。首先，公共史学研究现在的范围很广，各个领域都在进行研究与实践。但我认为，将公共史学的理论与方法应用于当代中国史最应该受到重视和加强。随着中华人民共和国成立70周年即将到来，一个人的历史，一个组织的历史，一个机构的历史，一个部门的历史等，都会受到更加广泛的关注和重视。那么，如何去书写这些历史，当然需要历史学者参与其中。

其次，70年的时间，在历史长河中并不长，但对于个体生命的体验来说，这也是很漫长的。在这个过程中，大众的情感与认识，究竟是怎样发展变化的。同时，随着很多的当事人年岁的增长，再不及时抢救相关口述材料、文献资料，会失去最佳的时机。举两个例子，我这几年比较关注新中国社会科学史的研究，关注中国社会科学院前身中国科学院哲学社会科学部的历史，也联系了一些当事人，希望听他们的回忆，确实有一些收获，可是不容忽视的事情是，这些老学者以及当事人年岁都很大，有很多事情记忆得都不准确。还有一件事是，现在学界很重视三线建设的工业文化遗产的研究与保护工作，目前取得的成绩令人兴奋，不仅有很多博物馆，还制作了不少电视纪录片，让更多的人了解到这段历史，也认识到当年人们的努力在今天依然具有重要的现实价值与意义，从而能够更客观地看待和认识三线建设的历史。虽然当代中国史的研究有很多制约，但我认为目前有很多关于当代中国史的问题都可以与现实发生联系，做得好的话，不仅能起到较好的宣传效果，让更多人的了解和认识中华人民共和国的辉煌成就；而且能够推进很多问题的研究与解决，彰显学者自身的价值与作用。近期，中央电视台播放的《国家记忆》等栏目就是这方面做得比较好的代表性作品。

最后，我想说的是，公共史学不仅仅是一个学术理论问题，更是一个学术实践问题，需要包括史学工作者在内各种有志于推进公共史学发展的人士的共同努力。当然，公共史学依然需要遵守史学本身的一些规范与要求，如尊重历史事实，更不能凭空捏造事实等。这些都是公共史学在发展过程必须面对和解决的问题。重申一点，希望大家多关注当代中国史研究，关注当代中国史的公共性问题。谢谢。

姜萌：

储老师提到了当代史研究与公共史学的关系，这也是很值得思考的问题。争取今后能继续深入探索。下面有请魏兵兵老师，魏老师主要从事近现代城市史和中外关系史研究。

魏兵兵（中国社会科学院近代史研究所助理研究员）：

我现在主要关注近代中外关系史，其次是近代上海城市文化史。国内学界的中外关系史研究以外交史为主导。外交史主要研究中外政治、外交精英群体的外交活动，一般认为属于精英史学；外交史研究通常大量利用档案史料，力求还原外交事件的历史过程，相关著作和论文通常较为严谨，但一般读者读起来可能会觉得比较枯燥——至少不如城市文化史那么亲切有趣。所以，我常常在想如何才能把外交史或者更广义的中外关系史写得可读性更强一些。

近来，我自己也参与了一些或许可以归入公共史学范畴的活动。比如，参加了中关村哥伦比亚大学全球中心一个顾维钧与抗日战争图片展"顾维钧与抗日战争"的准备工作；现在正和同事与《三联生活周刊》方面合作，计划做一个顾维钧画传的项目；不久前还和杨念群老师一起参加了一个面向公众的学术沙龙活动，讨论加州大学一位教授关于清代北京社会文化史的新书。

我跟在座大多数人一样，接受的是学院式的训练，日常研究工作——借刚才一位老师的话说——是写"八股"论文，准备"骗"职称。（笑）我想年轻阶段大家可能都是这样吧，但我自己对公共史学一直很感兴趣，人民大学历史学院上次举办的公共史学国际工作坊我也来旁听了。刚刚听了大家的发言特别是李开元老师的发言，很受教益，借此机会简单谈几点感想。

首先，我想起著名史学家严耕望先生的话，他说历史学者在不同的年龄阶段适合从事不同形式的研究和著述。我觉得公共史学不应该是由一部分人专门从事把专业史学的成果普及化、通俗化的工作。最好是像李开元老师这样自身有深厚的学术积淀，再用一种大众易于接受的方式，推出自己的作品，其中有自己的新视野、新解释和新观点，这样公共史学所谓的学术含金量自然会高很多，就不会被一些专业史学研究者认为是层次较低的东西。就像刚刚很多老师讲的那样，公共史学在某种程度上比专业史学更难。法国著名历史学家布罗代尔说过一句话，大意是一个作者最高的境界，就是对孩童和对专业学者能够用同样的口吻说话。能做到这点无疑是非常不容易的，这是我的第一个感想。

其次，之前杨念群老师谈到我们专业历史学者应该引领还是迎合公众的问题，这也是我常常思考的问题。刚才听了李开元老师关于《秦崩》一书创作过程的讲述，我觉得公共史学在某些方面，特别是史学作品的题材、主旨和思想方面，应具有引领性，毕竟我们是专业的学者；但是在形式上，有时候为了让公众更易于接受一些，可能需要有一定的迎合。特别是现在媒体非常多元的时代，采取一些迎合性的推广策略也无可厚非。

最后，公共史学是一个很大的概念，范围广泛，内涵丰富，而"公众"也不宜简单地被视作一个整体。不同的社会群体，不同的社会阶层，不同时代、不同国家的公众，他们需要什么样的公共史学，需要什么样的历史知识，以及哪些类型的历史知识更适合向哪些群体推广和传播，这些都是有待我们进一步思考和探索的问题。

姜萌：

魏老师谈到要开放多元地发展公共史学，确实是我们应该坚持的理念。下面我们请赵天鹭老师谈谈。天鹭兄很年轻，1988 年的。他在《中国公共史学集刊》第 1 集发表了《"游戏史学"初探》，杨念群老师认为是非常好的探索。公共史学有没有可能在电子游戏等大众娱乐中传播历史知识，是个很有趣的问题。

赵天鹭（清华大学马克思主义学院博士后）：

谢谢姜老师，时间有点紧，我本来想说好多话，因为故事很长，文章也很长。我的本硕博都是在南开大学读的。我是怎么喜欢上历史，立志到历史系读书的呢？跟电子游戏有关。我小时候玩历史类游戏，就对历史的很多初步的知识有了了解，很多兴趣就被启发出来了。我对历史的兴趣有一部分是通过各种书籍，有一部分是因为游戏。中学后，我萌生了一定要学历史的超强信念，这是一个很重要的决定。

　　读研究生的时候，马克思主义学院的老师留期末作业，列了很多美国大片和游戏的名单，让我们去批判里面的资产阶级腐朽思想。我发现里面恰好有一个我从小玩到大的游戏。我跟那位老师说，我写游戏。虽然是一个政治课的作业，但写完后感觉成果还不错。我一边写一边想，历史学的东西是不是也可以做出来？除了必要的意识形态批判，许多具体的问题，不就是严肃、专业的史学研究吗？无论是历史素材，还是现有的研究成果，在游戏里是怎样被使用的？另外，我们史学工作者如何"反哺"，如何将理论和实践结合起来，为游戏设计者提供一个专业上的支持？这里面包括了很多现实问题，如历史学的就业出路等。我当时有这样的想法，就写了这么一篇文章。但是文章写得太长，好多地方又不大符合南开史学的传统，我便将它"藏之深山"，5年没有管它。

　　在这5年期间，"世道"发生了改变。游戏研究从西方慢慢传过来，正好是2012年我开始"划水"的那几年。到现在为止，很多传媒、文学、艺术专业的老师，包括之前从90年代开始研究"治网瘾"的老师们，都在搞这方面的研究，西方的新理论也被引进来。年轻人长大了，要营造一个全新的环境氛围，认为游戏也有好的一面，要开发好的东西。"游戏化"的成果也出来了，但"游戏化"最近又出了一些问题，技术遭到滥用，成了一些部门圈钱的工具，当然这是后话了。我感觉，那些搞游戏研究的老师，虽然为游戏营造了一个比较中性的新形象，游戏从被普遍诟病的东西，变成了"亦正亦邪"的东西。

　　我感觉，游戏本身品质的改善才有可能从根本上解决问题。从理论到实践，历史学在此大有可为。我下一步想的是组一个小团队，做一些量化历史、编程的东西。现在有一些小程序，包括一些小的历史量化计算，有些同学已经帮我做出一些眉目。下一步我们可能真是要组个团队做游戏，新型的游戏，新型的历史游戏。现在的很多游戏都是商业游戏，有它的问题。我们要做更有教育意义和专业意义的，更现实、更好的、更新奇的游戏，这是改良的东西。我有希望也有信心，将来有一天，这个游戏可以脱离纸，脱离论文，变成一个真正的、大家可以玩得起来的东西，这是下一步慢慢从理论做到更多具体实践的环节。

由于时间有限，我只能说这么一点。谢谢各位老师。

姜萌：

谢谢天鹭兄！希望天鹭兄的想法能成功。咱们这次工作坊虽然短暂，但是内容十分丰富，各位老师从各方面提出了自己的思考，这些思考或问题，都是发展今后发展公共史学应该专项讨论的问题。这是公共史学工作坊今后努力的方向。感谢各位的精彩发言。下面有请杨念群老师做一个简短总结。

杨念群：

首先非常感谢大家，尤其是全国各地关心公共史学发展前景的朋友们能跑这么远来参会，仅用半天讨论如此重要的一些问题，时间显然不够，所以特别期待着大家的持续支持。听了大家的高论我有两点感想：第一，我们的公共史学工作坊跟一般学界工作坊的性质应该有着比较大的区别，学院式工作坊讨论的都是相对狭窄的专门问题，其实比较新颖的讨论往往都具有跨学科的特征，这也是近些年史学理论研究颇具活力的原因之所在，而要讨论公共史学则不只是跨学科这么简单，而更是一种跨界的尝试。例如，于洪导演的《影像志》完全可以看作公共史学的一种表现形式，这是一种与历史学的真正跨界对话，原来人们常说的"跨学科"这个表述已经无法涵盖公共史学未来发展的丰富性。所以我们要反复强调公共史学的跨界特征，还要进一步坚持跨界的原则，吸引更多的朋友、更多领域的爱好者参与进来，我坚信，越是跨界的碰撞越是有趣，通过这样的对话合作和交流活动，挑战和检验一下原来约定俗成的学院派史学的典范式观点，何乐不为？

第二，大家已经初步达成了一个共识，那就是公共史学最重要的价值在于其应用性和实践性，公共史学不会满足于言谈和书面的讨论，从事公共史学研究不是学院派式的写写文章就算了，它必须有非常具体的实践产品作为依托，这种产品与学院派的研究形态不太一样，如何从跨界的角度促成"公共史学"的实践形态与研究形态之间的对话与合作，可能是未来公共史学发展必须面对的一个难题。希望大家以后继续关注史学理论研究所有关公共史学研究讯息的发布和进展，继续关注《中国公共史学集刊》的编辑和出版。

当代中国影视/影像史学的
理论发展及其问题

刘亚楠[*]

摘要： 从提出概念至今，影视/影像史学理论在中国的发展已有二十余年的时间。这二十余年大体可划分为两个阶段：第一阶段是概念传入中国的最初十余年，此一时期的特点主要是基础理论的建构，台湾的周樑楷和大陆的张广智是其中的代表性人物，两位学者初步建立了中国影视/影像史学的理论基础；第二阶段是新世纪以来，研究者发现早期构建的理论出现了一些明显的问题，比如概念不清、基本范畴模糊和学科定位不明等，开始围绕相关问题进行新的论辩，并在论辩的基础上，进一步完善了影视/影像史学的理论，提升了学界对这一史学形态的认知高度。近十年来，影视/影像史学的理论研究也开始和影视/影像史实践结合起来，成为中国公共史学发展比较快的一个领域，值得学术界和文化界进一步关注。

关键词： 当代中国　影视史学　视觉影像　公共史学

现在学界时常讨论的影视/影像史学，实际上脱胎于美国历史学家海登·怀特（Hayden White）在 1988 年发表的《历史书写与影像史学》（*Historiography and Historiophoty*）一文。文中，海登·怀特创

---

* 刘亚楠，中国人民大学历史学院 2015 级硕士研究生。

造了一个新的概念 Historiophoty，较早接触这个概念的周樑楷将其翻译成了"影视史学"。作为一个新生事物，影视/影像史学的理论研究在中国的发展尚不足 30 年，虽说还处在从发生到发展的阶段，但已经显示出了一定的特点，值得思考总结。概括来说，20 世纪 90 年代，影视/影像史学的理论虽然出现，但基本处于少人问津的状态，发展比较缓慢。进入 21 世纪之后，关注此问题的研究逐渐增多，影视/影像史学作为一个学术概念得到较为迅速的传播，不仅引起相关学科的关注，学术研究也摆脱了单一的理论构建模式，转而从理论和实践两个方面同时进行。本文希望对中国影视/影像史学理论发展历程进行梳理，以期推动学界对这一学术形态的认知。

一　"影视史学"的提出及其早期理论探索

海登·怀特在 1988 年创造 Historiophoty 这个新概念时，对其含义做出了相应的界定。Historiophoty：The representation of history and our thought about it in visual images and filmic discourse.[1] 1993 年，中兴大学的周樑楷教授将其翻译成"影视史学"：以视觉影像和影片的论述，传达历史以及我们对历史的见解。自此，"影视史学"作为一个学术概念在中文学术界出现，直到今天仍被学界广泛使用。

至于为何要翻译成"影视史学"，周樑楷有着自己的考量。他考察了海登·怀特提出 Historiophoty 的学术背景后指出：首先，《历史书写与影像史学》一文，是在《美国历史评论》杂志开设的有关影视与历史的讨论专栏中提出的；其次，在海登·怀特以前，法国年鉴学派历史学者马克·费罗的《电影与历史》，美国历史学家莱克的《历史的影像编纂》等著述，已就"影视与历史学的关系"问题展开过讨论，海登·怀特的观点是基于他们的讨论之下展开的。综合以上两点，周樑楷认为，海登·怀特所说的"visual images and filmic

---

[1]　Hayden White, "Historiography and Historiophoty", *American Historical Review*, Vol. 93, No. 5 (December 1988).

discourse" 所指仅为动态的影像，尤指影片和电视片，也就是所谓的历史剧情片，所以他将其译成"影视"。按照海登·怀特用影视来呈现历史的想法，他原本想译成"影视历史"，又怕被误解成是研究"电影史"或者"电视史"，因而又将"历史"改成了"史学"，来强调这是门学问，而要想使其成为一门学问，海登·怀特所说的范围显然过于狭窄，因此，周樑楷又提出"影视史学"应该包含两个方面的内容：首先是实践层面，以静态或动态的图像、符号，传达人们对于过去事实的认识；其次是理论层面，探讨分析影视历史文本的思维方式或知识理论。意即："影视史学"要求史家既分析理论又着手实践。

虽然明确提出实践也是"影视史学"的一个重要方面，但周樑楷似乎并没有把精力放在实践上。他仅有的教学实践，也是为了建构和反思"影视史学"的理论。周樑楷曾直言不讳地指出："笔者一直讲授这门课程……目的都是为了建构这门学问的知识理论基础和改进这门课程的教学"，"有意借本文反思'影视史学'这门学问的知识理论基础以及这门课程的教学主旨和内容"。[①] 他所说的"影视史学"，与传统历史学的理论是有差别的。传统历史学中，影像并没有被纳入历史文本的研究范围之内，只是起到辅助性的作用。所以，他提倡重新建构历史学的理论，而这种建构并非是在原有史学理论基础上的增补，应该是"另起高楼"，在原有理论的之外建构一套全新的理论。

为了建构这套理论，周樑楷选取了一些历史影视文本（主要是历史剧情片）进行分析。本文特将周樑楷的相关研究做了整理（如表1）。

通过对这些历史剧情片的文本内容、叙述手法和情节处理等方面的讨论，周樑楷提出了其对"影视史学"的一些初步看法：（1）虚构的历史情节并非一无是处，符合时代精神和观众价值观的虚构情

---

① 周樑楷：《影视史学：理论基础及课程主旨的反思》，《台大历史学报》1999 年第23 期。

表 1   周樑楷相关研究①

年份	研究题目
1992	《银幕中的历史因果关系：以〈谁杀了肯尼迪〉和〈返乡第二春〉为讨论对象》
1994	《辛德勒的选民：评史匹柏的影视叙述和历史观点》
1997	《台湾影视文化的历史意识，1945—1979：以〈源〉为主要分析对象》
2000	《历史剧情片的"实"与"用"——以〈罗马帝国沦亡录〉和〈神鬼战士〉为例》
2002	《影像中的人物与历史——以〈白宫风暴〉为讨论对象》

节，也可以具有真实性，甚至可以取代真实发生的历史。②（2）历史
解释不是专业史家的特权，专业史家可以通过文字对历史进行解释，
非专业史家（如历史影视的编导）通过影片也可以进行历史解释。
（3）影视（电影）与文字一样，都是传播手段，都有虚构的成分，
所以不能用书写史学的标准来要求"影视史学"。（4）历史题材纪录
片和历史剧情片都是"影视史学"的重要内容。③

　　1999 年，在经历了几年的教学实践和理论探索之后，周樑楷正
式以"实中实"和"虚中实"为思辨概念，建立起一套评价"影视
史学"的标准。通俗地说，第一个"实"即史实，第二个"实"是
作品中的精神、时代之实。"实中实"是指叙事时完全按照史实记
载，且作品中有丰富的史学思想和内涵，不空洞，专业史家的史学作
品一般具有这种特点。"虚中实"是指叙事时并非完全按照史实记
载，而是进行了一些虚构，但人物的精神面貌和时代精神都展现了出

---

　　①　周樑楷：《银幕中的历史因果关系：以〈谁杀了肯尼迪〉和〈返乡第二春〉为讨论
对象》，台湾《当代》总第 74 期，1992 年；《辛德勒的选民：评史匹柏的影视叙述和历史
观点》，台湾《当代》总第 96 期，1994 年；《台湾影视文化的历史意识，1945—1979：以
〈源〉为主要分析对象》，《1997 台北金马影展》专题影展节目特刊，1997 年 11 月；《历史
剧情片的"实"与"用"——以〈罗马帝国沦亡录〉和〈神鬼战士〉为例》，台湾《当
代》总第 156 期，2000 年；《影像中的人物与历史——以〈白宫风暴〉为讨论对象》，《中
兴大学人文学系学报》总第 32 期，2002 年。
　　②　周樑楷：《银幕中的历史因果关系：以〈谁杀了肯尼迪〉和〈返乡第二春〉为讨论
对象》，台湾《当代》总第 74 期，1992 年。
　　③　周樑楷：《辛德勒的选民：评史匹柏的影视叙述和历史观点》，台湾《当代》总第
96 期，1994 年。

来，这也算是一种实。周樑楷还认为，这个标准同时适用于历史剧情片和历史题材纪录片，因为二者都是历史文本，都有主观选择和虚构的成分，也带有制作者的观点陈述，应该有共同的评价标准。①

尽管周樑楷极力强调"影视史学"是门学问，但他并没有完全否定文字的作用，他认为语言、文字、影像文本三者都很重要，要将三者放在平等的地位上看待。最后周樑楷也对"影视史学"未来的发展情况做了展望，除了在史学理论的范畴之内继续发展，它还可以与教育学和公共史学协同发展。周樑楷教授曾乐观地认为，"影视史学"可以建成一门与专业史学一样的"高楼"。实际上在他提出"影视史学"概念的十年间，以此为主要研究对象的学者比较少，有较多成果面世的学者，主要是他和张广智教授。两人的理论探讨虽然还存在一些问题，不过确实是开创了一个新的叙述领域，为此后的发展奠定了一定的基础。

大陆地区比较早进行"影视史学"研究的是复旦大学的张广智教授。1996 年，他发表了一篇介绍"影视史学"的文章《影视史学：历史学的新领域》，开中国大陆地区"影视史学"研究之先河。1998 年，张广智在台北扬智文化事业股份有限公司出版了《影视史学》。该书是中文学术界第一部关于"影视史学"的学术专著，基本上囊括了作者关于"影视史学"的所有思想。此后他写作的其他文章，基本上是书中某一方面问题的延伸和扩展。该书共分为六章，内容分别是：（1）影视史学的兴起，主要介绍了影视史学诞生的两大背景——史学自身的发展与媒体革命。（2）影视史学是历史学的新生代，主要介绍了影视史学的性质和跨学科的交叉属性，以及影视史学相比书写史学的优势。（3）影视史学的理论架构，区分了广义和狭义两类历史剧情片，后又从重现、求真、典型化三个方面，探讨了历史知识的传播。（4）影视史学与书写史学，重点比较了二者之间的异同点。（5）影视史学与历史教育，阐述了影视用于历史

①　周樑楷：《影视史学：理论基础及课程主旨的反思》，《台大历史学报》1999 年第23 期。

教学时应该注意的问题。（6）影视史学的发展前景，对影视史学未来的发展做出了展望。①

与周樑楷相似，张广智也将历史剧情片当作研究的主要文本，而且他还根据是否存在史实基础，将历史剧情片划分为广义和狭义两种类型。他认为狭义的历史剧情片属于"影视史学"的范畴，为此他以谢晋导演的《鸦片战争》为例，探讨了该片对历史真实的把握，由此得出"影视史学"真实性的标准：一部历史剧情片所展示出来的特定历史环境和时代背景，能被观众所辨识和认可，那他就是真实的。② 这种观点与周樑楷"虚中实"的理论也有若干相似之处。张广智较早地注意到了"影视史学"的跨学科属性，但未能将文学、影视传播学等相关学科的理论加入其中。

二　围绕影视/影像史学的概念与
定位的讨论仍在继续

近30年来，在影视/影像史学理论发展过程中，一直见仁见智的两个问题就是概念与学科定位。近10年来，这种讨论仍在继续，虽然表面上看歧见纷纭，莫衷一是，但是还是可以看到学术界在这些问题上的认知深化。

在概念方面，十余年来最大的分歧在于，是"影视史学"还是"影像史学"？近10年来，学术界对影视/影像史学理论的探讨依旧，但基本还是在海登·怀特、周樑楷、张广智等学者构建的理论框架之内，进行一些更细致深入的研究。例如，延续了他们以历史剧情片为文本进行分析的模式，对影视/影像史学与历史教学问题的关注，影视/影像史学的真实性以及影视/影像史学与书写史学关系的研究。特别是在真实性问题上，几乎每一个研究影视/影像史学的学者都讨论过这个问题，讨论的结果与周、张二位对真实性的看法

---

① 张广智：《影视史学》，扬智文化事业股份有限公司1998年版。
② 张广智：《重现历史——再谈影视史学》，《学术研究》2000年第8期。

也基本保持一致，即没有必要苛求绝对真实，只要"达到历史精神的一致"，[①] "符合历史精神和时代精神"就可以了。[②] 对于影视/影像史学与书写史学之关系的讨论，周、张二人侧重于展示"影视史学"的优势，对其劣势提及较少，因而这也成了学者们研究的新方向。

也有人对周、张二人构建的理论框架提出了质疑，如蒋保，他从对 Historiophoty 一词的翻译、内涵的理解与历史影视（主要是历史剧情片）的关系三个方面对周樑楷的"影视史学"提出了质疑。蒋保反对周樑楷将静态图像和符号也划到 Historiophoty 的范畴之内。他认为，一幅静态的历史图画，若缺少相关的文字说明，人们几乎很难领会其想传达的历史信息，尤其是对史学素养不佳的人来说。而若无法传达出切实有效的历史信息，则与其传达历史的初衷相违背，自然也就不应纳入进来。同时，他还认为符号更不能归属于 Historiophoty，因为文字本身就是一种符号，若将文字符号也看成 Historiophoty 的题中之义，那以文字为主体的 Historiography 岂不也是 Historiophoty 的一种？其后，他又对周樑楷将 Historiophoty 翻译成"影视史学"提出了异议。他考察了海登·怀特的原文，认为 Historiophoty 是相对于 Historiography 提出的，既然 Historiography 是指用文字书写的历史，那么 Historiophoty 就应包含除了文字以外，一切表述历史的形式。除了文字和影视之外，海登·怀特还提过口头的历史表述，因此，他认为 Historiophoty 除了包括可视媒体之外，还应包含可听媒体，而"影视"无法涵盖"听"的所有种类，于是，他建议将 Historiophoty 翻译成"音像史学"或"视听史学"。[③] 对于第三个方面，蒋保先从传播学的角度论证了影视（剧情片）可以表现历史，继而又从历史学角度否定了历史影视（历史剧情片）属于"影视史学"，由此也否定了张广智所论述的"影视史学"对"书写史学"的挑战。在他看来，历史

---

① 吴紫阳：《影视史学的思考》，《史学史研究》2001 年第 4 期。
② 曹寄奴：《影视史学的科学性和艺术性》，《江西社会科学》2003 年第 7 期。
③ 蒋保：《关于"影视史学"的若干问题——与周樑楷先生商榷》，《社会科学评论》2004 年第 2 期。

影视（历史剧情片）与书写史学完全分属两个专业，所以构不成对书写史学的挑战，就像历史小说家不会对书写史学家构成挑战一样。[①]蒋保之后，陆续有学者开始关注 Historiophoty 一词的翻译和内涵，由此也掀起了对此问题的辩论。

陆旭通过考察《历史书写与影像史学》的英文原文和《朗文现代英语词典》对"visual images"的解释，认为不论是海登·怀特的原文，还是词典解释，"visual images"都不限于动态的影像，还应包括照片等静态视觉图像。由此他也给出了自己对影视/影像史学的定义："以视觉构图和胶片话语表现历史及我们对历史的见解。"[②] 他只是认为周樑楷误解了海登·怀特的原意，至于周樑楷所划定的"影视史学"包含的内容，他倒是没有异议。对于周樑楷指出的，海登·怀特未将静态图像考虑在 Historiophoty 范畴之内这一提法，孙逊表示认同，但是他对周樑楷在自己定义时，又加入了静态图像这一做法表示反对。他认为周樑楷之所以将静态图像也考虑在内，是为了解决"电影等动态影像作为史料不可信的问题"，进而将 Historiophoty 提升到与口述史学、计量史学等有相似地位的高度。但是随之而来的问题是，"历史表述并不能完全脱离语言文字而存在，而大部分静态图像是脱离语言文字的"，[③] 这与蒋保反对将静态图像纳入"影视史学"范畴的观点类似。因此，他建议还是回到海登·怀特的原意，只保留动态影像。

蒋保与孙逊都将"影视史学"与"书写史学"的概念对立起来了，在海登·怀特的原文中，他确实有"影视史学代替书写史学"的提法，[④] 但却并未对此进行过多的论述与探讨，毕竟海登·怀特的一生中，仅有这一篇文章是讲 Historiophoty 的，此后他的其他著述中，也未谈及过此概念。而周樑楷在研究的过程中发现，"影视史学"根

---

① 蒋保：《影视史学刍议》，《安徽史学》2004 年第 5 期。
② 陆旭：《影视史学再探讨》，《兰州学刊》2006 年第 2 期。
③ 孙逊：《杂谈影视史学》，《学理论》2010 年第 33 期。
④ Hayden White，"Historiograph and Historiophoty"，*American Historical Review*，Vol. 93，No. 5（December 1988）.

本无法完全取代书写史学，故他一直强调在"影视史学"中"文字、语音和影像的文本可以同时存在"。①

在 2007 年，谢勤量就提出，"影像史学"的实践与试验问题。② 2008 年，又有学者建议用"影像史学"的名称来代替"影视史学"，以避免歧义。③ 在几位学者研究的基础之上，北京师范大学的吴琼于 2014 年提出以"影像史学"代替"影视史学"来作为历史影像研究的学术概念。④ 值得注意的是，这不是"影像史学"概念第一次出现。不过，从对 Historiophoty 的研究对象上来看，吴琼认为"影像史学"的"视觉影像"材料，包括以影像形式存在的书画、文物、古建筑等物质文化遗产和民族民俗等非物质文化遗产等。⑤ 与周樑楷所说的"视觉影像"包含的范围基本一致。而且"影视史学"出现时间已久，学界已经普遍接受，故"影视史学"与"影像史学"一直共存，都是指代 Historiophoty 这个概念。

相较于以往"大而泛"的研究模式，吴琼从史料的角度切入，对"影像史学"研究的基本问题进行了阐释。他认为"'影像史学'的基础是以文献为中心的史料研究"，⑥ 影像和文献一样都是史料的重要组成部分，二者虽然形式不同，但在还原历史真实上，却是可以互相支撑甚至相互转化的。这就否定了之前研究中将"影像史学"与书写史学对立起来的做法。有关以往研究中争论不休的历史剧情片和历史题材纪录片到底属不属于"影像史学"的范畴，吴琼也从史料的角度给予了解答。从史料的角度来看，历史剧情片和历史题材纪录

---

① 陈冠旭：《周樑楷老师访问记录——谈影视史学》，《史学研究》2002 年第 16 期。

② 谢勤亮：《影像记录的史学操练："影像史学"及其实践与试验》，《北京电影学院学报》2007 年第 6 期。

③ 通过梳理可知，"影像史学"最早出现于 2008 年李友东、王静的《影像史学与历史教学》一文中。

④ 吴琼、杨共乐：《高校影像史学实验教学与中国历史文化传播》，《实验室研究与探索》2017 年第 12 期。

⑤ 吴琼：《影像史学研究的基本问题探析》，《史学理论与史学史学刊》2014 年卷，社会科学文献出版社 2014 年版，第 17 页。

⑥ 同上书，第 19 页。

片都属于历史影像史料，既然属于史料就可以用于历史研究，只是影像史料也需要"辨别真伪"，这类影像的"伪"主要是在史实基础之上的主观想象，他认为只要这些想象与真实的历史表述并不矛盾，同样可以看作"真实"的史料。这也从侧面反映了他对"影像史学"真实性的看法：既要有史料运用的科学性，也应包含创作的人文性。①从史料角度研究"影像史学"，在一定程度上缓解了"影像史学"理论研究的僵局，也开启了"影像史学"研究的新思路。

不仅在影视/影像史学的概念内涵及名词上意见分歧较为明显，在其学科定位上也是有着明显的不同。学者们对 Historiophoty 不同的解读，实际上是对其边界做了不同的界定。海登·怀特提出 Historiophoty 概念时，是以历史剧情片为主要的研究对象，探究电影与历史学的关系，即电影能否表现历史，以及如何表现历史。到了周樑楷将 Historiophoty 翻译成"影视史学"时，其内涵又被扩大到探讨如何用影像视觉来传达历史，以及如何分析影像视觉文本所传递出来的历史认识，研究的对象也不局限于历史剧情片，静态的图像、动态的影像都包含在内。北京师范大学的"影像史学"研究，在周樑楷概念的基础之上，又多了将传统史学成果影像化和用影像记录当下，以便日后作为史料而使用的过程。由此可见，随着研究的深入，影视/影像史学的内涵与外延在不断地扩大，这也增加了原本理论基础就很薄弱的影视/影像史学发展的难度。对此张广智建议，将"影视史学"的研究分为两个层面，一个层面是狭义的"影视史学"，即海登·怀特之议。另一个层面是周樑楷所议，因为包含对象较广，可以称为广义的"影视史学"。在张广智看来，广义的"影视史学"，除了包含狭义的"影视史学"概念之外，还与图像学、"照片学"和"视觉史料学"等有了某些勾连。这样一来，其边界就无限扩大了，同时也对其学科体系建设提出了更高的要求。早在周樑楷引进"影视史学"概念之初，就将"影视史学"作为一门学科来对

---

① 吴琼：《从"记录"到"纪录"——以电影〈一九四二〉为例看历史影像中的史料问题》，《郑州大学学报》（哲学社会科学版）2015 年第 3 期。

待，因而后来的学者在对其进行研究时，也多是将其作为一个学科门类来看待。

从目前国内学术界的研究情况来看，大部分学者还是将影视/影像作为历史学的分支学科来看待。主要有两种趋向：一种趋向是归于公共/公众史学体系之下，作为公共/公众史学的分支学科。姜萌就曾撰文指出，影视史学应属于公共史学的学科架构之内。[①] 钱茂伟也认为"公众史学"应该包含"公众影像史学"。按照陈新"凡是与历史相关，需要接触未受过职业化历史教育的公众的领域，都应属于公众史学范畴"的说法，[②] 影视/影像史学确属公众史学的题中之意。不过钱茂伟所谓的"公众影像史学"与姜萌所说的"影视史学"的概念却并非完全一致。钱茂伟在"影像史学"之前加上了公众二字，变成了"公众参与、公众眼光、拍摄公众"的影像史学。[③] 而姜萌所说的纳入公共史学学科体系之下的"影视史学"，主要是从传播历史知识的角度而言的，他举的《一寸河山一寸血》《大国崛起》等例子都是由专业史家（或有较高史学素养、历史意识的非专业史家）向公众介绍历史知识的"影视史学"作品，并非钱茂伟所谓的"拍摄公众的影像"。当然，随着影视/影像史学的发展，"公众参与、拍摄公众"，也可能会是其未来的发展方向。

另一种趋向是将影视/影像史学看成与"以文献史料为研究对象"的传统史学相对应的史学学科。通过影像的采集、制作、保存，完成影视/影像史学的实践，如北京师范大学的"影像史学"就是这样一种研究模式。这种模式能将传统史学的史料以影像的形式保存下来，保存下来的这些影像资料又会成为日后史学研究的史料素材。史料种类丰富，有实物史料、文献史料、影像史料等，古代历史研究以实物和文献史料为主，现代影像技术出现之后，原本只用作新闻纪录功能的影像，也成了历史研究的珍贵史料。第二次世界大战期间，美国人

---

① 姜萌：《通俗史学、大众史学和公共史学》，《史学理论研究》2010 年第 4 期。
② 陈新：《"公众史学"的理论基础与学科框架》，《学术月刊》2012 年第 3 期。
③ 钱茂伟：《中国公众史学通论》，中国社会科学出版社 2015 年版，第 13 页。

拍摄的日军暴行的影像，就是指证日军罪行的重要证据。当然影像也有真伪之分，随着摄影手段和技术的推广，影像制作的成本也越来越低，大量虚假的垃圾影像充斥在我们身边，在决定使用影像史料的同时，就应该做好进行大量影像筛选的选择。影像史料的真伪可由实物和文献史料验证，同时影像史料也可验证文献史料的真伪，因而有了影像史料之后，王国维的"二重证据法"可以变成由实物、文献和影像互相释证的"三重证据法"了。

三　理论与实践相结合：新世纪以来的新发展

进入 21 世纪之后，影视/影像史学的理论探讨进入了一个新的阶段。除了周樑楷、张广智二位学者在继续进行影视/影像史学理论的探索外，对影视/影像史学的实践工作也在如火如荼地开展着。因为技术受限，这一实践工作最初只在传媒界开展，后来随着史学与传媒领域合作与交流的加强，历史学者也加入了对影视/影像史学的实践中来，并取得了良好的效果。概括来说，理论与实践的结合有各种表现，大体可以概括为两个方面。

第一，历史题材纪录片制作与影视/影像史学理论的互动。历史题材纪录片是以纪录片的创作手法对历史进行表述的一种纪录片形式。主要有三种类型：以介绍历史人物为主的历史文献纪录片，以介绍历史事件为主的历史文献纪录片和口述史纪录片。[1]

历史题材纪录片的出现远远早于影视/影像史学理论的出现。有学者做过统计，中国最早的历史题材纪录片，应是 1927 年，著名电影导演黎民伟制作的《国民革命军海陆空大战记》。[2] 虽然历史内容在历史题材纪录片中占据着重要的地位，但是早期的历史题材纪录片创作却缺乏相关历史理论的指导，基本是在纪录片创作理论的指导下

---

[1] 肖平：《纪录片历史影像的制作基础及实践理论》，中国广播电视出版社 2005 年版，第 236 页。

[2] 单万里：《中国文献纪录片的演变》，《电影艺术》2005 年第 6 期。

展开创作的，只有当纪录片中出现知识型硬伤时，史学界才会出面进行干预和指正。正当传媒界意识到，历史题材纪录片不能脱离历史理论而存在时，影视/影像史学的理论也开始在中国大地生根发芽。随后史学界对影视/影像史学理论的初步建构，也获得了传媒界人士的关注。他们关注的焦点在于如何在影视/影像史学理论的指导下，强化通过结构的安排、语言的描述等方式更准确地表现历史，明确传递出他们对于历史的理解和观点。①《百年中国》《敦煌》等历史题材纪录片就是传媒界人士对影视/影像史学理论的有效尝试。

影视/影像史学属于历史学，"求真"是其与生俱来和不可推卸的责任。在这些纪录片中，传达真实的历史信息是传媒界人士的首要任务，表现在对史料的严格甄别上，实物、文字、图片、影像等历史资料，相关学者的研究成果都是他们的重要史料来源，且这些史料也不是不加选择地就被采用，"对于那些经常被使用的似是而非的'史料镜头'，尽可能找到它的准确拍摄时间地点，做到'无一字无出处'"，②就是他们想要客观真实地传达历史的真实写照。

历史题材纪录片必须有历史认识统领。一部历史题材纪录片如果只是将史料呈现在观众面前，而不加任何的解释和说明，那它充其量也就是一部影像版的历史资料集。影视/影像史学要求"史家"传达出对历史的见解，所以纪录片中的解说词和一些由真人饰演的历史人物的台词，便成了传媒界人士表达历史看法的渠道。虽说历史不是历史学家独家编纂的历史，每一个人都有权利和机会对历史进行解释，但大部分传媒界人士并未受过严格的历史学训练，为了增强历史解释的说服力，他们也会寻求专业历史学者的帮助。例如，历史题材纪录片《一个时代的侧影：中国1931—1945》，就请到了民国史研究学者李继峰，《二十二》的历史顾问苏智良也是著名的"慰安妇"问题研究专家。

①　任学安：《用纪录片的语法重现历史——兼谈影视史学在〈大国崛起〉、〈复兴之路〉中的实践》，《中国广播电视学刊》2008年第8期。

②　陈晓卿、李继峰、朱乐贤：《一个时代的侧影》，广西师范大学出版社2005年版，第405页。

历史题材纪录片不仅对影视/影像史学的理论进行了实践，同时也在实践的过程中深化了影视/影像史学的理论，给影视/影像史学理论的跨学科研究提供了思路和方法，也启发了专业史家对影视/影像史学实践的探索，使相关学术研究更注重实践经验。

第二，在教学实践中深化影视/影像史学的理论。周樑楷在介绍"影视史学"之初，就曾探讨过其与历史教育的关系。他指出："影视史学所形成的影像视觉的效果，可能远远超过任何的书写历史。"①为了更好地开展"影视史学"实践，他还在台湾中兴大学设立了"影视史学"课程和"影视史学专用教室"。张广智也曾在复旦大学西方史学史课堂上，特设"影视史学"专题，探讨"影视史学"与历史教学的关系。

这一通过教学实践来探讨"影视史学"的做法也就此延续了下去。在台湾，多所学校开设了影视与历史的通识课程，蒋竹山就在东华大学开设了一门"电影与社会"的通识课，通过选取典型影片，将电影与历史结合起来，透过电影这个窗口，培养学生"进行有关争议历史问题的思辨"，"学习到看事情不用现代的观点，而是回到当时的脉络，站在当时的经验与看法的'神入（同理心）'方式来看历史"。② 大陆的教学实践主要集中在初高中历史教学领域，教师在历史课程教学时，往往会借助一些历史题材的纪录片或者相关历史剧情片，以便加强学生对历史事件的记忆、扩大学生的历史知识面，培养学生对历史的兴趣。大陆高校的历史教学实践中，北京师范大学历史学院的"影像史学"实践格外引人注目。这种实践模式除了以历史影像辅助教学之外，还要求学生也具备亲手制作历史影像的实践能力。为此，2011 年，北京师范大学专门成立了"历史文化影像实验室"，③

① 周樑楷：《银幕中的历史因果关系：以〈谁杀了肯尼迪〉和〈返乡第二春〉为讨论对象》，台湾《当代》总第 74 期，1992 年。

② 蒋竹山：《This Way 看电影：提炼电影里的历史味》，蔚蓝文化出版股份有限公司 2016 年版，第 11 页。

③ 吴琼：《从影像史料到影像史学》，《史学理论与史学史学刊》2013 年卷，社会科学文献出版社 2013 年版，第 16 页。

并做了相应的设备、人员和技术的配备，以满足"影像史学"研究
中"收集保存影像资料""提供影像作品创作平台"和"影像史学实
践课程开设"等要求。① 为了达到"学生在教师的指导下，能够在参
与历史影视（包括历史课程影视片和历史主题纪录片）制作的过程
中，自主建构历史意义"的目的，他们还对实验的过程进行了详细的
规划，即一部"影像史学"作品的诞生，要经过：影像策划→撰写
脚本→获取素材→确定结构→制作背景音频→后期制作→测试修订的
过程。② 简单来说，就是选题→采集影像信息→编辑采集到的信息→
修订影像作品。

经过 6 年多的发展，北京师范大学"历史文化影像实验室"在历
史教学、学生实践、人才培养和史料收集与保存等方面取得了显著的
成就（见表 2）。

尽管北京师范大学"历史影像化实验室"在"影像史学"的实
践方面取得了一些成绩，但有一个问题我们不能忽视，即大部分学
校还处于传统的依赖文字建立起来的历史学研究与教学范式中，并
未对"影像史学"的学科性足够重视，就算有的学校将"影像史学"
研究纳入公共/公众史学学科体系之下，给予了一定的关注，但历史
影像实验室建设所要花费的人力、物力资源，也是大部分学校历史
专业所承担不起的。例如，在历史影像实验化的过程中，除了专门
的历史学教师队伍之外，还需要影视传播学和信息技术人才。③ 另
外，影像制作过程所需要的"影像采集、影像编辑和影像储存设备"
等都需要巨额的资金投入，④ 没有强力的资金支持，影像拍摄、制作
的工作也是无法展开的。而且，"影像史学"与传统书写史学相比，

---

① 敖雪峰、杨共乐、曾淑媛、吴琼：《关于历史学科影像史学实验室建设的思考》，
《实验室研究与探索》2012 年第 1 期。

② 敖雪峰、杨共乐、刘林海、吴琼：《高校历史实践教学与影视技术的融合》，《实验
室研究与探索》2011 年第 6 期。

③ 敖雪峰、杨共乐、吴琼：《历史影像实验室跨学科队伍建设初探》，《实验室研究与
探索》2014 年第 6 期。

④ 敖雪峰、吴琼、曾淑媛：《历史影像实验室设备管理问题及应对方案》，《实验室科
学》2016 年第 6 期。

表 2　　　北京师范大学"历史文化影像实验室"相关成果一览

类别	成果
历史教学①	开设本科生课程：文物流传与影像历史、历史文化纪录与影像历史等；研究生课程：影像史学研究专题等
人才培养	培养了兼具历史学与传播学双重学科背景的复合型人才；为各行各业输送了大量的"影视传播"人才；拓宽了历史学专业学生的就业渠道，一定程度上缓解了历史学专业学生就业的难题
学生实践②	在教师的带领下，学生多次赴各地进行实践演练，先后完成了"陕西地区文物风俗影像制作""抗战历史影像制作与影视剧创作""展示中华文明的历史纪录片创作"等实践
影像史料③	整理、保存了一批前沿性教学科研、学术会议影像资料；对纸质影像史料进行数字化编辑；学生历史文化课程的影视作品作为史料进行保存；建立了集动态、静态资料于一体的影像数据库

一个重要的优势就是影视传媒有更广的受众，可以有效地推动历史学大众化的进程，但是北京师范大学"历史影像实验室"完成的历史影视，"主要针对的是从事历史专业学习和研究的人员，旨在国内各高校及学术圈进行发行，对历史学习和研究起到推波助澜的作用"这一宗旨，未能很好凸显"影像史学"的社会价值。④ 所以，北京师范大学"历史影像实验室"虽然很好地完成了"影像史学"的实践探索，使"影像史学"研究真正从理论走向了实践，一定程度上也缓解了"影像史学"理论研究中的困局，但因为一些内外条

---

①　吴琼、杨共乐：《高校影像史学实验教学与中国历史文化传播》，《实验室研究与探索》2017 年第 12 期。

②　吴琼：《从历史影像实验到"影像史学"研究——兼论"影像史学"的学术内涵与研究路径》，《史学理论与史学史学刊》2017 年上卷，社会科学文献出版社 2017 年版，第 37 页。

③　吴琼、杨共乐：《高校影像史学实验教学与中国历史文化传播》，《实验室研究与探索》2017 年第 12 期。

④　敖雪峰、杨共乐、刘林海、吴琼：《高校历史实践教学与影视技术的融合》，《实验室研究与探索》2011 年第 6 期。

件的制约，这项"影像史学"的实践工作在短时间内并不能在高校中普及开来。

四 余论

通过上文的梳理可知，总体来说，影视/影像史学在国内学术界还处于一个比较边缘的状态。自此概念进入中国之后，将近30年的时间，与影视/影像史学相关的文章数量加起来不过百篇，分摊到每一年就更少了，最多时一年也不过十几篇，在浩如烟海的历史论文中，实在是沧海一粟，专著数量就更少了，只有张广智早年写的一部《影视史学》与吴琼新近写成的《影像史学》。这种局面的出现，笔者认为是由于以下几个方面的问题：

第一，影视/影像史学的学术知名度稍弱，影响有限。同属于历史学的学科新门类，在知名度方面，无法与口述史学、计量史学等相提并论，且不说没有系统接受过历史学训练的人，就连许多历史学者对其也是一知半解。影视/影像史学一直不温不火地存在着，没有引起太大的影响。

第二，研究人员的情况比较复杂。对影视/影像史学进行相关研究的学者较多，分属于历史学、社会学、影视传播学、文学等专业，多数人对其的研究停留在表层或者只是浅尝辄止，缺乏持续的探讨和深入。目前来说，对影视/影像史学贡献比较大的学者主要有周樑楷、张广智和吴琼等。

第三，影视/影像史学的概念存在争议，影视/影像史学到底是研究什么的学问，它的内涵和边界是什么，它未来发展的走向是什么，学界还没有达成一致，这就使得目前对影视/影像史学的研究处于比较混乱的状态，也影响了学术界和大众对其的理解和接受。

第四，影视/影像史学的理论基础较为单薄。影视/影像史学是个包容性极强的学科，仅从历史学的角度对其理论进行建构是远远不够的，而且会使影视/影像史学的研究越来越局限和封闭。大部分学者都注意到了影视/影像史学的跨学科属性，但却缺少从跨学科角度对其进行研究的行动。

　　第五，对影视/影像史学社会价值的关注不够。历史学具有两种价值属性，一种是求真价值，即探求历史的真相；另一种是社会价值，即向大众传播相对准确的历史知识和历史观。影视/影像史学属于历史学，因而也具备这两种属性。目前的研究较多地关注了影视/影像史学的求真价值，对于影视/影像史学中，历史知识的传播等一系列问题涉及较少。

The Development and Problems of the Historiophoty Theory of Contemporary China

Yanan Liu

Abstract：The historiophoty theory has developed for more than two decades in China since this concept was first put forward. The two decades can be generally divided into two phases. The first decade from when the concept was introduced into China is the phase one, which is mainly featured with the construction of basic theories. Zhou Liangkai, from Taiwan, China, and Zhang Guangzhi, from mainland, China, are two representative scholars of basic theory construction, who preliminarily established the theoretical basis of Chinese historiophoty theory. Since the new century, it has moved into the second phase. In this period, researchers found some obvious problems of the theories built earlier, such as the confused concepts, fuzzy basic categories, equivocal subject orientation, etc. New debates on these issues began, which as a result had not only improved the historiophoty theory but also raised the cognition of the academic circle on this historical morphology. In the recent decade or so, the theoretical research of historiophoty has begun to combine with the practice of that, which becomes a relatively rapid development field of public history in China and deserves further attention from both academic and cultural circles.

Keywords: Contemporary China; Historiophoty; Visual Image; Public History

公共史学与美国罗斯伍德大屠杀

郑泽宇[*]

摘要：1923 年 1 月，美国佛罗里达州的小镇罗斯伍德（Rosewood）在一次种族主义暴乱中被完全摧毁。同年 2 月，这场屠杀以证据不足为由，没有任何人受到起诉。直到 20 世纪 80 年代，该事件才重新进入人们的视野。随着当地政府的立法补偿、《紫檀镇》（Rosewood）等影像作品的传播，该事件被重新提起并引起越来越多美国人的注意。这一事件本身是美国种族冲突历史的一个代表，而且借助媒体和公共史学的力量唤醒沉睡的历史，产生了更为深远的历史价值和教育意义。罗斯伍德大屠杀从被遗忘到成为种族主义悲剧的典型案例，是口述史、影像史学、公共考古等公共史学形态共同作用的结果。借助这一案例，可以让我们认识到公共史学是如何实践的，并由此对公共史学的价值与发展进行反思。

关键词：罗斯伍德大屠杀　公共史学　公共考古学　公共历史教育

一　罗斯伍德事件始末

20 世纪 20 年代，非洲裔美国人离开南方的数量超过往年，他们迁移到芝加哥及其他中西部和东北部城市，那里的劳动力短缺，对黑人工人的需求很大。例如，劳工代理人为宾夕法尼亚铁路公司（The Pennsylvania Railroad）带来了 12000 人在其车站及沿线工作，其中有

---

* 郑泽宇，中国人民大学历史学院 2018 级硕士研究生。

2000 人来自佛罗里达州和佐治亚州。[①] 这些非裔美国人向北迁移，一方面是被更多的经济机会和更大自由的承诺吸引，另一方面是因为南方日益严重的种族暴力。据统计，该时期美国南部每年针对黑人的私刑数量超过 40 起，私刑和暴力已严重威胁普通黑人公民的生活。一项研究指出，白人和黑人都认为私刑是黑人北迁"最重要的原因之一"，对暴行的恐惧大大加速了南方黑人的外流。[②]

从对个人的私刑到对整个黑人社区的大规模暴力，种族骚乱和针对非洲裔美国人的暴力行为在美国南方情势严峻，成为 20 世纪前期美国发展不可忽视的一个问题。在佛罗里达州，三 K 党于 1920 年 11 月袭击了奥兰治县西部奥科伊（Ocoee）的黑人社区，并在当地两名黑人公民——摩斯·诺曼（Mose Norman）和朱利·佩里（July Perry）——试图投票时摧毁了几栋房屋。1922 年 12 月，在佩里（Perry），大约 6 名黑人居民和 2 名白人在暴力冲突中丧生，25 所黑人住宅、两座教堂和一间小屋被毁。一名黑人和一名据称是其同谋的黑人很快被警长抓获，并被关进佩里监狱。远至佐治亚州和南卡罗来纳州的白人也加入了进来，他们从警长和他的副手那里带走了这两名黑人男子，并狠狠地殴打了另一名犯罪嫌疑人查理·赖特（Charlie Wright），希望通过逼供确定是否还有其他人牵涉其中。然而，赖特拒绝指控任何人，随后他被绑在火刑柱上烧死，另外两名黑人男子也被枪杀。随后白人暴徒转而攻击整个黑人社区，烧毁了他们的教堂、共济会会馆、娱乐厅和黑人学校，一些住房也被烧毁。佩里的事件刊登在 12 月 4—13 日《盖恩斯维尔太阳报》（*Gainesville Sun*）的头版，令该地区的白人和黑人公民处于高度紧张状态。[③] 一个月后，罗斯伍

---

① John Hope Franklin, *From Slavery to Freedom：A History of Negro Americans*, New York：Alfred A. Knopf, 4th edition, 1974, p. 350.

② 参见 William Tuttle, *Race Riot：Chicago in the Red Sumner of* 1919, New York：Atheneum, 1970；Ellsworth, *Death in the Promised Land*；Franklin, *From Slavery to Freedom*, pp. 349 – 350, 369 – 370。

③ 参见 Florida Board of Regents, *A Documented History of the Incident Which Occurred at Rosewood, Florida, in January 1923：Submitted to the Florida Board of Regents 22 December 1993*, Tallahassee, FL：1993, pp. 16 – 18。

德大屠杀就发生了。

　　1923 年种族事件的发生地罗斯伍德镇（Rosewood）和萨姆纳镇（Sumner）位于佛罗里达州莱维县（Levy Country）锡达基镇（Cedar Key）以东 9 英里处（如图 1）。

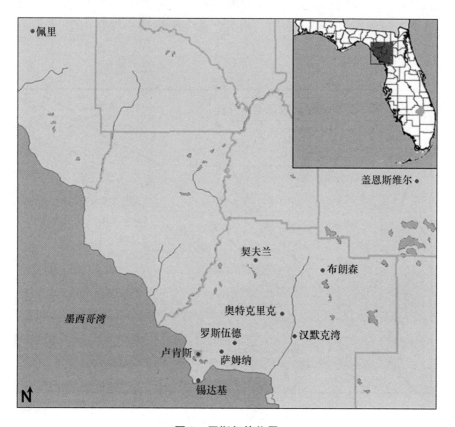

图 1　罗斯伍德位置

　　罗斯伍德镇坐落于佛罗里达州沿海航线（Seaboard Air Line）铁路附近，其名字来源于该地区生长的丰富的红杉。1845 年，该镇建立，黑人和白人混居。该镇主要的经济来源是砍伐罗斯伍德附近的雪松，然后通过铁路送到锡达基海港，最终送到纽约铅笔制造厂。

在内战后的几年里，《黑人法典》（*Black Codes*），又称《吉姆·克劳法》（*Jim Crow Law*）促成了罗斯伍德（以及南部大部分地区）的种族隔离，白人家庭于19世纪90年代搬至附近的萨姆纳镇定居，罗斯伍德基本上成了一个黑人城镇。1920年，罗斯伍德镇共有三个教堂，一座火车站，一个大型的黑人共济会大厅和一所黑人学校，在这里居住着几十个黑人家庭。然而，这个平静的小镇在1923年元旦迎来了它的末日（如图2）。

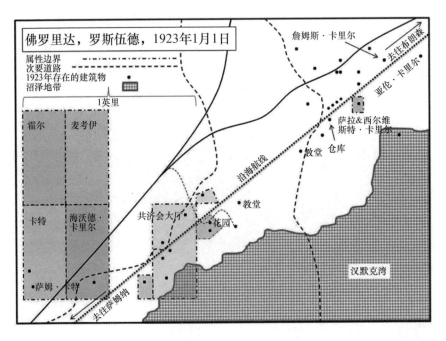

图2　佛罗里达州，罗斯伍德，1923年1月

大屠杀事件始于1923年1月1日清晨，22岁的已婚白人女性范妮·泰勒（Fannie Taylor），称自己受到一名黑人男子袭击。她声称这名男子当天早上步行来到她家，当她开门时，男子开始"攻击"她。据大多数报道，尽管入侵者殴打了她的头部和面部，但并没有完成强奸行为。还有一些版本声称她被抢劫并强奸。范妮·泰勒的求救声引

起了邻居们的注意，据说袭击她的人向南逃走了。[①] 当时的白人社区几乎一致认为袭击范妮·泰勒的人是黑人。在莱维县警长罗伯特·埃利亚斯·沃克（Robert Elias Walker）的指挥下，一支白人小队成立，搜寻这名身份不明的重罪犯。但一些被卷入麻烦的黑人家庭不同意白人的说法，称袭击范妮·泰勒的人是她的白人情人。由于某种原因他们吵架了，那个男人在对她施暴之后离开，随后范妮编造了一个被黑人袭击的故事来保护自己。

在莱维县，黑人男子杰西·亨特（Jesse Hunter）很快就遭到了怀疑，当时他因携带武器在一个罪犯筑路班中服刑。据称，在袭击发生前，有人看到他与45岁的黑人萨姆·卡特（Sam Carter）在一起。萨姆·卡特住在罗斯伍德和萨姆纳的中间地带，是一名铁匠。他曾在1920年被指控用猎枪袭击莱维县副警长，但陪审团没有找到针对他的法案，卡特被释放了。猎犬带着一队人来到萨姆·卡特的家。卡特承认他收留过一名通缉犯，并协助其逃走（估计是朝着罗斯伍德方向去的）。卡特随后带领小队来到他和逃犯分开的地方。但猎犬无法闻到气味，小队的人愤怒地认为他们被骗了，卡特受到私刑折磨，他被发现时身上布满了弹孔，被吊在树上。

到了1月4日，暴力事件大规模爆发。当天晚上，萨姆纳的白人小队收到一些黑人在罗斯伍德避难的消息，数百名白人暴徒抵达罗斯伍德，四处搜索乡间的黑人，还几乎烧毁了镇上所有的建筑，只有12栋黑人的房屋未被烧毁，并与黑人展开了枪击，战斗持续到1月5日凌晨2点半。1月7日下午，一群白人聚集在一起，将剩下的房子逐栋烧毁。[②] 在大屠杀结束时，只剩下两座建筑物，一座房子和一座

---

① 参见 Jacksonville, *Times-Union*, January 3, 1923; Tampa, *Morning Tribune*, January 2, 1923; Florida Board of Regents, *A Documented History of the Incident Which Occurred at Rosewood, Florida, in January 1923; Submitted to the Florida Board of Regents 22 December 1993*, Tallahassee, FL: 1993, p. 25。

② 参见 Florida Board of Regents, *A Documented History of the Incident Which Occurred at Rosewood, Florida, in January 1923; Submitted to the Florida Board of Regents 22 December 1993*, Tallahassee, FL: 1993, pp. 53–54。

城镇综合商店（如图3）。

图3　被烧毁的房屋①

　　1月5日警长向州长卡里·哈迪（Cary Hardee）报告，地方当局控制了局势，没有必要派出国民警卫队。幸存者在附近沼泽躲藏了好几天，还有一些人在城镇综合商店的老板约翰·赖特（John Wright）帮助下隐藏起来。1月6日，一辆火车在凌晨四点开往城里，两名当地列车长约翰·布莱斯（John Bryce）和威廉·布莱斯（William Bryce）接走了当地白人店主约翰·赖特和躲藏在沼泽地的妇女和儿童，将数十个家庭疏散到附近的城镇。罗斯伍德的其他黑人居民逃往盖恩斯维尔和北部城市。由于害怕遭到报复，许多幸存者换了新的名字和身份，放弃了罗斯伍德镇，再也没有搬回来。

　　由于担心持续的种族骚乱和北方的批评，州长卡里·哈迪命令一个特别的大陪审团和一名特别检察官来调查罗斯伍德和莱维县的情况。1923年1月29日，他任命第八司法巡回法院的时任法官A. V. 朗（A. V. Long）和第七司法巡回法院的起诉律师乔治·德克特斯（George DeCottes）调查"某些身份不明的人或人犯下的高危罪行"。2月12日，调查莱维县的特别大陪审团在布朗森（Bronson）法院进

---

　　①　拍摄于1923年1月4日，图片来源 https：//www. floridamemory. com/items/show/34843，2019年9月21日。

行了审判。大陪审团由农民和商人组成，其中很可能没有黑人。[①] 2 月 13 日，有 13 名证人作证。当天结束时，起诉律师乔治拒绝就是否已获得足够证据来确保提起公诉发表评论。2 月 14 日，25 名白人和 8 名黑人证人出庭作证。至 2 月 16 日，大陪审团报告说，他们对暴民的行动表示遗憾，但证据不足而无法提起诉讼。[②] 审判后不到三个月，沃克辞去了他的职务，不到一年，德克特斯辞去了第七巡回法院检察官的职务，原因尚不清楚。[③] 最终这个性质恶劣的事件，以没有人被指控而结束了司法程序。

虽然这场骚乱广为人知，但当时的报纸对事件的报道多存在偏见，官方记录极为简略。在大屠杀之后的数十年里，罗斯伍德镇几乎被遗忘了，大屠杀后幸存者及其后代、施暴者都对此事绝口不提。在尘封 60 年后，罗斯伍德大屠杀因为新闻媒体的报道开始被人注意。1982 年，《圣彼得堡时报》（*St. Petersburg Times*）的调查记者加里·摩尔（Gary Moore）写了一篇关于罗斯伍德镇的专题报道。[④] 罗斯伍德大屠杀很快引起了众多历史学家、记者、电影制片人、政治家以及幸存者的关注。

二　历史学家与罗斯伍德大屠杀的"复活"

罗斯伍德大屠杀的曝光，引起了为幸存者寻求补偿的公共服务团体的注意，他们与幸存者菲洛梅娜（Philomena）的儿子阿内特（Arnett Doctor）发起了一系列活动，要求政府为罗斯伍德事件采取补救措施。面对社会舆论压力，佛罗里达州众议院议长博·约翰逊

---

① Florida Board of Regents, *A Documented History of the Incident Which Occurred at Rosewood, Florida, in January 1923: Submitted to the Florida Board of Regents 22 December 1993*, Tallahassee, FL: 1993, pp. 85 – 86.

② 在美国，没有宣告有罪的充分证据且不会再发现证据的情况下，不会提出指控。有关美国公诉制度可参考侯晓琳《浅谈美国的公诉制度》，《前沿》2007 年第 5 期。

③ 参见 http://rememberingrosewood.org/rosewoodrp.php#N_128_，2019 年 9 月 21。

④ Gary Moore, "Rosewood Massacre", in *St. Petersburg Times*, July 27th, 1982.

（Bo Johnson）决定委托一个历史学家小组进行研究，并提供一份报告。然而，历史学家的介入并不是一帆风顺的。一方面，历史学家的介入可以增强公讼时的可信度，为重新提出公讼打下基础。另一方面，历史学家也面临着质疑："历史学家有可能发现破害罗斯伍德幸存者和后代主张的证据，或者证明减轻该州对该悲剧事件的责任的证据。"① 综合考虑后，议长要求历史学家"对 1923 年佛罗里达州罗斯伍德发生的事件进行历史调查"，其中包括"对所有记录在案的事件的审查；……证人的证实，对可能仍然存在的任何证人的采访；……关于该事件的文章和著作的综合参考书目；……使用现存的历史资料，完整地描述 1923 年罗斯伍德社区；……提供 1923 年罗斯伍德居民姓名的完整清单"。该请求明确规定"研究不得以任何方式讨论或解决任何索赔法案的问题。……并且不得对任何索赔提出任何建议"。②

这个由佛罗里达州立大学的马克辛·D. 琼斯（Maxine D. Jones）副教授，佛罗里达农业机械大学拉里·E. 里弗斯（Larry E. Rivers）教授，佛罗里达大学大卫·R. 科尔伯恩（David R. Colburn）教授，佛罗里达州立大学威廉·W. 罗杰斯（William W. Rogers）教授及 R. 托马斯·戴伊（R. Thomas Dye）五位历史学家所组成的团队，主要依据县内记录文件、口述采访、报纸新闻以及视频影像记录等，试图发掘 1923 年罗斯伍德大屠杀事件的真相。从报告文本可以看到历史学家是如何形成对这一沉寂数十年的历史事件所进行的调查的。

在历史学家参与立法决策的过程中，遇到了许多困难。首先，决策者对研究者提出了紧迫的时间要求。历史学家团队于 1993 年 8 月组成后不久，便被告知须在 12 月底提交报告，供佛罗里达众议院特别主任在 1994 年 1 月底前的立法会议审查。这意味着历史研究小组只有四个月的时间来准备报告，而这份报告通常可能会耗费四年

---

① R. Thomas Dye, "The Rosewood Massacre: History and the Making of Public Policy", *The Public Historian*, Vol. 19, No. 3（Summer, 1997）, pp. 25 – 39.

② Ibid. .

的学术研究时间。最终报告由 93 页的报告正文和超过四百页的附录组成，包括由小组进行采访的逐字记录，于 1993 年 12 月 21 日完成并上交。其次，不同史料之间信息出入带来了判断的困难。例如，罗斯伍德的实际伤亡人数很难确定。根据锡达基镇居民的本地记录，官方记录的死亡人数在 1923 年 1 月的第一周为：黑人 6 名、白人 2 名。但历史学家不认同这一官方记录的数据。在某些幸存者的陈述里，黑人死亡人数可能高达 27 名，而且报纸也没有报道白人的死亡人数。米妮·兰格利（Minnie Lee Langley）回忆她在离开房子通过门廊时，曾踏过许多人的尸体。许多目击者宣称看到堆满黑人尸体的大坟墓；另一人记得从锡达基来的耕耘机上有 26 具尸体。还有人声称死亡人数高达 150 人。但是当专家调查这些证词时，大部分的目击者都已经死亡或年纪太大，因此没办法确实地指引专家实地勘查，以证实这些陈述。① 除此之外历史学家的研究还要面对法律程序中的质疑，这些质疑对于反思公共史学如何进入公共进程以及公共史学的研究方法与证据标准都有一定的意义。例如，历史学家使用的证词大都未经宣誓且很多是道听途说的陈述；受访者在罗斯伍德事件发生时还是儿童，且由于记忆模糊造成证词不清；申请人可能因其身份而存在偏见；历史学家的很多材料依赖于同期的报纸报道，可信度较低且没有包括被指控的白人或其朋友、亲属的陈述或采访等。在报告提交给佛罗里达州众议院后，面对在程序上存在疑点的历史学家报告，理查德·希克森（Richard Hixson）认为历史学家的报告不足以支持司法赔偿。但他指出，如果立法机关认为"佛罗里达州有道德义务予以解决"，那么就没有法律阻止立法机关颁布赔偿法案。在评估这种道德义务时，历史学家提出的证据应当予以接受。"虽然这一证据可能不足以支持提起诉讼，但它确实迫使人们得出结论，认为佛罗里达州有道德义务来纠正这一问题。"事实上，在理查德·希克森向立法机关提交的报告中，有一段对罗斯伍德事件的描

① 参考有关罗斯伍德事件的口述史材料，http://www.virtualrosewood.com/oral-history/，2019 年 9 月 21 日。

述，主要就是取材于历史学家的报告。① 随后，这份历史学家的事件调查报告作为官方政府出版物，成为后来重新审视罗斯伍德大屠杀事件的重要材料之一。

罗斯伍德大屠杀事件后 71 年，1994 年 5 月 4 日早晨，在佛罗里达州塔拉哈西（Tallahassee）大厦举行的历史性仪式上，州长劳顿·柴尔（Lawton Chile）签署了美国第一部以补偿非洲裔美国人曾经遭受的种族暴力的州立法——《罗斯伍德法案》（The Rosewood Bill），给予 9 名幸存者每人 15 万美元的赔偿。出席会议的还有几位历史学家，他们在诉讼过程中为国家立法机关提供了《关于 1923 年 1 月在罗斯伍德发生的事件的历史记录报告》，② 为史无前例的赔偿法提供了历史依据。

在赔偿法案通过后，这一史无前例的立法引起了美国国内的广泛关注，对罗斯伍德大屠杀事件的研究也增多起来，如德奥索（Michael D'Orso）的《就像审判日：一个叫罗斯伍德的城镇的毁灭和救赎》。作者曾多次前往佛罗里达州，与幸存者及其家人、律师、立法者、历史学家以及几乎所有他能找到的与这个故事有关的人会面。他采访了 100 多人，并在书中详细记录了他了解到的一切。③ 托马斯·戴伊的《佛罗里达州罗斯伍德：非洲裔美国人社区遭到破坏》一文，提供了 19 世纪和 20 世纪种族暴力背景信息，将罗斯伍德大屠杀与第一次世界大战期间种族暴力的分析结合起来；④ 马文·邓恩（Marvin Dunn）的《佛罗里达的野兽：反黑暴力的历史》一书将罗斯

---

① Richard Hixson, Florida House of Representatives, "Special Master's Report: Report of the Special Master to the Florida House of Representatives Regarding the Claim of Arnett Goins", *Minnie Lee Langley et al. v. State of Florida*, The Capitol, Tallahassee, Florida, FSA, 1994.

② Florida Board of Regents, *A Documented History of the Incident Which Occurred at Rosewood, Florida, in January 1923: Submitted to the Florida Board of Regents 22 December 1993*, Tallahassee, FL: 1993.

③ D'Orso, Michael, *Like Judgment Day: The Ruin and Redemption of a Town Called Rosewood*, New York: Grosset/Putnam, 1996.

④ R. Thomas Dye, "Rosewood, Florida: The Destruction of an African American Community", *Historian*, 58 (1996): pp. 604 – 622.

伍德大屠杀视为佛罗里达州种族歧视暴力行为的一个主要案例;① 马克辛·琼斯（Maxine Jones）的《罗斯伍德大屠杀和幸存下来的女人》以幸存者的第一人称口吻，指出这一事件不仅是对这些女性物质财富的破坏，更包含精神上因为对恐怖的一周的记忆而被"囚禁";② 理查德·杰罗（Richard Jerome）的《正义的衡量标准：对于罗斯伍德大屠杀的幸存者来说，是回报的时候——迟到 72 年》一文是对幸存者罗比·莫顿（Robie Mortin）的访谈。罗比·莫顿在罗斯伍德镇生活到七岁，她的叙述反映出了罗斯伍德大屠杀对于当地居民的伤害以及幸存者们争取赔偿的努力和生存现状。③

2004 年 1 月 1 日，在罗斯伍德事件发生 81 年后，第一次为那些因 1923 年 1 月 1 日开始的恐怖种族事件中死亡或生活被不可挽回地改变的人们举行了追悼会。组织者莉齐·詹金斯（Lizzie Jenkins）称，这一仪式是为了向曾经住在该镇、在附近松节油厂工作的祖先们，以及向住在该地区的白人家庭致敬。她说："保护罗斯伍德的历史就是保护美国的历史。"她的目标是有一天在罗斯伍德地区竖立一座纪念碑，这样人们就不会忘记那里发生的事情。④

2004 年 5 月，在赔偿法案通过十年后，佛罗里达州宣布罗斯伍德镇为佛罗里达州的历史地标，并在 24 号州公路上竖起了一个历史标记，标明了遇难者的名字，并描述了事件与概况（如图 4）。

三　《紫檀镇》与罗斯伍德大屠杀影响的扩大

如果说历史学家的研究拂去了遮蔽罗斯伍德大屠杀真相的尘埃，那

---

① Marvin Dunn, *The Beast in Florida: A History of Anti-Black Violence*, Tallahassee: UP of Florida, 2013.

② Maxine D. Jones, "The Rosewood Massacre and the Women Who Survived It", *Florida Historical Quarterly*, (Fall 1997): pp. 193 – 208.

③ Richard Jerome, "A Measure of Justice: For Survivors of the Rosewood Massacre, It's Payback Time-72 Years Late", *People Weekly*, Jan. 16, 1995, Vol. v43 Issue n2, pp. 46 – 50.

④ Karen Voyles, *81 years later*, *Rosewood Memorialized*, https://www.gainesville.com/news/20040102/81-years-later-rosewood-memorialized, 2019 年 9 月 17 日。

图 4　罗比·莫顿参加历史地标揭幕仪式①

么影像对罗斯伍德大屠杀的再现，为其成为美国种族主义悲剧典型案例产生了至关重要的影响。

20 世纪 90 年代初，罗斯伍德的故事被各种报纸、杂志、电视节目如《60 分钟》等报道。② 1994 年，彼得斯娱乐公司（Peters Entertainment）获得了罗斯伍德故事的版权，并开始制作电影。彼得斯聘请了年轻的非裔美国导演约翰·辛格尔顿（John Singleton），他此前曾制作过考察美国种族不公的电影——《街区男孩》（*Boyz n the Hood*）（1991）。辛格尔顿回忆："我一直对南方怀有强烈的反感，因为它唤起了如此多的负面形象——奴隶制、鞭刑、悬挂在树上的尸

---

① Rosewood Historical Marker, "Image from The Real Rosewood", http：//digital. lib. lehigh. edu/trial/reel_ new/films/list/0_ 60_ 12_ 5, 2019 年 9 月 21 日。A historical marker was finally dedicated at Rosewood on May 4, 2004. Living survivors, such as Robie A. Mortin here, were present at the unveiling. This roadside marker was dedicated exactly ten years after the reparations were made by the State of Florida.

② 参见 https：//www. youtube. com/watch？v＝7scd7wwwsAc, 2019 年 9 月 21 日。

体——以至于我从未想过我会在电影中接近任何与南方有关的主题。……但当我读到（有关大屠杀的）报道时，我对住在罗斯伍德镇的人们的故事产生了兴趣……我发现我很难忘记它们。"[①] 1997 年，这部根据真实事件改编的历史片《紫檀镇》由华纳兄弟电影公司发行，让更多的人了解罗斯伍德的故事。

影片的主角曼恩（Mann）是一名退伍军人，途经罗斯伍德镇，在小镇上结识了当地女老师贝卢亚（Beluah Scrappie）并互生情愫，并与西尔维斯特·卡里尔（Sylvester Carrier）建立起友谊。不料，小镇的平静被一起强暴案打破，曼恩也被牵涉其中。被害人是一名白人女子，为了掩盖自己与他人私通，谎称自己被一名黑人男子强奸，激起萨姆纳镇的白人对黑人的仇视。白人组成搜索小队，私刑折磨黑人青年亚伦·卡里尔（Aaron Carrier）。知晓事件真相的目击者向暴徒指出袭击者是一名白人，却被枪杀。许多白人趁机滥杀无辜，就连妇女和儿童也不放过。西尔维斯特将妇女和儿童送入树林躲藏起来，并持枪反抗暴徒。曼恩不惜牺牲性命帮助罗斯伍德镇的黑人逃离死地。幸存下来的人们搭乘布莱斯兄弟驾驶的火车离开了罗斯伍德，火车驶过荒芜的罗斯伍德镇，人们看着自己成为废墟的房屋，再也没有回来。

《紫檀镇》向观众展示了白人至上、暴力和黑人社区的非人性化等令人不安的种族主义话题。更重要的是，《紫檀镇》揭露了美国历史的黑暗篇章，迫使观众重新思考种族主义的罪恶。除了曼恩这一纯虚构的人物外，电影中的大部分人物有历史原型。从 1994 年的剧本和 1997 年发行的电影来看，该剧本主要是依据《关于 1923 年 1 月在罗斯伍德发生的事件的历史记录报告》撰写的（如图 5）。

辛格尔顿在影片中展示出了自己在技术方面的专长和对细节的关注。在事件发生之前，他用了大量的镜头来描述镇居民的美好而自然的生活，并颠覆了两个种族之间的固有成见。

---

① 参见 http：//digital. lib. lehigh. edu/trial/reel_ new/films/list/0_ 60_ 2，2019 年 9 月 21 日。

图 5　《紫檀镇》电影海报

　　尽管《紫檀镇》存在着虚构、夸张乃至于好莱坞的俗套，但是评论家们也承认，它确实以更通俗感性的方式再现了这个人类悲剧的细节，向观众展示了这一时期种族主义、白人至上主义、种族暴力以及黑人社区非人性化等令人不安的话题。"我们中的许多人了解罗斯伍德大屠杀，是通过 1997 年由约翰·辛格尔顿执导并由文·瑞姆斯（Ving Rhames）和唐·钱德尔（Don Cheadle）主演的电影。"① "《紫檀镇》令人震惊地展现了种族主义的疯狂。"② 至今，人们谈及

　　① Martin, R. S. (2019, Feb 05). Black America knows white avengers like liamneeson all too well. *The Daily Beast Retrieved* from https：//search. proquest. com/docview/2176093190？ accountid=13625，2019 年 5 月 10 日。

　　② David Nicholson，"'Rosewood'：A Massacre Transformed Into Myth"。

种族主义危害或罗斯伍德大屠杀事件，大都会提及这部影片。《紫檀镇》这部历史电影成为公共历史教育的素材之一。2007 年 2 月，西佛罗里达大学于学校礼堂放映关于罗斯伍德大屠杀的电影——《紫檀镇》。①

更重要的是，《紫檀镇》还将事件置于更广泛的背景下。在历史学家约翰·霍普·富兰克林（John Hope Franklin）和达里尔·斯科特（Daryl Scott）的帮助下，电影制作人将这场大屠杀置于 20 世纪 20 年代南部农村种族紧张的历史背景下。这是三 K 党复兴的时期，加剧了南方白人对美国远征军黑人退伍军人的恐惧。黑人退伍军人之所以让人害怕，是因为他们看到的世界没有美国南部那么封闭，而且很多人，如虚构的电影主角曼恩，都能够战斗。可见，《紫檀镇》的故事不仅仅是讲述一个小镇上种族暴乱的简单故事。它反映了一个法律失败的时代和白人的嫉妒与种族主义交织在一起导致黑人生活极不稳定的社会现实。不仅罗斯伍德镇，其他州的类似社区的历史也存在被掩盖的情况。而约翰·辛格尔顿把这段历史通过一种受欢迎的方式公之于众，为加强公众的历史教育做出了很大贡献。② 1997 年，《紫檀镇》导演约翰·辛格尔顿获金熊奖（Golden Berlin Bear）提名。1998 年，《紫檀镇》获美国 PFS 奖（Political Film Society Award）；金像奖（Golden Reel Award）最佳音效剪辑提名；黑人电影奖最佳男演员、最佳导演、最佳电影、最佳配乐提名。编剧格雷戈里·波伊莱尔获保罗·塞尔文荣誉奖（Paul Selvin Honorary Award）提名。③

有关罗斯伍德的影像是人们了解罗斯伍德历史的重要途径之一，其作为公共史学的重要形态之一，为扩大此事件的影响、使其广为公众所知起到了重要的作用。1983 年，电视节目《60 分钟》的艾德·

---

① "University of West Florida to Present Film on Rosewood Massacre", 2007, Feb 16, US Fed News Service, Including US State News Retrieved from https：//search. proquest. com/docview/473105787？accountid = 13625，2019 年 5 月 8 日。

② 参见 Cottrol, Robert J. , and Raymond T. Diamond. "Rosewood", *American Historical Review*, 103. 2 (1998)：pp. 635 – 636。

③ 参见 http：//digital. lib. lehigh. edu/trial/reel_ new/films/list/0_ 60_ 0, 2019 年 9 月 22 日。

布拉德利（Ed Bradley）报道了罗斯伍德镇的故事。1996 年加里·摩尔、杰克·史密斯（Jack Smith）和大卫·特里史塔克（David Tereshchuk）采访了 1923 年 1 月佛罗里达州罗斯伍德大屠杀的幸存者和目击证人，制成《罗斯伍德大屠杀：不为人知的故事》。① 在电影《紫檀镇》之后，有关罗斯伍德大屠杀的影像还包括：历史学家马文·邓恩（Marvin Dunn）讨论了罗斯伍德的历史；② 《记住罗斯伍德》是一个 25 分钟的视频，以记录这个历史悠久的非裔美国人社区的发展和破坏；③ 《罗斯伍德：杀戮场》是一部非常短的纪录片，包含对幸存者的采访，受害者女儿写的一首诗，一些评论以及罗斯伍德残存遗址的图片等。④ 此外还有一些音频，如《罗斯伍德重生（1923 年及以后）》，该音频由两部分组成："七天废墟"和"数十年重生"，通过罗斯伍德幸存者自己的声音提供罗斯伍德大屠杀的全面音频概览。⑤ 2005 年，历史学家雪莉·杜普里（Sherry DuPree）和主持人杰里米·威廉姆斯（Jeremy Williams）联袂推出一台广播，雪莉是 1997 年佛罗里达州黑人成就者宗教奖（Black Achiever's Award in the Religion category）的获得者，在广播中雪莉讲述了罗斯伍德的历史与自己的相关研究。⑥

四　公共历史教育与罗斯伍德大屠杀

在《罗斯伍德法案》未通过前，有关罗斯伍德大屠杀的公共历史教育就已启动。1994 年 3 月，罗斯伍德论坛（The Rosewood Forum）

---

① Gary Moore, Jack Smith, and David Tereshchuk, *Rosewood Massacre: The Untold Story*, New York: ABC News Productions, 1996.

② https://www. youtube. com/watch? v = 9Aww-OnAZqo, 2019 年 6 月 20 日。

③ https://www. youtube. com/watch? v = _ s5kcyBAE6g, 2019 年 6 月 20 日。

④ Rosewood: The Killing Field, Black Reflections, Inc. , 2007.

⑤ "Rosewood Reborn [1923 and after]", Listening Between the Lines. http://listeningbetweenthelines. org/html/rosewood. html, 2019 年 5 月 8 日。

⑥ https://www. blogtalkradio. com/thegistoffreedom/2010/11/05/remembering-rosewood-author-sherry-dupree-and-host, 2019 年 9 月 23 日。

成立。罗斯伍德论坛是一个公民组织，其目的是建立一种分享信息和促进对话的平台。该论坛通过对论坛成员提供个人和专业的无偿贡献进行支持、指导，并在记录和分享有关罗斯伍德大屠杀的知识方面发挥了核心作用。论坛形成了一部《罗斯伍德大屠杀一览》（*The Rosewood Massacre at a Glance*）的资料集，这项成果是基于新闻报纸的报道和对公民的采访，既符合事实又具有包容性。同时，这本书讲述了非洲裔美国人——那些在大屠杀中丧生的人，以及那些目前以各种形式（广播、电视、电影、歌曲、诗歌等）保存这个故事的人。最重要的是，这本书将罗斯伍德大屠杀与 1923 年佛罗里达州的司法体系联系起来，不仅对促进 1994 年佛罗里达州做出向幸存者赔偿的划时代决定有助推作用，还推动了对纽贝里案等私刑和其他未发表的屠杀事件的研究。① 2018 年这部书又进行了修订。

1995 年，佛罗里达州罗斯伍德的一群家庭成员决定建立罗斯伍德遗产基金会（Rosewood Heritage Foundation），以提供一种独特的方法来纠正多元化社会中的偏见，如种族主义。其使命是：通过多种多样的教育活动和材料，提供有助于塑造未来的信息和服务，促进对多样性的理解，鼓励民主和道德价值观的实践，并开展罗斯伍德大屠杀的研究。目前罗斯伍德遗产基金会的主要构成成员有：詹妮·布拉德利·布莱克博士（Dr. Janie Bradley Blake）与主任格雷戈里·布莱克先生（Gregory G. Black），秘书雪莉·杜普利女士（Ms. Sherry DuPree），历史学家阿尔扎达·霍尔·哈雷尔夫人（Mrs. Alzada Hall Harrell）以及董事会主席迈克尔·豪厄尔先生（Mr. Michael Howell）。罗斯伍德遗产基金会组织了一系列纪念和保存罗斯伍德历史的活动，以推动更多的人了解历史、认识历史，如举办罗斯伍德遗产巴士之旅，创建国际巡回展览向更多人介绍罗斯伍德的历史，以及举办相关研讨会，开发公共教育课程等。②

2003 年，真罗斯伍德基金会（The Real Rosewood Foundation）成

---

① 参见 http：//displaysforschools. com/books2. php#glance ［2019. 09. 19］。
② 相关信息参见 http：//rememberingrosewood. org/educational. php，2019 年 9 月 19 日。

立，致力于教育和保护有关 1923 年罗斯伍德大屠杀的历史记录，建立罗斯伍德多元文化教育中心，以纪念罗斯伍德的幸存者和后代。他们制定年表，扩大搜索范围，寻找失踪的幸存者以及其后代（包括黑人和白人），并邀请社会各界共同参与保存这段重要的历史。真罗斯伍德基金会称：我们的使命是利用罗斯伍德之旅为人类创造遗产，我们的愿景是促进提高对不同公民身份的认识，鼓励欣赏和培养未来领导者的计划。① 此外，真罗斯伍德基金会设立奖学金，以纪念马赫达·格西·布朗·卡利（Mahulda Gussie Brown Carrier）。② 她是莱维县聘用的第三位罗斯伍德教师，第一位也是该县唯一一位黑人女性校长，是佛罗里达州聘请的第二位黑人女校长。真罗斯伍德基金会的创始人兼首席执行官莉齐·詹金斯的母亲特里萨·布朗·罗宾逊（Theresa Marie Brown Robinson）是马赫达的妹妹。虽然罗宾逊从未住在罗斯伍德，但她了解到了姐姐马赫达所经历的残忍的生命财产损失。在一名罗斯伍德历史学家（特里萨）的影响下，莉齐·詹金斯对保护罗斯伍德的历史产生了兴趣，成为一名罗斯伍德的研究者和公共历史教育推行者。真罗斯伍德基金会向佛罗里达州中部帮助保护罗斯伍德历史的人们颁发了多种人道主义奖项。该组织还向罗伯特·沃克、约翰·布莱斯和威廉·布莱斯的后裔颁发无名英雄奖，表彰其在袭击中保护罗斯伍德黑人居民。目前该基金会正致力于制作一部纪录片，重新讲述罗斯伍德的真相与基金会创始人兼首席执行官莉齐·詹金斯的人生故事，其中包括她如何通过研究解锁罗斯伍德的秘密。此外，该基金会正在制作三首歌曲，《罗斯伍德佛罗里达》（Rosewood Florida）《罗斯伍德不再有》（Rosewood，No More）和《你不能让一个好女人失望》（You Can't Hold a Good Woman Down）。③

---

① 参见 https：//rosewoodflorida. com/，2019 年 9 月 22 日。

② 马赫达·格西·布朗·卡利（Mahulda Gussie Brown Carrier）于 1894 年 5 月 5 日出生于佛罗里达州阿彻市，1915—1923 年，马赫达任罗斯伍德的一名教师。1917 年 12 月 19 日，她在罗斯伍德与亚伦·卡利结婚。亚伦·卡利被间接指控强奸了一名白人妇女，这使他成为愤怒的暴徒的第一个目标，后来亚伦被莱维县治安官沃克救出，她也逃离了罗斯伍德。

③ 参见 https：//rosewoodflorida. com/，2019 年 9 月 19 日。

随着科技的发展与研究的深入，2005 年，虚拟罗斯伍德研究项目（Virtual Rosewood Heritage & VR Project）开始。该项目早期主要集中在探索新的数字与虚拟方法，与罗斯伍德后人建立融洽关系，以及促进各种形式的公共宣传。随着研究的进展和对数字技术的了解与应用，虚拟罗斯伍德不断发展壮大。大量的研究、口述历史和考古工作与影响支持着这个项目。由此产生的数字纪录片、3D 建模和虚拟世界是项目进行公众宣传的基础。① 虚拟罗斯伍德是爱德华·冈萨雷斯·坦南特博士（Dr. Edward Gonzalez-Tennant）完成的，爱德华博士是该项目的首席研究员，他是一位历史研究员，其工作重点是恢复被掩盖的历史，目前是中佛罗里达大学人类学系（the Department of Anthropology at the University of Central Florida）的访问讲师。该网站的初始版本和罗斯伍德的虚拟重建于 2007 年开始投入使用，2010 年采用视频游戏技术制作，虚拟罗斯伍德于 2011 年更新后上线。罗斯伍德互动历史（Rosewood：An Interactive History）是用一系列程序构建，包括开源的跨平台全能 3D 动画制作软件 Blender 被用来建模结构，Unity 3D 游戏引擎被用来生成虚拟世界等。社区的布局基于映射历史遗产而创建的空间模板。罗斯伍德互动历史是一种步行模拟器，也可以称为探索游戏、叙事游戏或基于场所的模拟。在游戏中没有设置非玩家角色（NPC），以避免歪曲真实的人或历史。目前，人们可以通过罗斯伍德互动历史体验一个虚拟重建的罗斯伍德。②

五　余论　从罗斯伍德大屠杀看公共史学

罗斯伍德大屠杀事件发生后，在历史上沉寂了数十年，这不仅仅是一个城镇的消亡，更是事件亲历者、知情者的失语。这一事件能够在数十年后得以为人所知甚至发展成为一个社会各界参与其中的人类

---

① 参见 http：//www. virtualrosewood. com/，2019 年 9 月 19 日。
② 下载地址 https：//digital-heritage. itch. io/raih，2019 年 9 月 19 日。

历史遗产，也并非是仅凭专业历史学家所能够实现的。在更多的人参与、更多大众具有历史的话语权的过程中，罗斯伍德大屠杀已经从一个被尘封的美国种族冲突历史事件，逐渐成为人类历史中一个重要的悲剧案例，具有了深远的历史价值和教育意义。纵观 20 世纪以来围绕罗斯伍德大屠杀事件的历史发展，体现了历史与公共社会之间的复杂关联，其背后是专业历史学家与社会大众在以口述史、影像史学、虚拟考古学等领域为代表的公共史学中的共同作用。因此，罗斯伍德大屠杀也是一个了解公共史学价值的经典案例，并由此对公共史学的价值与发展进行反思。

　　首先，公共史学的作用在于补充官方对历史事件记录的不足。罗斯伍德大屠杀事件虽在当时广为人知，但由于新闻报道大多带有偏见而失实，官方记录不足，致使这一事件在当时的历史学者中也极少被关注。随着罗斯伍德大屠杀事件进入公共政策制定的进程中，历史学家也受政府委托对事件历史进行专业的调查。历史学家通过对当时官方记录的收集、对幸存者及其后人的口述采访、对媒体报道与视频影像的分析，尽可能重现罗斯伍德大屠杀事件的真相。对罗斯伍德历史的研究同时促进了人们对类似"隐藏的历史"的关注和研究。1994 年成立的罗斯伍德论坛与罗斯伍德遗产基金会在研究罗斯伍德事件的过程中，也发现了许多类似案件，并对其进行整理研究。例如，1898 年的威尔明顿大屠杀（Wilmington Massacre）、1902 年纽贝里男孩被私刑处死事件（Newberry Boys Lynched）、1906 年亚特兰大种族骚乱（Atlanta Race Riot）、1908 年斯普林菲尔德种族骚乱（Springfield Race Riot）、1910 年斯洛克姆德州大屠杀（Slocum Texas Massacre）、1916 年纽贝里六人被私刑处死事件（Newberry Six Lynching）、1916 年南卡罗来纳州私刑（South Carolina Lynching）、1917 年圣路易斯大屠杀（St. Louis Massacres）、1919 年芝加哥种族骚乱（Chicago Race Riot）、1920 年奥科伊大屠杀（Ocoee Massacre）、1921 年塔尔萨大屠杀（Tulsa Massacre）、1946 年格罗夫兰杀戮（Groveland Killings）、1948 年投票谋杀事件（Murdered for Voting）、1951

年穆尔夫妇谋杀事件（Moore's Couple Murdered）等。① 如今，这些事件的研究都能够在罗斯伍德遗产基金会的网页中查找到相关资料，便于公众了解。

其次，公共史学提供大众参与发现历史真相和进行历史阐释的平台，给予大众历史话语权。在学院派历史学中，只有历史学家进行专业的历史研究。而从 20 世纪 60 年代起，美国新社会史学蓬勃发展，历史学开始倡导更具包容性的历史解释，主张将女权主义历史、少数族裔史、非裔美国史、新文化史等纳入史学研究，史学开始回归公共领域。② 在官方记录不足的情况下，寻找罗斯伍德大屠杀真相和阐释历史的方式就是给予大众历史话语权，包括事件的亲历者及其后人、政府、新闻媒体以及电影制作者等。事件的亲历者及其后人提供的口述史资料对于探索罗斯伍德大屠杀事件有着非常重要的作用。当然，在大众参与历史真相发现和进行历史阐释的过程中，历史学家是不可缺少的一个组成部分。在罗斯伍德遗产基金会以及真罗斯伍德基金会中，都有历史学家的身影，他们为大众提供支持和指导，与大众共同推动罗斯伍德历史保护。

最后，公共史学的公共历史教育功能对于人类发展价值巨大。20世纪 80 年代以来，罗斯伍德大屠杀通过不同的方式为大众所知。媒体、政府法案、电影、网站、展览、各类教育活动、虚拟游戏等途径大大丰富了人们接受公共历史教育的方式。人们通过更加易于接受的方式去了解历史、体验历史，然后获得更为深刻的历史认知，是那些专深的历史学成果难以实现的。直至今日，仍有与罗斯伍德有关的公共历史教育活动在进行。罗斯伍德遗产基金会推出的罗斯伍德遗产巴士之旅以一种引人入胜的方式向来自各地的观众展示罗斯伍德的历史，帮助人们了解大屠杀对美国文化和价值观的影响。佛罗里达大学的人文学科和阳光州立计划（Humanities and the Sunshine State Pro-

---

① 参见 http：//rememberingrosewood. org/hidden. php，2019 年 9 月 17 日。
② 参见李娜《美国模式之公众史学在中国是否可行——中国公众史学的学科建构》，《江海学刊》2004 年第 2 期。

gram）组织来自佛罗里达州各地的高中生参观罗斯伍德。2018 年 6月 21 日，虚拟罗斯伍德研究项目的首席研究员爱德华·冈萨雷斯·坦南特博士再次加入，指导学生参观罗斯伍德的非洲裔美国人墓地。除实地参观之外，罗斯伍德互动历史借助网络与现代科技实现对罗斯伍德历史的模拟，并免费向公众开放下载，为人们了解罗斯伍德历史展开新的途径。

公共史学的发展在实践中虽有着学院派历史学所不具备的优势和作用，但同时也面临着许多挑战与质疑。罗斯伍德大屠杀的历史再现与走向公众，也反映出公共史学面临的一些困难，以及在实践中应该思考一些理论问题。一方面是专业史学家介入社会决策层面所面临的困难，社会决策对历史学的客观性要求更加严谨，同时又有着明确的利益导向影响。另一方面是以口述史、影像史学为代表的公共史学形态在再现历史事实层面各自有其不足。口述史不仅面临着口述者记忆模糊不清的挑战，更重要的是如无其他材料进行佐证，有可能会出现口述者凭借独特身份"再造"历史的风险；以历史剧、历史电影为代表的影像史学，其虚构成分和艺术创作，又使得自身受到史学界和评论界的质疑。而罗斯伍德事件也反映出一些公共史学在未来发展中所应解决的问题。例如，在罗斯伍德实践中历史学家并不是主动参与到公共进程中的，而是根据公众对于历史的需求进行的。专业历史学家在公共史学实践中究竟承担什么样的角色？再如，公共史学如何更有效地与大众建立紧密关系？在这个案例中，虽然各种形态的公共史学对大屠杀的再现都有贡献，但其中《紫檀镇》这部有一定虚构成分的电影对大众的影响不容忽视。历史电影既能使观众形成对历史事件的最直观认识，又能通过影像留下深刻的印象。这是否意味着，影视史学这一公共史学形态对大众的影响更大呢？

在中国，公共史学的发展方兴未艾，未来还有很大的发展空间。希望借助罗斯伍德大屠杀这个案例，展示公共史学的实践与价值，并思考其面临的问题与挑战。

附　录

罗斯伍德事件相关网站汇总①

	名称	网址
罗斯伍德网站	罗斯伍德遗产基金会	http：//rememberingrosewood. org/index. php
	真罗斯伍德基金会	https：//rosewoodflorida. com/
	虚拟罗斯伍德研究项目	http：//www. virtualrosewood. com/
其他相关信息网站	维基百科词条	en. wikipedia. org/wiki/Rosewood_ massacre
	佛罗里达州州务部	https：//dos. myflorida. com/library-archives/research/explore-our-resources/florida-history-culture-and-heritage/rosewood/#leg
	非裔美国人历史	https：//www. blackpast. org/african-american-history/rosewood-massacre-1923/
	历史	https：//www. history. com/topics/early-20th-century-us/rosewood-massacre
	利哈伊大学数字图书馆——《紫檀镇》	http：//digital. lib. lehigh. edu/trial/reel _ new/films/list/0_ 60

Public History and The Rosewood Massacre

Zeyu Zheng

Abstract：In January 1923, Rosewood, Florida, was completely destroyed in a violent racist riot. The massacre of African Americans lasted for a week from January 1st. In February of the same year, it was found that the evidence was insufficient and no one was charged. The residents of Rosewood were too scared to return to this land. And the massacre has been forgotten for decades. In the 1980s, with the intervention of media, the massacre re-entered people's horizons. On the basis of the continuous exploration

① 本表仅列出与罗斯伍德大屠杀直接相关及信息较为集中的网站。

of historical truths, the local government's legislative compensation, the production and dissemination of video works such as "Rosewood" made the Rosewood Massacre re-emerged and if attracted the attention of more and more Americans. The Rosewood Massacre is not only a representative of the history of ethnic conflicts in the United States, but also arouses the history with the help of the media and public historiography, which has produced far-reaching historical and educational significance. Looking back at the historical re-enactment of the Rosewood Massacre since the 20th century, it reflected the complex connection between history and public society. From being forgotten to a typical case of racist tragedy, the Rosewood Massacre is the result of a combination of oral history, historiophoty, virtual archaeology and other public historical forms. With this case, we can understand how public history is practiced and thus reflects on the value and development of public history.

Keywords: The Rosewood Massacre; Public History; Public Archaeology; Public History Education

如琢如磨　载视载听

——《百家讲坛》节目创作过程漫记

于　洪[*]

　　《百家讲坛》是中央电视台的品牌栏目，以文化普及为己任，在创作实践中逐步定位于以传播中国优秀传统文化为主，形成了"主讲人制"，推出了一系列"明星主讲人"，几年间引领了波及海内外的文化普及热潮，形成了"《百家讲坛》现象"，还创立了"讲坛类节目"这种中国电视界独特的节目类别，并多次荣获政府最高奖。

　　《百家讲坛》可谓生逢其时。进入 21 世纪后，中国传统文化逐步升温，人们读史学、国学的需求猛然增长，在清宫戏、戏说剧泛滥的当时，《百家讲坛》一改剪辑播出学术讲座的基本形式，推出了正说清史的系列节目，满足了观众求知、求真的文化需求，迅速吸引了普通观众的注意力。而在 2005 年前后，网络媒体还在发育，我们今天常见的自媒体、移动终端还未出现，电视还是媒体老大，观众众多而忠实，因此《百家讲坛》很快就成为深受观众喜爱的品牌节目。

　　《百家讲坛》是近年来中国文化普及的一个领跑者，也应该是通俗史学、公共史学的实践者和研究对象。本文从编导的创作角度出发，以本人近年来策划、制作的两个系列节目为例，简要介绍一下

　　* 于洪，曾任中央电视台《东方时空》《夕阳红》等栏目主持人、编导，《百家讲坛》栏目主编，现为中央电视台大型纪录片《中国影像方志》执行总导演。工作期间，多次荣获中央电视台多种奖项。

《百家讲坛》的节目制作过程和基本理念，以个人创作心得为公共史学研究提供具体案例，请方家予以剖析并不吝赐教。

一 选题定位的明确

2015 年，我在中央电视台《百家讲坛》策划制作了一个系列节目《戏里戏外说历史》，节目播出后以其策划新颖、传播效果良好得到了央视总编室的高度赞扬。《戏里戏外说历史》系列节目的主讲人是中山大学教授、博士生导师康保成先生。

《百家讲坛》的工作流程一般是先选人后选题。参选老师在经过几轮筛选被确定为主讲人之后，我们会根据主讲人的学术专长来研究、策划节目选题。康保成老师曾师从中国古典戏曲文学权威专家王季思先生读博士，是中国古典戏曲研究方面的知名学者，我们首先按照"就熟说生"的选题经验来确定康老师要讲的内容。所谓"就熟说生"，就是选择观众比较熟悉但又不太深入了解的话题，进行深度挖掘和梳理，不断推出观众不熟悉的史料和观点，让大家时有惊喜和收获。"熟"能让观众产生收视兴趣并很快进入话题，"生"会让观众不断有意外之喜，这样更容易吸引观众的注意力，传播效果也就更好。因此，《戏里戏外说历史》系列节目定为二十集，共解读三组剧目：《杨家将》的故事、《长生殿》和杨贵妃、《赵氏孤儿》。之所以选这三组剧目，是因为杨家将、杨贵妃的故事家喻户晓、妇孺皆知，它们不但是戏曲的传统主题，也是各种艺术形式如小说绘画、评书说唱、雕塑木刻、刺绣剪纸等的传统主题之一，观众都非常熟悉。虽然《赵氏孤儿》也有京剧剧目等流传上演，传播范围明显不如前二者，但电影《赵氏孤儿》刚刚上映不久，其影响尚在，大家还在经常谈论这个话题，对赵氏孤儿故事的来龙去脉也依然十分好奇。

选题确定后就要考虑具体的讲法。因为《百家讲坛》面对的是社会各界喜欢传统文化的观众，绝大部分不是有相关知识储备的大学本科生、硕士生、博士生，所以不能按照在大学中文系讲授古典戏曲课程的方式去讲课，而是要从观众感兴趣的问题切入，去讲述戏曲人物演变的故事、挖掘戏曲背后的历史，让观众知其然并知其所以然，从而达到良好的收视体验。

当时我们确立了本节目的三个目标：一是传播戏曲文化，通过讲述这些经典戏曲人物和故事，以及基本的古典戏曲知识，让现在的年轻观众了解和认识中国传统戏曲的魅力，并由此热爱中国传统戏曲文化。二是追根溯源，挖掘戏曲人物和故事背后的历史事实，让观众明白哪些是历史、哪些是虚构，从而借戏曲讲历史，借故事普及历史文化知识，让观众"听着故事学历史，透过脸谱寻真相"。三是开阔视野，提高审美能力。梳理这些戏曲故事的演变发展过程，让观众了解不同时期、不同地域的人们创作、改编这些历史剧的初衷，了解历史记载与文学创作的关系，知晓历史剧创作中合理想象与瞎编乱造的区别，从而让观众在当下历史影视剧"戏说""胡说"泛滥的环境里提高自己的艺术鉴赏能力。

历史故事是中国传统戏曲的主要题材之一，传统戏曲历来也是大众文化普及的主要形式之一。在古代中国，能接受正规教育的人很少，普通百姓对于历史文化的了解主要来源于民间故事、评书弹词、壁画雕塑等，而戏曲则集诗词歌舞、服装道具、念白表演于一体，是一门综合性艺术，形象直观、活泼生动、声色俱佳，因此成为讲述历史故事的主要载体，担负起了知识普及、社会教化和精神娱乐的多重使命，受到了各界观众欢迎。可以说，在电影被引进中国之前，上至宫廷戏楼，下至乡村高台，每天都有戏曲在各地上演，戏曲是最受欢迎的艺术形式，当然也是文化普及的主要产品，是公共史学的一个重要组成部分。

戏曲本身就是传统的文化普及作品，《戏里戏外说历史》又是对大众文化普及作品进行的再普及，这个选题意义非凡，也意趣无限。

系列节目《你所不知道的溥仪》与《戏里戏外说历史》截然不同，很多具体内容观众都闻所未闻，是独家史料的集中揭秘。《你所不知道的溥仪》由作家贾英华先生主讲。贾英华先生曾出版过《末代皇帝的后半生》《末代皇帝立嗣纪实》《末代太监孙耀廷传》《末代皇叔载涛》《末代皇弟溥杰》等十几种纪实文学作品。当年他为了收集末代皇族的资料，自费采访了与末代皇族有关的300多人，留下了几百万字的采访笔记、几百小时的采访录音、大量的录像视频、几千张珍贵照片和许多相关的文献文物，并且和溥仪的弟弟溥杰、溥仪的二妹韫龢、老太监孙耀庭等人都成了朋友，他们经常见面畅谈，因此掌握了大量的第一手资料（如图1）。

图1　中国传记文学学会副会长　贾英华

末代皇帝溥仪是世界知名的人物，对于《百家讲坛》来说，溥仪的故事是一个好选题。

溥仪是中国两千多年帝制的最后一位皇帝，三次称帝举世罕见，最终却被改造成公民，一生极具传奇色彩。当年，溥仪署名的传记《我的前半生》曾经热销海内外、流传甚广。他的故事是大量传记、小说的主题，他还多次成为电影、电视剧、话剧的主人公，而关于他的坊间传说更是数不胜数。相关电影、电视剧的轮番轰炸，让溥仪的故事几乎家喻户晓，而就在几年前，《百家讲坛》也已经播出了由辽宁师范大学喻大华教授主讲的二十二集系列节目《末代皇帝溥仪》。那么，怎样才能避免重复？溥仪的故事还能有什么样的讲法呢？

经过与贾英华先生深入交流，我们决定，全力发挥贾先生的优势，运用他掌握的大量资料素材，讲出一个不同以往的溥仪，我们由此定下了一条原则：凡是溥仪在《我的前半生》里说过的故事，以及别人讲过的事情，能不讲就尽量不讲，实在绕不过去的时候，这些事情仅作为背景资料略加提示，贾英华先生将根据自己掌握的独家史料，只讲故事背后的故事，题目就叫《你所不知道的溥仪》。

首先是系列节目《你所不知道的溥仪》具有极强的揭秘性，许多历史细节闻所未闻，但节目却并不是为了揭秘而揭秘，而是要让观众了解溥仪虽然贵为皇帝，但特殊的环境扭曲了他的性格和人格，影响了他的一生，从人性的角度来讲，这不能不说是一个悲剧。其次是让观众看清楚，即便小皇帝溥仪已经逊位，但在逊清小朝廷里依然充斥着钩心斗角、尔虞我诈、腐败拉拢、虚张声势的恶习，揭露了大清走向灭亡的内部原因。最后把溥仪和逊清小朝廷放在世界大势、历史大潮中进行观察，让观众认识到溥仪早期的作为是逆历史潮流而动，因此他三次称帝三次失败，揭示了大清及所谓"满洲国"走向灭亡的历史必然性。这样，就非常简要地让观众从个人原因、内部原因、外部原因三个方面读懂溥仪、读懂晚清。同时，对溥仪最终被奇迹般地改造成公民也就会有更加深刻的理解（如图2）。

图2　末代皇帝溥仪剧照

选题定位，以文化普及为靶向，需要反复推敲、谋后而定。作为文化普及电视栏目，《百家讲坛》始终以观众为中心，以开阔观众历史视野、提升观众文化素养为己任，充分发挥电视媒体形象直观、视听结合的特性，针对观众的平均文化水平和接受能力，调动整合优良文化资源，不遗余力地打造优秀主讲人，全力以赴地打磨每一期节目，不断总结、提升、创新文化传播方法，最终形成了独特的"《百家讲坛》现象"，成为家喻户晓的传播品牌和文化品牌，为中国传统文化的普及走出了一条新路。

二　叙事策略的选择

选题定位明确之后，正确的叙事策略是实现创作目的的保证。

"讲故事"是《百家讲坛》节目的最大特点，也是观众喜欢收看《百家讲坛》节目的原因之一。但对于"讲故事"也有着不少争议，反对者说，你们的节目总是在讲故事，信息量少，学术含金量低。实际上，电视是大众传播媒体，《百家讲坛》是文化普及栏目，从媒体属性和栏目定位来说，《百家讲坛》绝对不可能办成学术讲坛。《百家讲坛》收视对象是喜爱中国传统文化的各年龄阶层的观众，节目要让他们有效地接受信息并产生获得感，因此就要选择最佳的叙事策略。根据收视调查和专门调研，我们的忠实观众群涵盖了从七八岁到七八十岁的各个年龄段，观众平均文化水平与初、高中相当，他们大部分缺少传统文化的知识储备，但却希望自己能补上文化课、增长历史知识，这也正是文化普及工作的努力方向。而"讲故事"也是《百家讲坛》栏目经过多年摸索才确立的高效传播方式，节目通过讲故事的方式，精心设置悬念，层层推进，步步揭秘，做到雅俗共赏，吸引观众专心收看，并最终让观众在紧张、有趣的故事进程中获取知识、借鉴智慧、提高素养。

"讲故事"是现代影视传媒的基本传播手段，"听故事"是人类与生俱来的心理和精神需求。横向来看，各电视频道播出的影视剧、大量日常节目（如法治类、人物类、科学类节目）、多数纪录片都是在讲故事，都以"讲故事"为主要手段，即便是动物类纪录片，也经常会给一个动物家族的所有成员起上一个名字，追踪拍摄，交叉剪辑，来见证它们的生存状态和成长历程，引发观众的关注和同情。而身处激烈竞争的电视环境，一档课堂类、独角戏、文化普及栏目《百家讲坛》能够吸引众多观众的目光并受到观众追捧，"故事化讲述"的叙事策略功不可没。纵向来看，从神话传说、族群史诗到诸子百家，再到不朽的经典《史记》，实际上也都是在"讲故事"，都是在通过故事讲世事道理，以期"究天人之际，通古今之变，成一家之言"。我们可以看到，在春秋战国时代，即便是面对接受过良好教育的诸侯国君，孟子、庄子、韩非子们也不得不不厌其烦地用寓言故事、比喻象征等讲故事的策略来解释和传播自己的观点，希望自己的学说能够被重视、被采纳。学术含金量极高的诸子学说尚且需要以"讲故事"的方式来传播，后来面向普通大众的弹词话本、小说戏曲等就更要以"讲故事"为看家本领才能够生存。因此，通过讲故事的方式阐述观点、普及文化、传播智慧，是我们的一种文化传统，《百家讲坛》正是部分继承了这个祖传本领，才取得了良好的社会效果。

"讲故事"的准确说法是我们对主讲人一再强调的"故事化讲述"，要求主讲人在安排节目篇章结构时，就要设计好整个系列节目的总悬念，每一集节目又要有分悬念，围绕悬念先理清问题层次，然后层层剥笋、步步揭秘，做到雅俗共赏，让观众在故事和悬念的推进中获得知识、增长智慧、受到启迪。

比如在系列节目《你所不知道的溥仪》中讲到溥仪大婚时，就以揭秘故事背后的故事的方法，不断去挖掘真相，不断给观众爆料。并不想结婚的逊帝溥仪，没想到自己在一天之内同时娶了一后一妃：皇后婉容和淑妃文绣。实际上原定的皇后是文绣，可婉容为什么会后来居上？除了家世因素，原来，幕后都有推手，就是那几个老太妃。可老太妃们毕竟能量有限，推手的背后其实还有推手，原来是溥仪的七叔载涛和六叔载洵。载涛、载洵为什么要竭力推动溥仪大婚？故事背后的真相是他们分别接受了婉容家、文绣家的巨额贿赂。分别拿了两家的银子，原定的皇后无法退回、没法交代，怎么办呢？几方一妥协，干脆就把二人一起嫁给了溥仪。而在大婚之夜，溥仪既没有跟皇后婉容在一起，也没跟淑妃文绣在一起，这让一后一妃相互猜忌，为她们以后的婚姻悲剧埋下了伏笔。实际上，因为更为隐秘的原因，是溥仪彻夜未归去跟太监们玩了一夜（如图3）。

图3　《你所不知道的溥仪》剧照

在《戏里戏外说历史》节目里，第一集一开始就以悬念导入，用以激发观众的收视兴趣。"杨贵妃的本名是杨玉环吗？"问题一出，很多人都会感到出乎意料：不是吗？从来都是说叫杨玉环啊，不对吗？康保成老师会告诉大家：不对！接下来，康老师旁征博引，考证梳理文献资料，得出的结论是杨贵妃本名叫"玉奴"。玉奴变玉环，是因为在故事流传过程中，混入了西王母的传说和唐玄宗最珍爱的一把琵琶"玉环"的名字，人们就逐渐把杨贵妃叫作杨玉环了。接下来，节目又抛出一个悬念：杨贵妃在骊山能吃到新鲜荔枝吗？诗人有诗云："一骑红尘妃子笑，无人知是荔枝来。"而在戏曲《长生殿》里又有场景描写送荔枝的骑手横冲直撞，踩坏许多庄稼，撞伤不少行人，马蹄子还把一位盲人算命先生踢出了脑浆。但康老师根据史书记载，汇集他人研究成果，指出唐玄宗杨玉环去骊山华清池的时间是在冬季，此时根本不是荔枝成熟的季节；同时又细致考证了"荔枝道"的相关文献，指出岭南路途遥远，荔枝也不可能驿马快传到骊山，然后再告诉观众，诗人杜牧用的是一种用典和夸张的手法，虽然讽刺统治者的主题不变，但故事绝对不能当真。在赏析《杨家将》戏曲时，节目以"寻找佘太君"为题，通过一系列杨家将戏的演变，步步推导，梳理出了"佘太君"从无到有、从简单到丰富的人物形象演变史，揭示了戏曲创作过程中虚构与史实的关系，引导观众进行思考。

《百家讲坛》正是这样以"讲故事"的方式打开了传统文化宝库的大门，节目悬念不断，步步惊喜，环环相扣，让观众难舍难离。但"故事化讲述"绝不是为了讲故事而讲故事、为了揭秘而揭秘，而是为了推出一个观点、分享一种思想、激发观众思考，讲故事是手段，说观点、见思想才是目的。例如，溥仪大婚事件，就揭示了在"大清没了"以后，在时局急剧动荡之时，逊清小朝廷不但没有自我反思、谋求新生，却还在大肆行贿受贿、钩心斗角，为一个皇后的虚名互相争斗以期争夺对溥仪的控制权，这样荒唐的大清、逊清，不灭亡才真没道理。而这只是一段故事带给大家的启发，那么，一个一个故事下来、一期一期节目下来，观众就会不断积累，逐步提高文化素养和思考能力。

对此我们的准确说法是"用思想引领故事"，要求主讲人设计节目时先列出要表达的观点，故事要为观点和思想服务，在讲完故事和悬念之后，一定要加以精心点评，用简洁的语言讲出学界公认观点和个人见解，由此帮助观众总结和提炼，提高观众的判断力。

实践证明，故事化讲述、悬念牵引、步步揭秘的方法对于观众来说更有趣、更有效、更有益，是文化普及的基本策略和保留手段。

当然，故事化讲述的方式对于主讲人来说更具挑战性，他要有超强的结构能力，让每一期节目都悬念不断、层次分明；他要有超强的语言表达能力，能把故事讲得曲折生动、跌宕起伏，或清谈娓娓，或雄辩滔滔，幽默风趣，妙语连珠，如能形成自己的个性风格则最受观众喜爱；他要有超强的梳理点评能力，能删繁就简把复杂的历史与资料梳理得简洁明了，并用最精当的语言概括和点评，能够让观众听得懂、记得住、说得出、想得透。作为主讲人，一定要认识到文化普及电视节目不是学术论坛，不是大学课堂，不是专题讲座，主讲人要打破以往讲课经验的框框，冲出自己学术思维的限制，面对新的课题不断调整、重塑自我，下决心去开辟一片新天地。《百家讲坛》主讲人易中天曾说过，要想在《百家讲坛》站住脚，就要能够被修理，又甘愿被修理。可以说，《百家讲坛》优秀主讲人都经历过这样一番"痛并快乐着"的"磨难"，最终都成为文化普及与大众传播的优秀践行者。

以思想引领故事，以悬念推进节奏，以细节打动观众，以点评分享智慧。这是我们做文化普及节目的经验，希望能对文化传播工作者、公共史学工作者有所启发，更希望更多的史学研究者能在做学术研究的同时，拿出更多的时间和精力面对公众，推动文化普及，推进公共史学。

三　影像元素的强化

《百家讲坛》是电视节目，因而就要具备电视的特点，要有丰富的影像视觉元素，否则就像是把课堂直接搬上了荧屏，就失去了电视的特性和魅力。

面对《百家讲坛》的每一个选题，编导都会竭尽所能去寻找相关的影像资料，努力让节目载视载听、声画俱佳、生动鲜活。

首选影像资料是古代绘画雕塑、典籍资料图片、古迹文物照片和现场视频等写实类资料，这些能让观众看到历史的一些本来面目。其次是相关的优秀影视剧、纪录片、专题片和动画片中的写意类片段，当然，所选影像资料必须与节目内容同属一个朝代与时代，不能穿越和穿帮，这些段落经过导演剪辑改编和后期技术处理，能够让观众直观感受当时的历史氛围、建筑风格、服装器物特点等。中央电视台拍摄过大量历史剧、纪录片，拥有大量影像素材，这是《百家讲坛》的优势，这些影像资料能够帮助编导解决部分燃眉之急，同时也解决了影像资料的版权问题，因而是编导们常用的手段。最后，进行专门创作。对于影像资料稀缺的选题，编导们会想尽一切办法进行可视化处理，如制作《三字经》节目时，我就邀请画家创作了一批漫画，包括"孟母三迁""孔融让梨"等故事，以此作为画面素材经过后期技术处理呈现给观众，丰富了观众的视觉体验。而在系列节目《解码关公》中，我又邀请民间剪纸艺人一起合作，创作了相关的剪纸作品，作为节目的主要视觉元素，这既和民间崇拜关公的文化和谐一致，又凸显了传统文化的特点，同时还是《百家讲坛》节目制作上的一个创新。另外，我们还经常用后期技术手段让古画古图"动"起来，把一幅画图变成一段段"动画"，增强画面的趣味性，突出电视节目特点。

　　系列节目《戏里戏外说历史》除了运用绘画、图片作品进行包装外，还运用了大量历史照片，尽可能地给观众直观、真实的视觉感受。其中一种是剧目演出现场的历史照片，如京剧《贵妃醉酒》《四郎探母》《赵氏孤儿》等剧目的现场照片，强调历史的真实感；一种是演员剧照和个人艺术照，包括梅兰芳、马连良等人，便于让观众认识和了解演员情况，加深对剧目的认识（如图4、图5）。

图4　《戏里戏外说历史》剧照1

图 5　《戏里戏外说历史》剧照 2

　　还有一种是实地外景照片，如在讲述杨贵妃"旅日"的故事时，因为康保成老师曾在日本九州大学任教，他对于杨贵妃在日本的传说十分关注，进行过大量的实地考察，因此我们就使用了康老师在日本"杨贵妃墓"等地拍摄的照片，增强了节目的现场感，丰富了节目信息，让观众如临其境。在讲到《赵氏孤儿》在欧洲受到热捧时，我们又找来相关的绘画作品甚至当年演出的海报资料，增强画面的丰富性，开阔了观众的视野（如图 6、图 7）。

　　而系列节目《你所不知道的溥仪》更是突出了历史照片的价值和作用。照相技术的传入，让晚清宫廷对拍照情有独钟。慈禧太后本人更是乐此不疲，正式仪式场合、日常生活状态、角色扮演情景，她无所不拍，从而留下了大量珍贵照片。这些照片既展示了紫禁城的真实环境，又能够让大家一睹她的真容，当然也就成为研究晚清宫廷的重要文献。照相是晚清皇族宫廷的一种时尚，溥仪、溥杰、婉容、文绣及各位大员，乃至主要的太监们，都有照片传世。而贾英华先生是研究晚清历史的专家，他自己就珍藏了几千张这样的照片，其中有不少还从未公开展示过。因此，我们决定：在系列节目《你所不知道的溥仪》里，所有的影像素材全部用这些历史照片和真实录像资料，绝对

图6　《戏里戏外说历史》剧照3

图7　《戏里戏外说历史》剧照4

不使用影视剧、情景再现的视频素材，从而让观众通过历史影像如见其人、如临其境，真切体验历史的现场感，而这也正是此系列节目的独特之处和主要特色。

节目播出后，不少观众大呼过瘾，说看了这个系列节目，不但听到了许多闻所未闻的故事，还看到了这么多见所未见的真实照片，原来模糊的历史和人物一下子就在眼前活了起来。

在《百家讲坛》节目中，主讲人的讲述本身就是影像，并且是节目的主体，但时间一长，这种独角戏的视觉体验难免单调和枯燥，甚至从本质上来说，这种节目模式并不符合电视节目的属性和要求，因而需要用大量的影像资料和视觉元素来强化节目的可视性和影像感，以利于节目收视和传播。因此，大量影像资料的运用，为节目增加了许多信息，主讲人述说和资料影像相辅相成，让节目变得立体而全面，形成了自己的独特风格。

四　节目包装的完备

实际上，影像素材的运用只是《百家讲坛》节目包装中的一项内容，节目包装的全部内容包括视觉类、听觉类、综合类等几项。

视觉类包装内容如片头设计、典籍原文版式设计、图片视频底图版式设计、演播室大屏幕内容设计等，这些设计既要贴合节目内容和特质，又要具有独特的风格和辨识度，能让观众印象深刻。所有这些都需要节目编导与后期技术人员共同研究完成，要精细到字体、字号、颜色、出字方式的选择等，设计时往往需要反复修改调试，才能达到比较满意的效果。

听觉类包装内容包括节目音乐、音效、特殊同期声的选择等。合适的音乐能够烘托节目主题，帮助观众进入规定情境；合理的音效能够为观众提示重点、调节情绪；特殊同期声比如珍贵的历史录音可以增强历史的现场感。

综合类包装包括节目宣传片、分集导视、节目提示、节目中的短片等，这些内容融影像素材、解说词创作、视觉设计、音乐音效、配音解说于一体，是整体节目不可分割的一部分，其中解说词写作是编导最为重要的工作（如图8）。

每个系列节目的宣传片时长是30秒，专门为推广宣传本系列节目而做，有时要做多个版本，目的是激发观众的收视兴趣，吸引观众

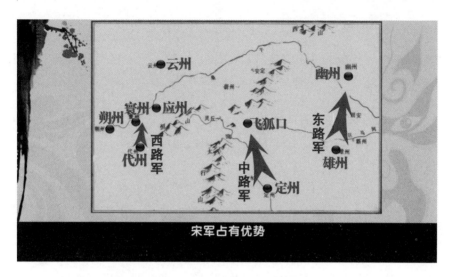

图 8　专门为节目制作的地图

收看节目，因此要短小精练、提纲挈领、悬念十足。节目宣传片当然是以画面为主、解说为辅，如果画面丰富、剪辑技巧高超甚至可以不用解说。现举一例，仅列出文字部分，便于大家了解。

系列节目《你所不知道的溥仪》宣传片之一：

（解说）——

他，一生三次称帝，举世罕见；

他，最终变身公民，堪称传奇。

末代皇帝溥仪的奇特人生，至今迷雾重重。

独家视角，珍稀史料，让您意想不到！

换个角度看溥仪，我们又能看到一个什么样的末代皇帝呢？

系列节目《你所不知道的溥仪》，秘闻不断，值得关注！

节目提示（栏目内部俗称总串片）放在片头之后，是每一集节目的必备段落，要承前启后、交代背景、推出悬念、引出正片，为首次收看本节目的观众服务，帮已经连续收看本节目的观众回顾以往内容，还要尽量提炼节目主题，帮助观众理解节目内涵。

　　节目中的短片除了梳理内容观点、补充背景知识、强化故事悬念等功能之外，还有一个作用就是突出节目的节奏感。无论主讲人的讲述多么精彩，长时间没有变化的讲述也会让观众注意力分散，而节目中密集的知识点、信息流有时也会让观众应接不暇，因此节目中的短片就可以起到推动节奏或舒缓节奏的作用，或让观众集中注意力，或让观众有时间回味和消化。每期节目中的短片数量不一，视节目具体情况由编导确定，平均四到五个。

　　《百家讲坛》节目时长40分钟，其中栏目总片头、分集导视、节目提示、短片、片尾等大概会占到五分之一时长，每集主讲人所讲的内容经编导精心剪辑后，基本能占到节目五分之四的篇幅。在这五分之四的节目中，还会在主讲人讲述的同时，覆盖以众多的影像资料、原文出处、相关人物器物图片、关键词等，即此时主讲人的讲述变为画外音。总之，栏目和编导们想尽了一切办法去凸显节目的影像元素和可视性，使之更加符合电视媒体的传播规律，从而更好地进行大众文化普及。

　　而对于《百家讲坛》编导的工作内容，很多人并不知晓，包括不少台里的同事也是一样。从去各地选拔主讲人，到主讲人的试镜、试讲、试播，再到选题策划、讲稿讨论、叙事方法的要求与调整、演播室录制，再到影像资料选择与创作、节目包装设计、节目题目与分集标题拟定、解说词写作、文献资料核对、后期剪辑、字幕审查校对等，编导要负责几十道工序，历尽千辛万苦才能最终生产出每一期节目。对此，《百家讲坛》主讲人、浙江大学教授董平曾在栏目专家会上深有感触地说：《百家讲坛》的节目是主讲人和编导共同合作的作品，实际上编导更辛苦，应该共同署名才对。《百家讲坛》主讲人、作家贾英华也多次表示：虽然我写过十几本关于晚清皇族的书，但没有编导的合作与指导，就没有我在《百家讲坛》的这些节目，这是一种新的共同创作。

　　作为大众传播媒体，电视以其视听结合、声画一体、鲜活直观满足了人们的感官的立体需求。作为文化普及栏目，《百家讲坛》以其内容翔实、表达通俗、内容丰富满足了观众的精神的多维需求，在一段特定的时间和特定的文化氛围里达到了一档电视节目的巅峰状态。实际上《百家讲坛》节目并不完美，还有许多需要改进的地方。新媒体时代的到来，颠覆了传统的传播方式包括电视的传播方式，更加扁平化的网格状传播正在对金字塔式的传播发起巨大挑战，《百家讲坛》也将在应对挑战的同时迎来新的发展机遇。

新媒体时代，人人都是记录者，人人都是传播者，5G 时代的到来，手机终端的便捷，可以让历史文化研究者用最简便的方式无限放大自己的传播范围，可以及时分享自己的发现和思考，可以为众多有读史需求的人们提供付费阅读，当然也可以成为万众追捧的"学术网红"。对于公共史学来说，这是一个最好的时代。

影像、历史教育与公共史学

——透过电影建构当代世界公民的历史意识

蒋竹山[*]

前　言

近来我将多年来的电影教学经验，写成了《This Way 看电影》（图1），透过实际例子，谈论如何透过电影教历史。为什么会出一本"看电影学历史"的书？这要从十多年前在东华大学开设的一门通识课"电影与社会"谈起。"电影与社会"是我开过时间最久的一门课。大多数时候的修课同学人数超过100人，有时更达150人，总计有近三千人上过这门课。[①]

最早开这门课是在 2003 年的秋天，原本只想在课堂上谈性别电影，并将每年 12 月底来花莲巡回举办的女性影展列入课程。头一年开设时，就吸引一百多位同学修课，每周一的晚上，我们利用两小时的时间看影片及讨论，一个学期下来，大致能看八部电影，有《悄悄告诉她》《挥洒烈爱》《油炸绿西红柿》《末路狂花》《时时刻刻》《夜幕低垂》《脱线舞男》及《钢琴教师》。在那个年代，电影教学还不普遍，能同意开课的机会不多，不像现在，课程中带有电影字眼的课名越来越多，如"电影与哲学""电影与宗教"或"电影与心

＊ 蒋竹山，台湾中央大学历史所副教授兼所长。主要研究明清医疗文化史、当代西方史学理论、新文化史、公共史学等，出版有《当代史学研究的趋势、方法与实践：从新文化史到全球史》《人参帝国：清代人参的生产、消费与医疗》等。

① 蒋竹山：《This Way 看电影：提炼电影里的历史味》，蔚蓝文化出版社 2016 年版。

图 1　《This Way 看电影》书影

理"等。

这门课除了课堂上的讲解外，我们会分组报告及讨论观赏的电影。到了期末，则会要求同学到市区的电影院参加为期三天的女性影展，并选一部纪录片当作期末报告的写作题材。由于影展多为和性别有关的纪录片，一般不太有机会在计算机上或进戏院观看，所以同学非得利用这个机会参加。

头两年的性别电影，我们还看了《美丽佳人欧兰朵》《喜宴》《情人》《愈爱愈美丽》《烈火情人》《白色情迷》《男孩别哭》《潮浪王子》等。2005 年，我将课程做了一些调整，除了性别之外，还加入族群、殖民、多元文化等议题，所以还看了《香蕉天堂》《太平天国》《勇者无惧》。

2006 年之后，我正式成为东华历史系的助理教授，除了专业课程之外，仍持续支持开设通识这门电影课。相较以往，又增加了医学、科幻、城市、全球化、生命教育、环境等不同主题的电影。像是《梦想起飞的季节》《西班牙公寓》《天才雷普利》《乌龟也会飞》《三不管地带》《香料共和国》《替天行盗》《海上钢琴师》《医院风云》《二○○一太空漫游》《想飞的钢琴少年》《不愿面对的真相》《永不妥协》等。

2008 年时，主题更为明确，订出了几个专题"影像、医疗与社会""性别、科技与社会""全球化、阶级与抗争""性别、认同与社会""历史记忆与族群认同""移民、国家与底层社会"及"城市、性别与国族论述"，在这个阶段，增加了《三峡好人》《A 级控诉》《香港有个荷里活》。到了下学期，主题则调整为"身份与认同""性别与社会""规训与救赎""族群与社会""多元文化与社会""医疗与社会""科技与社会""历史与记忆"，这阶段的影片新增的有：《刺激一九九五》《卢旺达饭店》《罗伦佐的油》《银翼杀手》及《一个屋檐下》。

2011 年之后，影片的内容就此底定，不外乎性别、全球化、记忆与乡愁、战争与媒体、国家与社会、族群认同等议题。看过的影片有：《钢琴师与她的情人》《香料共和国》《替天行盗》《三不管地带》《三峡好人》《天才雷普利》《A 级控诉》。

2014 年有个比较大的变动就是课程时间从两小时增加至三小时，这可是争取多年才有的结果。优点是不用到隔周才讨论看过的电影，当下看完影片就可以立刻引导同学进行讨论。这么一来，每学期大概可以增加四部电影，新增的影片有：《恶魔教室》《再见列宁》《情书》《丈量世界》。若加入下学期的影片调整，大概还可以多看个《近距交战》《世界是平的》及《天才雷普利》。

但这样的经验，或许不太能够直接套用在高中的历史教学上，除非是选修的特色课程，否则都会面临上课的时间压力。因此如何在有限的时间内，透过电影来教学，就需要对影片的选择及如何有效地将电影应用在课堂上，要有初步的认识。

近来的史家逐渐从公共史学的角度来看电影与公众的历史意识的关联性。后现代史家海登·怀特曾说过："没有人拥有过去，也没有人可以垄断如何研究过去，或者是如何研究过去与现今的联系……今日，每个人都是历史学家。"① 在这个人人都是史家的年代，历史已成为商品，历史消费者可以透过物质媒介接触历史。大众不仅可以透过学院史家掌握历史知识，也可以借由大众文化发展趋势下的虚拟转向（virtual）与视觉转向（visual turn）接触历史及发展他们自己的叙事、故事及历史经验，这种趋势在英国尤为明显。

讲到英国的公共史学发展，就不得不提到近年来的一本新著《消费历史》（*Consuming History*：*Historians and Heritage in Contemporary Popular Culture*）。作者是英国曼彻斯特大学历史教授杰罗姆·德·克罗特（Jerome de Groot），他认为英国的公共史学近来有种新趋势，即是历史在商品化之后，越来越多的人有如获得某种权力，得以更方便地接触过去，论述过去，建立自己的历史。

透过思索各种文化形式与实践，《消费历史》分析有关历史消费的变化是什么？特别是，影响新科技的、不同经验与历史论争的是什么？并探讨历史是如何被消费、理解与被贩卖？一个社会如何、为何及何时"消费历史"？什么是将历史看作是一个产品的意涵？非专业媒体（电视、戏剧、电影与网络）如何影响与协助建构文化记忆？改编成小说的历史——过去被视为是文化生产——如何影响大众想象？电视、数字、媒体、Web2.0 等科技是如何改变大众对历史的感知与理解？《消费历史》尝试提出这些问题，并认为英国的大众接触历史正面临过去 15 年来最大的变革。其中，有两件事一直未受到学院史家的重视。一是从实境电视（reality television）到大众史书、Web2.0，这些使得个人表面看起来似乎从感知上与物质上围绕着历

---

① K. Jenkins, S. Morgan and A. Munslow, eds., *Manifestos for History*, London：Routledge, 2007, p. 231.

史专业，实际上却以更直接的时尚方式与过去接触。二是历史逐渐地流行，成为一种文化、社会与经济的修辞与类型。

非学院或非专业历史——所定义的公共史学——是种复杂的、动态的现象。然而，与过往接触有关的新的方式的含意，尚未彻底地探讨，这也使得大众史学逐渐地为专业史家所注意。这常因为专业史家不重视各种通俗历史，这从对大众的批判与强调上下层对立二分的模式批判可以看出。专业史家偏向以理论来讨论历史的角色与本质，以至于公众史家以及通俗媒介对历史的理解，长期来一直处于边缘位置。

专业史家对公共史学批评的声浪从未间断，像是帕特里克·乔伊斯（Patrick Joyce）就宣称：“历史不是商品，史家必须对抗群众的市场力量、资本市场。”[1] 他还提到，学院史学协助形塑大众的历史意识，并且帮助保护大众免于消费者社会的威胁。对于乔伊斯的忧虑，德·克罗特（De Groot）的响应是，历史已经成为商品，与史家的行动无关，而了解互通与消费的过程，在当代正在进行与过往接触的普及，将提供我们对这种现象有更细微的感知。如果史家要保护大众的历史意识，他们首先就必须要了解大众是如何被告知且拥有历史资源的。

德·克罗特举出英国公共史学发展的例子有：公众史家；公众史的出版；地方史、金属探测、古董；系谱学；业余历史爱好者；数字历史；历史扮装；历史游戏；历史实境秀；历史电视；历史电影；历史小说与历史剧。[2] 近来台湾的民众接触历史的渠道虽不像英国那样多元，但有些趋势也相当类似。例如，英国的大众史家当道的现象，台湾也有，台湾史出版这方面比较明显，像是陈柔缙、田中实加；而从学院涉足大众史市场的也不少，像是骆芬美、张素玢、吕世浩、蒋竹山。英国的视觉转向及数字转向，台湾也看得

---

① Jerome de Groot, *Consuming History：Historians and Heritage in Contemporary Popular Culture*, Routledge, 2009, p. 5.

② *Consuming History：Historians and Heritage in Contemporary Popular Culture*, pp. 1 – 13.

到，如这些年的由电影《海角七号》所掀起的台湾热；透过游戏认识台湾的历史桌游《走过台湾》及《翻转大稻埕》；让民众更容易接触历史的平台"故事"及"说书"网站；以趣味诙谐方式说历史的影像台湾史《台湾吧》；以及前几年很红的历史电玩游戏《返校》。

上述有关英国公共史学发展的论述，有助于我们理解当前台湾的全球史热。前面提到的这几本全球史著作，在学院里头并未引起太大的回响，至今所见，似乎也只有东华大学的大众史学中心曾在2014年的东华大学读字节活动举办过"阅读《1493》工作坊"；① 但这类书却在民间有相当大的读者群。

为什么在这个时代，民众会特别对全球史感兴趣？近来有学者就特别强调全球史所具有的、很强的公民教育的功能。例如，北京大学钱乘旦教授最近在一场新书座谈会上，就提到："全球史的书写，包括我个人这些年倡导跨国史的书写，还具有很强的公民教育的功能。历史学的重要功能就是公民教育。我们民族国家历史书写过于强调国家的成就、辉煌与贡献，国家历史上的一些比如阴暗面，一些失败，一些错误，往往避而不谈，也往往忽视外来因素对国家历史演进的贡献。"但全球史却翻转了过往民族国家史观的部分缺点，特别强调人类相互依赖，人与人的互动合作以及人类的共同命运，这有助于破除狭隘的民族主义思潮，培养一种具有世界历史观的公民。②

一　用电影教历史的基本攻略

长期以来，老师们已经习惯在课堂上运用某种类型影像，最喜欢的可能是纪录片，这在西方相当普遍，各种媒体提供了相当多元的素

---

① 有关这个工作坊的活动内容，参见《人社东华》电子期刊，http：//journal. ndhu. edu. tw/e_ paper/e_ paper_ c. php？SID = 55。

② http：//www. chinanews. com/cul/2017/05 – 21/8230159. shtml，《中国新闻网》，2017 年 5 月 21 日。

材，像是 PBS、BBC、A&E、Discovery。通常纪录片会被视为是中立客观的文献，即便它有可能是被建构或者是被再诠释的影片。我的建议则是多选历史剧情片，理由有三个：

第一，历史剧情片许多是商业电影，多针对一般大众所拍摄，透过大众媒体营销，较为一般人所熟知。第二，学生较为熟悉好莱坞电影，老师可以当做接触青少年大众文化的方式之一。第三，可以增进学生的注意力与学习动机。

使用电影来教学，高中教师们应当注意两件事，一是高中生能从电影里学到什么知识？二是去了解他们看完电影之后，如何思考过去？在细节上该有以下认识：

（1）如果看电影好比"制作"历史的话，其所牵涉的应该比被动地看一个过往故事还要复杂。学生在看电影之前应当如何准备？以及该如何在观看后理解其教学的价值？

（2）如果电影只是说某种复杂的历史事件或议题，老师该如何帮助学生认识多元观点（特别是有些可能是错误的）？

（3）如果大部分电影包含了有关过往的诠释与道德讯息，老师如何获得学生对于电影的响应？

（4）若我们完整及有技巧地掌握看电影学历史的概念，这些就会成为有意义的以及在课堂上强有力的历史思考。

在引导学生思考过去的技巧上，教师可以关注这五个重点：

（1）为何历史电影是以特殊的方式述说着一个时期或事件的故事？

（2）为何有些观点被强调，有些被忽视？

（3）电影希望观众去赞扬或批判的对象是谁？

（4）电影鼓舞观众对过往抱持什么样观点的同理心？

（5）电影想要唤起观众对过往怎样的回应？

二　电影里的公共史学

历史电影的功用有几个特色：一是使学生具备"历史知识、观念与分析理解"的能力；二是电影有巨大的潜能激发学生思考，并提供另类观点帮助学生可视化过去；三是提供争议性素材，让学生进一步检视过往知识的一手数据与二手数据。

虽然我的课名叫"电影与社会"，但很多主题还是与历史息息相关，常拿来讨论的电影，分别是：《恶魔教室》《再见列宁》《香料共和国》《替天行盗》《丈量世界》《A级控诉》《钢琴师与她的情人》《近距交战》《世界是平的》《永不妥协》《三峡好人》。这些电影既可探究历史脉络，又可关注其社会实践的特色。

另外偶尔搭配的影片有：《神鬼猎人》《东京小屋的回忆》《希特勒回来了》《鸦片战争》。或者是：《烈爱灼生》《丈量世界》《A级控诉》《王者天下》《乌龟也会飞》《风暴佳人》《勇者无惧》《惊爆十三天》。

若以主题来分，又可概略分为："物质文化与日常生活""饮食、感官与历史记忆""全球史与全球化""抗争、战争与革命""性别与环境"及"艺术与大众史学"。这样的主题一方面是呼应电影中的历史知识与历史事实，另一方面是透过相关历史课题延伸出当前历史研究的最新成果与趋势（如图2）。

基本上，透过电影，老师期待学生能从电影学到历史。然而，这过程不单只是让学生看到"过去"。历史不是只有历史叙事与历史事实而已，我们还希望把电影当作一个窗口，引导学生就一些有关争议的历史问题进行思辨，培养分析与理解事物的技巧。此外，还希望能让学生学习到看事情不用现代的观点，而是回到当时的脉络，站在当时的经验与看法的"神入（同理心）"（Empathy）方式来看历史。

我一般选择电影的关键标准有四点：

（1）电影的历史真实性。

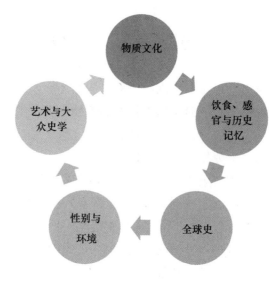

图 2　不同主题之间的相互关系

（2）电影再现过去的方式。

（3）电影的年代。

（4）电影的观点、教师的目标及其他可利用的教学资源。

就我看来，高中教师挑选电影的最大考虑，应该是这部历史电影对班级来说是好是坏？而好坏的根据是看何者比较适合老师的教学目标。除了剧情与事件之外，一部历史电影应该要有一些重要的细微特质。像是：

（1）电影希望观者去重视的是什么样的特质？（谁是英雄？谁是坏人？）

（2）电影是否描述了学生在历史教科书与一般课程所无法看到的历史另类观点？

（3）有关电影中的性别角色传递了什么样的讯息？

（4）电影是否有描述不太受大多数人关注的边缘团体的历史经验？

（5）这部电影反映了怎样的政治与社会价值？而这些价值过往曾受到贬低与忽视。

有些电影有很好的剧情，若缺乏可在课堂上讨论的重要元素，也不合适当作选择的对象。像是梅尔·吉勃逊所主演，描述美国独立战争的《决战时刻》，作为分析美国的决定性战役，是部相当不错的电影，但要讨论奴隶问题，就不恰当。

此外，电影选择上还需注意的有几个特点。第一，电影有"保鲜期"，若过于老旧，可能就吸引不了学生注意，而达不到教学效果，学生可能觉得不是他们这个世代的文化。第二，不管这电影如何好看或精彩，若离这课程的其他元素太远，其教学效果则会削弱。第三，若这部电影可以联结既有的资源，像是原始数据或书里的专家看法，则可考虑。第四，原则上，尽量要选择影片与课程时数相搭配的电影。若能完整播放整部影片最佳，若不行，也可慎选节录与课程有关的电影片段。第五，在内容上要考虑是否适合给青少年看。

三 用电影培养神入、分析与理解的素养能力

透过历史电影，教师可以培养学生"神入历史"的素养和能力，神入历史有助于学生的思考训练。神入历史需掌握历史脉络、观点和视野。再者它需要自我检视、回顾和怀疑，如同卡尔（E. H. Carr）所言，历史是历史学家和事实之间不断的交互作用，以及过去和现在之间的不停对话。

在训练上，所要强调的基本概念是：

（1）学生参与的是一个想象的历史现场。
（2）必须以历史学知识作为学习的支架。
（3）将情境教学模式转移至历史教学。
（4）教师则必须掌握神入历史的教学方法和步骤。

（5）培养学生能从相关资料的解读中进入历史情境的思考能力。

（6）从理解时代背景和人物事件的脉络中去重建昔日人们的行为意图和动机。

"神入历史"的目的在于：达到对过去人类过往经验的有限理解；根据针对他者所发展的理解、容忍与同情的态度；通常焦点集中在理解有些事件的决策是如何制订及为何被制订？

除了神入的素养训练外，历史电影还可以培养学生分析与理解的技巧。其中，有八个问题，可以引导学生去思考。

（1）这部电影与事实有何出入？你的看法如何？

（2）这部电影你喜欢哪个角色？

（3）屏幕上的历史人物，被电影赋予什么样的形象？反映了什么样的主题？这和你在数据中所看的，比较上有何不同？

（4）依你的观点，这部电影为何如此描绘历史人物？

（5）哪些有助于理解过去历史的客观事实被省略掉了？

（6）电影中描述历史事件的电影技巧与电影语言是什么？

（7）导演是谁？研究他说历史故事的观点与目的

（8）这部电影所描绘的历史背后所隐含的意识形态是什么？

我习惯将每部历史电影拆解为五部分："电影本事""电影里没说的历史""像史家一样阅读""用历想想"及"活动设计"。

"电影本事"这部分，老师应该很快地引导学生了解到这部电影的基本故事，当然这不是"维基百科"，里头不会有太多的电影人物、导演及拍摄细节，主要是画龙点睛式地将影片重点呈现出来。

对电影有个基本认识之后，老师可以来到第二部分"电影里没说的历史"，这应该是电影的重头戏，占的篇幅最重。但每部电影不尽相同，有时可抽出几个电影里提到的历史片段，进行更深入的探讨。例如，《神鬼猎人》中的海狸与毛皮贸易；《一代茶圣千利休》

中丰臣秀吉与千利休的关系；《香料共和国》中的希腊土耳其交恶与塞浦路斯的互动；《日落真相》里的天皇退位问题；《革命青春》的安田讲堂事件；《替天行盗》的反跨国资本的剥削；《1942》中的灾荒与媒体报道；以及《永不妥协》里受污染的辛克利小镇的真实进展。

有的电影则可将议题延伸出去，不在电影文本上打转，而是谈出一些新的话题，像是《白鲸传奇》谈捕鲸的全球史；《跳舞时代》介绍日治台湾文青的感官世界；《和食之神》的鲜味与味素；《希特勒回来了》中的战后德国的历史记忆；《伊本·巴杜达》中的"亚洲即世界"；《决战时刻》谈美国历史教学的全球视野；《近距交战》的一战书写；《霸王别姬》谈戏曲与近代中国；《艺术的力量》则提到当代英国大众接触历史的几种管道。

第三部分"像史家一样阅读"则引用数则当代史家的作品或历史文献，并进行导读。经由实际数据的阅读，学生可以学习如何像史家一样的思考问题，提出论述、叙事或理解的看法。有的地方则会刻意安排不同立场或观点的数据让学生进行思辨，如《鸦片战争》中提到有关这事件的历史书写转变；或者是以原著小说及不同文本作品呈现与电影内容的异同，像是《神鬼猎人》《东京小屋的回忆》《希特勒回来了》《革命青春》及《钢琴师与她的情人》。

第四部分，老师们可以透过"用历想想"来设计学习单。其中，有针对电影文本设计的基础问题；或者是进阶一点谈第二部分"电影里没说的历史"所延伸出来的历史议题；或再难度高一些，以第三部分"像史家一样阅读"的焦点数据来设计问题，让读者进行深度思考；更有的则是询问读者看过电影之后，试着比较与焦点数据陈述的文本内容有何差异。

第五部分，"活动设计"可借用近年来很夯的"卡简单"教学设计，以游戏带入教学的方式进行课堂活动（见下节的设计）。所谓的"卡简单"概念，是由台湾科技大学侯惠泽教授所带领的迷你教育游戏团队最新发展的认知设计模块，可用#卡片#简报#学习单#，经由认知与互动学理，来设计教学游戏化（Gamification）活动。①

以下我们就透过实际个案来看看如何透过电影教历史。

四　用电影教公共史学：战后德国的历史记忆

（一）电影本事

图3　透过电影教历史各环节之间的逻辑关系

这年头还有人在关注希特勒这位历史人物吗？

2016 年的媒体网络版刊登一则台湾学生欠缺国际观，连希特勒是哪里人都不知道的报道："清大荣誉讲座教授李家同今天接受本报采访时感叹，台湾的年轻人缺国际观，他有次抽问 11 个中学生，希特勒是哪国人，只有两人答德国，有三人竟把希特勒当成敌对的美国人，误为正在选美国总统的希拉里。"② 我比较关心的反倒不是希特

① 微翻转卡简单模块就是：教师用#卡片游戏、#简报媒体与#学习单，将讲述、讨论、提问、引导、思考、互动、情境、科技这八个课室要素的认知与互动设计优化，来进行素养导向游戏式教学设计与课程设计。

② 《李家同叹国中生怎么了？把希特勒当希拉里》，《联合新闻网》2016 年 9 月 13 日，http：//udn.com/news/story/6885/1959539。

勒到底是德国人还是奥地利人，或者台湾人到底有没有国际观，而是现在的德国怎么看待这位历史人物。

电影《希特勒回来了》应该是一个探讨这个话题的重要指针。

该片是2016年相当受瞩目的黑色喜剧，更是鬼才导演戴维·温德（David Wnendt）继得奖作品《潮湿地带》之后的最新力作，光是在德国就狂卖七亿台币（如图4）。

图4　希特勒及其招牌手势

电影改编自德国作家帖木儿·魏穆斯（Timur Vermes）的畅销小说《希特勒回来了》。剧情叙述希特勒没有死于二战，而是穿越时空来到现代，阴错阳差地被电视台当作是唱作俱佳的天才演员。他开始上电视、接受巡回访谈、与民众面对面接触，媒体靠他的犀利言行冲高收视率，他也成为全国明星，最后还以他的故事拍摄电影及出书。

一瞬间，那个二战时期的传奇人物又回来了！他批判当前德国敏感政治、社会问题的种种言辞吸引了许多人，其中有人欢迎，有人唾弃。就在这虚虚实实之间，影像前的我们被这些荒谬的剧情搞得团团转时，穿越时空的希特勒留了下来，而当初发掘他的那位男主角却被当成精神病人关了起来，这一切的反讽与省思才在观众的疑问中，持续酝酿下去。

（二）电影里没说的历史

《希特勒回来了》这部电影让我联想到类似议题的几部作品：《锡鼓》（1978）、《再见列宁》（2003）、《恶魔教室》（2008）。

这些电影前后相隔有 30 年之久，或多或少都与战后德国的历史反省与历史记忆有关，在此可以和《希特勒回来了》一并探讨。高中老师们可以透过这几部影片的任何一部，探讨二战、极权主义、独裁、犹太人、大屠杀、历史记忆等课题。这之中，我最常放映的是《恶魔教室》。

极权主义有可能重出江湖吗？

2008 年，《恶魔教室》上映。这部由小说《浪潮》（*The Wave*）改编的电影，导演是出生在德国汉诺威的丹尼斯·甘赛尔（Dennis Gansel）。故事叙述一位高中老师雷恩的极权主义课程，让学生在一周内认识什么是独裁、什么是领袖、什么是服从、什么是集权，目的是让他们亲身体会并思考，这个时代究竟可不可能再度出现希特勒时代的极权主义。过程中，同学渐渐从选出领袖、举手发言、穿制服、挑出口号标语，出外相互帮忙等作为，彼此形成一股校园势力，大到招引无政府主义者的挑衅，最后虽然找到认同感，但却也造成对其不同意见者的排挤，最后一发不可收拾，全剧以悲剧收场。

小说其实改编自真实故事。1967 年 4 月，美国加州卡伯里（Cubberley）高中的历史老师罗恩·琼斯（Ron Jones）在历史课上遇到教学上的困难。他无法向学生解释为何德国民众会对纳粹屠杀犹太人感到无动于衷，为了要加深他们的了解，便对这群高二学生设计了名为"The Third Wave"的实验课程。

没想到几天之后，越来越多学生主动加入，大家不知不觉陷入一种难以自拔的集权狂热中，整个班级俨然是二战时的纳粹组织。直到最后，老师播放纳粹屠杀的暴行图片，一脸惊愕的同学才有所觉悟。

与小说有点出入，电影的场景从美国搬到德国，也不像小说特别着重刻画的是女性角色。课程缩减为一周而非一学期。老师是临时起意。整件事严重到有人举枪自杀身亡，以上都不是小说的情节。

透过这部影片，我们认识到独裁政权与极权主义绝对不是希特勒时代才会有的过时产物，它随时可能发生在你我身边。一旦我们放弃个人的权利，交给某个野心者，当他汇集一切，力量将会大到超乎我们的想象，希特勒的权力就是这样诞生的。

谁说极权主义不可能出现在当今社会的？这部片就狠狠地给我们上了一堂历史的实验课。

拒绝长大的男孩

《恶魔教室》对德国二战时的极权主义的探讨让我联想到早期的经典电影《锡鼓》。现在的年轻人应当没几个人听过《锡鼓》这部电影，这在我念书时代可是相当有名。影片又名《拒绝长大的男孩》或《铁皮鼓》，改编自诺贝尔文学奖得主葛拉斯（Günter Wilhelm Grass）的同名小说，电影曾在 1980 年得过奥斯卡最佳外语片奖。

导演透过一个小男孩的眼光来看德国历史的变化。男孩名叫奥斯卡，因摔伤成为侏儒，身高不再增长。他随身带着铁皮鼓到处敲打，又常靠可以把玻璃喊破的尖锐嗓音进行各种抗议，在影片中是一个相当怪诞的角色。[①]

透过他那童稚的目光，我们看到二战期间一幕幕光怪陆离的现象。像是对纳粹有着英雄般的狂热崇拜，法西斯的恶形恶状，德国占领区波兰格但斯克民众的背德行为，还有德国小市民阶级的盲从。

透过奥斯卡拒绝长大的形象，以及用他这种小人物透看大人世界的视角，导演塑造出一种从反面观察、解构及击鼓控诉这个时期败德居民疯狂摇旗呐喊的愚昧。

电影不仅抨击战时德国的道德败坏、伪善、盲从、军国主义、德国理性主义与唯心论压抑下的肉欲文化，更批评了教会的冷酷、无人性还有对法西斯横行的姑息。由于片中运用了大量的象征物（马头、

---

① ［德］葛拉斯：《锡鼓》，胡其鼎译，猫头鹰出版社 2001 年版。

鳗鱼、鼓）来表达性欲与死亡，导致整个影片变得相当不好理解。以往在课堂上播放时，甚至常有同学表示即使看完也不知道它在演什么。同样探讨历史记忆，《再见列宁》就亲民多了，同学的回响也总是比较热烈。

善意的谎言：再见列宁

《锡鼓》的主旨在提醒世人，战后的德国整个国家陷入失忆，民众只顾战后重建，从废墟中再站起来，摆脱经济困境，却忽略对历史的反省。全片就像葛拉斯小说的宗旨，是在于唤醒德国人的历史记忆。

《再见列宁》这部电影也是德国的历史记忆，但焦点则是放在柏林围墙倒塌前后，两德统一的问题上。透过日常生活中的对象来重现东德民众对过往社会主义时代的怀旧，是这部电影的重点。

我东华大学以前的同事潘宗亿教授曾为文深入分析这部影片。他以两德统一的发展历程，将本片分为四部分。第一部分谈男主角亚力一家在东德的日常生活史。饰演亚力的演员是当前德国电影界的当家小生，参与多部影片演出，在《替天行盗》一片中也可以看到他的身影。

出现在影片中的日常生活对象、人物与组织很多，生活对象有：柏林围墙、电视塔、亚历山大广场、世界钟、列宁雕像、国家公寓、六一〇拖板车；人物则有东德第一位航天员、少年先锋队；组织则有德意志统一社会党、国家安全部（如图5）。

第二部分则述说德国统一对亚力一家的影响。亚力母亲克里斯廷在参加国庆宴会接受东德共产党的颁奖途中，亲眼看见亚力在街头跟群众一起示威，一时受到刺激而昏倒。送医急救后，持续昏迷了八个月。克里斯廷苏醒后，整个国家已然改朝换代，发生巨变。

我们会看到，统一社会党总书记何内克（Erich Honecker）辞职下台、两德边界开放、柏林围墙倒塌、民选政府开始运作。在这个阶段，亚力原本任职的国营电视维修站关门大吉，只好改去卫星天线公司工作。他在那里认识了来自西德的丹尼斯，两人成为工作搭档，这显然是两德统一的象征。亚力的姐姐则放弃学业，在汉堡王快餐店工

图 5　2015 年时德国将 1991 年在东柏林拆毁的列宁头像运往博物馆展览

作，与来自西德的韩纳成为恋人。此外，两德统一也让他母亲昔日的社会主义党员同伴被迫失业。生活上也有所转变，奔驰、宝马、宜家，甚至可口可乐这些资本主义世界的生活物品开始传入东德。

到了第三部分，亚力为了不让母亲受刺激，影响病情，决定在 79 平方米的房间内打造一个"看得见的东德"。他找来东德时期的床铺、书桌、书架、照片，还苦心准备了母亲特别喜爱的东德饮食：金磨卡咖啡粉、斯博特腌瓜、福林硬面包。由于超市引进资本主义世界的商品，导致这些怀念意义更甚于实质意义的商品越来越难买到，亚力最后用东德旧商品罐子装着假冒的食品，继续瞒天过海。

假造商品可能不是最困难的部分，要让他的母亲看得到东德新闻就得费点功夫。亚力号召有拍片梦想的同事，打造了一个虚构的影像环境，其实克里斯廷所看到的节目，都是拿旧新闻重新剪辑播放。

夜路走多了，难免也有露出马脚的时候。像是他的母亲看到对门大楼所悬挂的可口可乐广告，或者在街上见着各式各样的西德车辆，还有与旧东德时期不一样的街景，甚至看到天空出现直升机悬吊着被拆卸下来的列宁雕像呼啸而过。遇到这种突发状况，亚力和友人只好再编出新的故事，说些东德开始接受西德难民这种谎言。

故事不可能一直演下去，最后他们找来航天员扮演国家主席，拍下伪造的新闻画面，让他母亲知道两德已经统一了。当母亲病危时，亚力还特意去找昔日投奔资本主义世界的父亲来见母亲最后一面。

影片结尾，亚力的母亲终究走了。这善意的谎言，也如同最后旁白所说："母亲脑海中的祖国是她所坚信的，这乌托邦守护母亲到最后。"这是个压根就不存在，却在回忆中一直与他母亲相联系的国家。

从《锡鼓》《再见列宁》《恶魔教室》到《希特勒回来了》，在显示德国自二战后，只要有关希特勒、战争、国族认同、怀旧等历史记忆，总是一直牵动着每个国民的敏感神经。影像工作者更是运用各种题材，表现出他们对过往德国所犯战争过错与德国历史的深刻反省。

教师们可以透过一些历史数据，来补充说明与电影内容不同或相同的视角，并以此设计出相关问题或游戏来引导学生思考极权主义与大屠杀的问题。

（三）像史家一样阅读

资料（1）

本段文章说明以前的希特勒研究太过强调他与环境的关系，较少从心理分析的角度来研究他的人格特质。

2015 年 11 月，"恐怖政治地形馆"举办了一场新书发表会，是专门研究纳粹历史的彼得·隆格里希（Peter Longerich）教授发表他新出版的《希特勒传》。

在此之前，一般公认写得最好的希特勒传是英国历史学者伊恩·克肖（Ian Kershaw）在十几年前出版的两册专书。克肖主要是将希特勒放在当时德国历史情境下来观照。他把希特勒视为纳粹共犯结构里的一员，属于"魅力型领袖"。这样的书写看重人与大环境之间的互动关系，可能轻忽之处在于太把领导人当作正常人来看，忽略了有些叱咤时代风云的人，人格特质上可能有相当病态或偏执的地方。

彼得·隆格里希的《希特勒传》在某个层面是与专业心理分析团队一起讨论后的研究成果。为了让一般读者阅读上不受干扰，并没有从深奥的心理分析或精神分析着笔，改由提出一般人在希特勒身上也轻易可以看出的一些极端人格特征来重新讨论他。这些极端人格特质包括："控制狂"。例如，希特勒完全无法忍受等待事情自然发展，而一定要强力加以主导；他也无法与人产生连接感，情绪急躁等。隆格里希提出具体的史料证明，不管是对重病伤残者的"安乐死"，或是以"最终解决方案"有系统地大规模屠杀犹太人，希特勒始终扮演着"决策者"的角色。[1]

资料（2）

希特勒的纳粹学说吸引许多德国人的注意力，尤其是渴望在新的精英阶层中取得一定地位的年轻人和转业老兵。的确，希特勒把纳粹描绘为"青年人的组织意志"，他还吸引了成千上万遭到大萧条重创的德国人，尤其是中低阶层。

希特勒的号召力大部分源自他做出的迷人许诺，这些许诺给处于绝望中的人们提供了慰藉。他宣称，他将摆脱可鄙的战争赔款、经济困难、无能的领导层、来自左派的威胁和议会政府。除此之外，他发誓重建德国的国家统一和秩序，重新复苏德国人破碎的尊严和军事力量。[2]

---

① 花亦芬：《在历史的伤口上重生：德国走过的转型正义之路》，先觉出版股份有限公司 2016 年版，第 137—139 页。

② ［美］丹尼斯·谢尔曼、乔伊斯·索尔兹伯里：《全球视野下的西方文明史》下册，陈恒等译，上海三联书店 2011 年版，第 1022 页。

资料（3）：1923 年希特勒的演讲

德国是孩子般的民族；一个成熟的民族将会说："我们不在意你们那一点点纸币。给我们一些值钱的东西吧——黄金！你到底有什么东西给我们？什么都没有？那你欺骗了我们，你们这些流氓和骗子！一个惊醒了只剩下 30 马克的民族——是所有的上千万的光荣遗留下来的——将会买一根绳子，绞死它的 10000 名诈骗者！"①

资料（4）：一位犹太人大屠杀的幸存者佛瑞德·巴龙的经历

最后火车终于停下来后，他们拉开车厢，光线刺得我们眼睛都看不到了，因为我们的眼睛一下子都不再习惯光线。我们看到了样子滑稽的人，他们穿着条纹睡袍一样的制服和与之匹配的帽子，手里拿着粗大的棒子，用各种语言尖叫和号叫着跳下车厢。

奥斯维辛：他们把我们分开，并排成五列。我发现自己站在一个穿着精致服装的德国军官前面。他穿着长靴、戴着手套，而且拿着长鞭，他用马鞭不停地左指右指。他指到哪个方向，卫兵们就向右或向左推着他们前面的人。……大量的运输工具来到了。毒气室无法维持了，他们就在大坑里把人烧死。有些小孩子活着就被扔下去。我们日夜都能听到尖叫声。②

资料（5）：《安妮日记》对战争后期战况的描述

1944 年 6 月 6 日。BBC 用英语广播："今天是登陆日。"艾森豪威尔将军对法国人民说："激战即将展开，此役之后即是胜利，1944 年是全面胜利的一年，祝各位好运！"

BBC 在一点用英语广播：一万一千架飞机来回穿梭，或准备穿越敌方防空线空降部队执行轰炸；四千艘登陆艇与小船陆续抵达榭堡和勒阿佛之间的地区，英军与美军已经与敌军激烈交战。荷兰首相格布兰迪、比利时总理、挪威哈康国王、法国的戴高乐、英国国王都发表演说，最后还有丘吉尔。

----

① ［美］丹尼斯·谢尔曼、乔伊斯·索尔兹伯里：《全球视野下的西方文明史》下册，陈恒等译，上海三联书店 2011 年版，第 1049 页。

② ［美］舍尔曼：《西方文明史读本》，赵立行译，复旦大学出版社 2010 年版，第 453—454 页。

　　密室一阵骚动！长久等待的解放真的开始了吗？解放？大家谈了这么久，这一刻依然太美好，太像童话，似乎永远不会成真。

　　1944 年 7 月 21 日。大新闻，有人刺杀希特勒，而且居然不是犹太共产党党员，也不是英国资本主义者，而是一名德军上将，这人不但是一位伯爵，而且还很年轻。"天意"救了元首这条命，好可惜，他逃过一劫，只受了几处轻微的灼伤与擦伤，一旁倒是死伤了好几个军官与将领，主谋已被枪决。

　　这是目前为止最好的证据，证明许多军官将领受够这场战争，想看见希特勒沉入无底深渊，好自行建立军事独裁政权，与同盟国讲和，重新武装，几十年后再发动一场新战争。①

（四）用历想想

　　（1）《恶魔教室》中，威格老师透过哪些方式让同学认识极权主义的特色？在一周的课程发展过程中，班级同学透过哪些方式慢慢获得认同感？最后这个团体失控的原因是什么？

　　（2）请授课教师透过上述数据，引导学生认识希特勒政权之所以崛起的原因？

　　（3）请引导学生理解为何希特勒会做出屠杀犹太人的决策？其决策如何执行？又其影响为何？

　　（4）二战时受纳粹政权迫害的犹太人达数百万人，我们现在怎么能知道过去这些人所遭受到苦难？请透过幸存者的回忆录、口述或日记等数据，理解这些人的遭遇。

　　（5）有关《安妮日记》中所记载的密室躲避德国军人搜捕的经验，现在除了日记外，网络上有虚拟博物馆可以让大家神入过去的密室躲避经历，请引导学生上网浏览。

　　http：//www. annefrank. org/en/。

---

　　①　［荷］安妮·弗兰克：《安妮日记》，皇冠出版社 2013 年版，第 288—289、306—307 页。

（五）活动设计

运用前文所说的"卡简单"概念，以一张照片，引发学生的学习兴趣。

概念：三个关键词、一张照片、破译情报。

学习单如下：

组别：姓名日期

小小情报员（一）

线索：战争、隔离、种族（如图6）

图6　教学图片1

（1）个人思考阶段，两分钟个别思考，不与组员讨论，依据你看到的相片内容，将你认为可观察或思考到的线索，写在白色小卡片上。（游戏开始即不得使用手机或计算机查询数据）

（2）三分钟时间，小组交流。

（3）最后将讨论结果，分别从时间、地点、事件与推论原因，综合在学习单上。

时间：

地点：

事件：

推论过程：

（4）教师公布答案，最接近答案组获胜，获得奖励点数。

抄下最终公布的正确答案：

（5）有哪些思考方向有盲点，请列出来。

小小情报员（二）

线索：提供图片（如图7）

图7　教学图片2

（1）个人思考阶段，两分钟个别思考，不与组员讨论，依据你看到的图片内容，将你认为可观察或思考到的线索，写在白色小卡片上。（游戏开始即不得使用手机或计算机查询数据。）

（2）三分钟时间，小组交流。

（3）最后将讨论结果，分别从时间、地点、事件与推论原因，综合在学习单上。

时间：

地点：

事件：（说明这张图像呈现怎样的历史故事？谁的视角？）

推论过程：

（4）教师公布答案，最接近答案组获胜，获得奖励点数。

抄下最终公布的正确答案：

（5）有哪些思考方向有盲点，请列出来。

五　结论

近来谈论从电影学历史的书籍越来越多，但大多是从历史教学或历史思维的角度看电影与历史的关系，像是《用电影教历史》（Teaching History with Film）就特别强调如何在中学用电影来加强学生的历史思维能力（叙事、神入、理解、思辨、认识过去）。在西方，有关这方面的研究，可以上溯到后现代史家海登·怀特于 1988 年所发表的《书写史学与影视史学》。台湾最早则是周樑楷教授于 1993 年将这篇文章翻译在《当代》杂志上，正式将影视史学的概念引进台湾。

其概念如下：第一，怀特创造了一个和"书写历史"（Historiography）相对应的单字 Historiophoty，中译为"影视史学"，这名词就一直被台湾学界及各教学一线的老师沿用至今；第二，电影或电视确实比书写历史更能表现某些历史现象，像是风光景物、环境以及复杂多变的冲突、群众、情绪等；第三，选择以视觉影像传达历史人物、事件、过程，也就决定了词语、文法，这与透过书写所呈现的意义不同；第四，无论书写或影视的历史作品，都无法将有意陈述的部分，完整地传达出来；第五，书写史学与影视史学最大差别在于传播媒体的不同，两者相同的都是经过浓缩、象征与修饰的过程，都难免有虚构的成分。

有关"影视史学"的概念，周樑楷教授继怀特之后，则有更进一步的延伸诠释。他认为这个名词不仅指影视，还包括了视觉影像，像是静态的照片、图像、立体雕塑、建筑，或者是远古时代的岩画等，只要能呈现某种历史论述都是影视史学研究的对象。然而，电影就像是一扇引领我们进入过去的时光隧道，透过电影中所描绘的情节，可以让学生既能有影像上的视觉享受，又能从中学习历史，尤其是全球化议题的思考。

近来德国的历史教育的例子也能说明如何透过世界历史观的培养作为全球化挑战的一种响应。巴贝尔·库恩（Barbel Kuhn）提到，在近来德国的课程标准中提及了世界史的方法。人们强调了在历史教育中对世界史的要求，不能仅仅作为历史教育的一个主题，而是必须被当作是一种视角的深化和转移。在历史教育的过程中，学生应当认识到历史是一个过程，生活在不同区域的人们的观念和知识不断累积。不同区域之间的接触不仅仅以冲突的形式发生，也可以通过和平的方式进行。[1] 库恩认为，透过增添不同的视角，在跨国、跨文化与跨洲规模上对比历史观点，能加深对多元文化的尊重与对差异的认同。通过认识不同时代与不同历史情境，大众将有机会以全新的方式看待自己生活的世界，并把其他文化视为一种合理合法的类型加以尊重。[2]

近来国际历史教育协会（ISHD）就曾在 2011 年于上海召开"1945 年以来世界史的呈现：亚洲与德国/欧洲教科书叙事特点的比较"国际研讨会，邀请了中国、韩国与德国的历史教育研究学者，探

---

① 孟钟捷、[德] 苏珊·波普、吴炳守编：《全球化进程中的历史教育》，上海三联书店 2012 年版，第 183 页。

② [德] 巴贝尔·库恩：《德国历史教育中的"世界历史观"：作为全球化挑战的一种响应》，见《全球化进程中的历史教育》，上海三联书店 2012 年版，第 187 页。

讨在全球化的影响下，历史教学在总体上，尤其是世界史教学上如何面临新的挑战。其目标在使本国史与全球性历史视角达成新的平衡，并促使年轻一代理解本国历史与民族文化，同时推动他们把自身融入世界史与人类史的总体之中。①

电影可以给一线教师提供用影像建立起历史教学的素养导向模式。使学生更深度思考电影不只是娱乐，而且是一种可以被检视、质疑与讨论的历史描述与历史理解。这就如同著名新文化史家娜塔莉·泽蒙·戴维斯在《奴隶、电影、历史：还原历史真相的影像实验》中所说的："历史电影在广大的观众眼前进行了一场实验，它所实验的不仅包括思想，还有视觉与听觉，而观众则对他们所见做出了反应。……观众也许会因为一部历史电影而感到愉悦，或感到兴趣盎然，甚至产生反弹；他们会在脑中重演电影的画面，或者是听到'亚伯拉罕·林肯'，脑中就浮现雷蒙·梅西的影像。但是观众并不会自动相信他们在历史电影里的所见所闻：他们反而会提出疑问，为之争论，并写信抗议。"② 高中教学现场老师若能妥为运用本文所分享的一些看电影学历史的观点与技巧，应该能在历史课堂上设计出更多符合影像与建构公民历史意识的素养导向教学内容。

---

① 孟钟捷、［德］苏珊·波普、［韩］吴炳守编：《全球化进程中的历史教育》，上海三联书店 2012 年版，第 1—5 页。

② ［美］娜塔莉·泽蒙·戴维斯：《奴隶、电影、历史：还原历史真相的影像实验》，陈荣彬译，左岸出版社 2002 年版，第 33—34 页。

包伟民：史学写作形式走向
多样化是必然趋势

受访者简介：

包伟民，1956 年生于浙江省宁波市，现为中国人民大学历史学院教授，中国宋史研究会会长，教育部"长江学者"特聘教授。包伟民老师研究工作集中在宋代史、中国古代经济史及近代东南区域史等方面，不同时期的代表作有《江南市镇及其近代命运》（知识出版社 1998 年）、《宋代地方财政史研究》（上海古籍出版社 2001 年）、《宋代城市研究》（中华书局 2014 年）。近年还主编有 96 卷大型史料图书《龙泉司法档案选编》（中华书局 2012—2019 年）。

包伟民老师对历史知识的传播普及工作比较热心，曾担任历史剧审查、历史纪录片学术顾问等工作。

采访者简介：

历史剧小创团队（由黄山、余稷荣、崔童、张亦琪、李祎凝 5 位中国人民大学历史学院 2017 级本科生组成）

历史剧小创团队：您认为的历史剧是什么概念？这两年热度很高的清宫剧算历史剧吗？

包伟民：应该算吧。以前在电子市场买光盘，卖光盘的人和我介绍清宫剧，说"这个好，这是历史"（笑）。

当然 20 世纪五六十年代起我们国家的历史剧就很多嘛，由此还引起了很多政治纷争，因为它们常常被作为政治斗争的工具。

历史剧是什么概念，这个问题有点大，我还需要想一想。

历史剧小创团队：我们在做历史剧调查的时候将其分成了三类，一类是尽量还原历史场景的，例如《大明王朝 1566》，还原程度非常高，业内人士也非常认可，可以称为历史正剧；此外还有利用历史场景，但是虚构了一部分人物关系，比如说《甄嬛传》和《延禧攻略》；还有历史架空剧，本来改编自网络小说，但是为了播出需要，安插一个朝代背景进去。

包伟民：我的理解是，历史剧主要还是应该再现历史，通过艺术的形式把历史的知识、内容介绍给现代人。当然，这种再现肯定会融入现代人对历史的思考，并且也应该通过必要的与合理的虚构与想象，将它创作得在艺术上对现在观众有吸引力。我们不能按史学著作的要求，老是问历史剧的某个情节真不真。如果什么都是"真"的，那就不是文艺创作，成为史学写作了。当然，所谓必要的与合理的虚构与想象，应该建立在真实反映历史大背景的基础之上，各种道具等也应该尽可能有相应的历史依据。我以为这是最靠近"历史剧"本意的理解。古代的历史小说也是一样，《三国演义》也是靠近历史的。这算是一种。另外一种是借古讽今的。当然以前也有很多了，现在也有些马马虎虎能算得上。

但是你们所说的纯粹为了娱乐、胡乱虚构一个历史背景的那些，在我的观念里是没有的，那些算不得历史剧吧。

历史剧小创团队：为了娱乐放松而拍出的影视作品可以被定义成历史剧吗？

包伟民：我想严格地说应该不是，但是一般的观众可能不太容易判断，这个是稍有一点专业背景的人才能判断的，这里面还有模糊的界线。当然作为文艺作品，即使完全为了反映历史，里面也必然会有虚构的成分，不能拿历史写实的标准去要求他们，当然要允许里面有虚构。你们可能没有读过我们宋史学界著名学者王曾瑜先生写的历史小说，王先生是社科院历史所的研究员，他曾经写过关于宋代历史的小说。我提这个的意思是，王先生作为一个历史学家来写历史小说，不管称呼也好情节也好人物也好，他都觉得必须要有历史资料的根据才行，当然有很多细节在历史资料里是找不出来的，那是出于他认为是合理的想象与虚构。为什么举这个例子呢？如果说我们看完全正儿八经的历史剧，需要往王先生那种作品去靠拢。当然王先生可能有点太过严谨了。有一次他跟我讲，为了一个人物的称呼想了好久还想不清楚，因为文献之中找不着根据。我说王老师，照你这种写法，小说家们要吐血。任何人物称呼都要有历史的根据，都得是真的，不太容易做到，也不一定必要。

历史剧小创团队：请问您怎么看待郭沫若和田汉主编的历史剧？

包伟民：他们当然是典型的古为今用。20 世纪五六十年代的历史剧创作往往有很强烈的政治背景，他们创作那些剧本的出发点就是为现实政治服务的。我都不知道他们那么用心地创作的、有强烈目的性的那些作品，一般观众是否看得懂？很难说。不管是历史剧还是其他的文艺作品，完全出于政治目的，或者只为传达一种政治信息的，在我看起来总是不会太成功。当时能够看的东西不多，观众没有选择，所以它们才有一定的市场。现在那么多选择，除非是单位组织，硬拉着人去，否则没人看的。所以我想这不应该是我们历史剧发展的方向。

历史剧小创团队：如果说我们想拍比较成功的历史剧，它应该有什么样的特点？或者承担什么样的功能？

包伟民：我想历史剧的主要功能还是要回到我刚才所说的，作为向观众介绍历史知识的一个重要形式。因为我们一般的史学著作、包括一些通俗读物，（在这个方面）不算太成功。所以如果能采用一些现在比较流行的艺术形式，如电视历史剧，来展示历史，它应该是一个很好的形式，肯定能够做得精彩。我们这些人想象力不够，卖噱头卖不出来，文笔也不够漂亮；他们编历史剧的人想象力倒是够，但是历史知识不够，会瞎编。如果这两个特长能够凑起来，那我想应该能够编出比较好的东西。因为历史的现实，永远比文艺作品的虚构要精彩。很多历史的精彩之处，很多细节那些编剧家是不知道的。我们读这些书没有机会告诉他们，他们也不屑于理我们。那些被聘请当历史剧的学术指导根本起不了什么作用，他们只是让你挂个名，从不来问你。他们总是以为历史学家要用"史实"去约束他们，所以尽管有时要借你们的名头，仍然要与你们保持距离。但是历史中很多精彩的东西他们都不了解。

历史剧小创团队：有没有这样一种可能，将您刚刚说的历史的精彩之处以影视，或者以大众更容易接受的方式呈现出来？

包伟民：当然有啊，但是现在有一些机制的问题，让这两个方面不太容易结合在一起，不能互相帮助。例如，电视剧的管理制度问题，我曾经有审电视剧的经历，一天看上十几集，这谁受得了？审查非常麻烦，因为对制作方来说，他们需要节省成本，最好拍出来什么都不改就能放出去。但是对于组织审查的这一方来说，想要找到愿意投入时间和精力帮他们认真审的，也不容易。并且提了意见，他们基本上不会照着改。大家都是为了把电视剧拍好，倒不是为了苛求，只是觉得瞎编不会有人看，但是没人愿意听这些意见。很少有剧组会认真花上几年时间打磨一个脚本，无论是投资方还是制作方，都希望钱投进去了，作品越快上市越好，至多一年半载，匆匆完成，以便尽快收回投资来赚钱。

历史剧小创团队：所以您其实认为历史学界和影视制作行业还是挺难沟通的？

包伟民：我们这边有自身的问题，不过是我想更大的问题出在他们那边。他们有一套认为观众会接受、会欢迎什么样作品的想法，但那也不见得完全正确。我们承认对市场不如他们懂，可惜他们那一套也不见得总是那么灵光——真正把历史拍得栩栩如生的作品，观众不见得不欢迎。当年在杭州有人想拍岳飞的片子，有关部门请我审读一下剧本，那里面说秦桧之所以迫害岳飞，是因为岳飞和秦桧夫人王氏以前是情人关系，是恋人。岳飞的形象太正面了，怎么能那样玷污他呢？要是那样拍出来，全国人民肯定会把编剧骂死。谢天谢地后来那片子亏得没拍成（笑）。

近年来，学术界对于历史的认识已经有了明显的深化与改进，教科书的知识体系却进步不大。历史剧编剧们的历史知识大多出自那些教科书，没能跟上史学学科进步的步伐，所反映的史学思想都比较陈旧，这个比较麻烦。

更要命的是，编剧们为了收视率，常常无视历史剧的一些基本原则。我特别相信王小波的一句话，观众是需要引导的。最令人痛恨的是一天到晚围绕着皇帝争风吃醋那些电视宫斗剧，民族文化让他们扯成那个样子。年轻人之所以喜欢看，是因为他们将画面拍得很漂亮，把男女关系演绎得非常微妙，但是背后的思想却相当的病态。现在很多年轻姑娘喜欢用一些从这类历史剧学来的宫廷语言，自称什么"本宫"啊"小主"啊，那有什么好呢？不过是皇帝的小妾而已，背后的思想太恶心。

历史剧小创团队：您指出了现在市场上历史剧的很多弊病，但事实上并不否认历史剧能够拍出好的作品。那您认为历史剧应该选择怎样的题材、角度和人物，才能取得进步？

包伟民：你们肯定学过中国通史与世界通史对不对，这么多波澜壮阔大场面，或者曲折的小人物的命运，每个朝代都有，结果现在一股脑儿都变成了后宫女人们争风吃醋，以及朝堂上大臣们钩心斗角了。

历史剧小创团队：我们的调查中发现了这样一种现象，一部史观上非常不严谨，但是情节跌宕起伏的电视剧如果包含着一些历史事实的信息，观众接受起来却会比较快。您怎么看待这种矛盾的现象？

包伟民：我以为得不偿失。我们还是应该努力拍一些更好的电视历史剧。你们刚刚说的做法不仅仅在于历史知识的错误，那还是小事情，我觉得关键在于思想丑陋。都到21世纪了，还成天围着皇上转。你们想想看，这是什么心理啊？我们的文艺作品应该这个样子吗？这非常不健康，非常歪曲，非常丑陋，非常腐朽。所以我还是要回到刚才那句话，观众还是需要引导的。你要是能拍出好的作品来，观众的趣味会慢慢提高；一味媚俗，观众的品位会越来越低下。这当然只是我个人的看法。

历史剧小创团队：观众对于戏说历史的过度热情，有没有可能和历史学家对大众的科普还存在缺陷有关？历史学者在这方面是不是需要担负某些责任呢？

包伟民：对，这我一向承认。这其中有制度原因，也有我们能力的问题。我们在文学方面的能力是不如那些写手的，另外当前研究人员的考核制度不承认这方面的成果。尤其是中青年学者的工作压力太大，完全不可能拿出时间来做这方面的工作。当然在可能的前提下，我觉得我们自己还是应该有一些主动性，在可能的情况下多做一些普及的工作。

历史剧小创团队：具体来说，您认为什么形式的历史科普能够比较有效地提升观众的历史素养？

包伟民：这大约没有特别好的捷径，只能一步步来。真希望能找到几个有见识的投资方与制作方，不要急于求成，与史学家真心合作，慢慢提炼，在编写出优秀脚本的基础之上，认真拍摄，创作出几个上佳的历史剧作品，能够使人耳目一新。那样的话，它们必将发挥明显的引领作用。

当然我非常赞同你们的努力，但是一少部分人的努力总是不一定能收到成效。因为影响那些人的是更强的力量，是来自社会的、制度的、其他各个方面因素的，我们只能是做一点是一点。例如，我们给本科生上课，这一堂课几十个学生，我能影响一个人就感到满足，尽力而为。至于我们自己，有些事我们干不来，比如写历史剧我写不来，但有时相对通俗的作品我是会写的，但是相比于网络流传的那些，我们的声音太小了。

历史剧小创团队：如果说历史类影视剧有不少是合理想象或虚构的话，一般认为历史纪录片是比较真实的。请问您如何看待历史纪录片？

包伟民：纪录片以真实生活为创作素材，真人真事，它的核心是真实，但是真实的历史生活早已逝去，我们所能够接触到的只是那些保存了一定历史信息的资料，其中最大量的是传世文献，但是书本文献作为图像拍摄素材太单调了，所以"历史纪录片"——如果这个概念可以成立的话——的创作素材，核心内容应该就是历史文物与历史遗址了。主要以这些资料为素材，通过我们的解读，利用动态图像的形式，来展示我们对某个历史主题的思考。这大概就是我所理解的"历史纪录片"。在"历史纪录片"中，我们当然不应该虚构人们的历史活动，但仍然可以有合理的想象——根据我们对特定专题的研究与认识，恰当地推测人们历史活动中某些暂时无法用历史资料证实的一些内容。想象力永远是史学研究与史学叙述的基础能力，但是我们必须言明某些内容目前还只是一种推测，并且不应该在此基础之上作进一步的延展推测。

换句话说，我们完全可以将"历史纪录片"视为一种新颖的历史读物，也就是与传统的以文字叙述不一样的、主要利用图像资料来作叙述的历史读物。这样看的话，"历史纪录片"应该有相当的发展前景。因为它应该比单纯的文字叙述更有意思，更好看。只是拍一部"历史纪录片"可比写一本通俗历史读物麻烦多了，不是作者一个人所能够决定的。根据我本人很少的一些涉及历史片拍摄的体会，一旦涉及资金、制作什么的，起主导作用的大概不再会是历史学者了，前面所说的史学家与制作方面的磨合等问题仍然会存在。目前已经面世的一些"历史纪录片"，也都或多或少地存在如何提高史学思考水平的问题。

历史剧小创团队：这两年我们也感觉到，不少知名学者开始重视向一般观众传播历史知识的工作。特别是这几年知识付费兴起，其中历史类的产品比较受欢迎，不少学者开始参与相关工作。不知您对这种现象有什么看法？

包伟民：我觉得这种现象是令人高兴的，不过还是应该注意两个方面的问题。第一，对节目的制作方来说，尤其需要用心去找到研究领域对口的真正的历史学者。因为一旦涉及金钱，往往就容易泥沙俱下。你只要去看一看现在有多少所谓的"国学大师"就明白了。第二，对史学工作者来说，也需要用心提高自己的能力，千万不能以为写作通俗作品无非是将话讲得浅一点就行了。深入才能浅出，这个道理大家都懂。另外，长期从事专题性史学研究，我们的知识结构常常容易有所侧重，有片面性，但是一进入通俗读物写作的领域，尤其是以图像为主的"历史纪录片"的写作，我们才会发现，原来有许多基础性的历史知识自己是不懂的。

历史剧小创团队：最后一个问题，我们现在不少历史学的同学对历史剧等非虚构写作感兴趣，不知您如何看待这种现象？您对同学们有什么建议吗？

包伟民：随着影视技术以及相关产业的发展，史学写作的形式必然走向多样化，历史系的学生因此需要得到多方面能力的训练，这当然是好事。"历史纪录片"是一种，历史剧也可以算作一种，通过文艺创作的形式来向观众传递历史知识，它们都应该算作是新颖的史学写作形式。

至少就我本人而言，在这方面也正处在摸索学习的过程之中，愿意与同学们一起探索。要说有什么建议，其一，要多注意提高自己的语言能力。实际上，作为一个文科学生，必要的语言能力是基础性的，是从事任何工作都必须具备的。其二，应该注意知识结构的全面性。本来史学研究对于知识结构的要求就比较高，社会生活的各个方面都需要关注，不像现在社会科学的有一些学科，往往只关注社会生活中自己研究的某一个侧面，较少顾及其他。如果要创作历史剧，这种要求则会更高。尤其对于你们这些从幼儿园到大学一直在校园里长大，有一些甚至吃过猪肉没见过猪跑的学生来说，更是如此（笑）。

总之，随着社会的进步，史学写作形式走向多样化是一种必然的趋势，作为新一代的史学中人，你们有着比我们更为广阔的发展前景，同时也肩负着更重的时代责任。

中国历史剧发展历程及现状研究

（1978—2018）

调查人：

屈家桢：中国人民大学历史学院 2016 级本科生；

陈　路：中国人民大学历史学院 2016 级本科生；

武喆涵：中国人民大学历史学院 2016 级本科生；

孙雨彤：中国人民大学历史学院 2016 级本科生；

周楷雅：中国人民大学统计学院 2016 级本科生。

调查情况简介：

"中国历史剧发展历程及现状研究"自 2018 年 5 月作为"大学生创新实验计划"国家级项目（指导教师姜萌）立项后，小组成员在大约一年的时间内，深入进行了多种形式的调查研究：（1）项目成员以广电总局公布的备案资料为基本资料，结合豆瓣等网络资料，通过对1978—2017 年的近万部电视剧进行分析，筛选出四百余部历史剧剧目，并在此基础上对中国当代历史剧发展历程、研究史、发展趋势等进行了较为认真的梳理，并对国内外研究状况做了一定的对比，意识到了当下中国历史剧发展存在的一些问题；（2）项目组成员利用 2018年暑假，集体前往横店影视城、上海影视乐园等历史剧拍摄基地进行为期一周的实地调研，从场景搭建、道具质量等方面对历史剧拍摄所需硬件水平进行评估，并对历史剧中所出现的道具错误等进行了分析；（3）项目成员先后对担任过大型历史电视剧《郑和下西洋》（中央电视台出品）历史顾问的华林甫教授、担任过大型电视剧《朝歌》（东阳欢娱影视文化有限公司等出品，于正编剧）历史顾问的曹斌副教授和知名编剧园叔进行了访谈，初步了解编剧和历史顾问在历史剧创作中所发挥的作用；（4）项目组还设计了两个问卷调查，一是针对历史剧受众进行问卷调查，回收有效问卷498份，从受众角度发现历史剧中存在的问题；二是针对历史学类专业学生进行问卷调查，回收有效问卷557份，初步了解历史学类学生对历史剧的相关态度。本次调查虽然在规范性、调查问卷设计、有效问卷数量等方面还有一些不足，但是调查得出的一些结论，对我们深入认识中国历史剧有一定的正面意义。

一　研究说明

宽泛地讲，历史剧是指以真实的历史人物、历史事件为题材，经过作者艺术加工而成的戏剧作品，有电影、电视剧、舞台剧等表现形式。[①] 此处探讨的历史剧是在影像史学概念下的历史剧，以电视剧为主，会略论及电影，但不包括舞台剧及其他艺术形式。为了较好呈现中国历史剧的发展情况及其现状，本文将从纵向、横向两个方面来对中国历史剧展开论述。

纵向指时间向，我们以国家广播电影电视总局的影视剧立项表和网络信息为基本资源库，在1978—2017年的四十年中，通过严格的标准统一，筛选出434部历史剧，并且根据每一阶段的特点做出分析和例证，形成了中国历史剧发展历程脉络图（如图1）。

横向指的是影响历史剧发展的重要因素，按照历史剧的传播过程进行分类。首先，按照传播学的5W模型，传播过程由"传播者、内容、传播渠道、受众、传播效果"这五大元素构成。具体在历史剧上，导演、编剧、历史顾问、服化道组成创作及生产团队，共同构成

---

① 有关历史剧的定义较多，不再一一列举。姜萌给历史剧的界定是：将历史真实与艺术虚构有机结合，以求场景化再现历史事件的舞台剧、电影或电视剧。参见姜萌主编《公共史学概论》（未刊稿）。

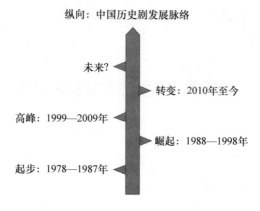

图 1   中国历史剧发展脉络

传播者要素；内容则以历史剧剧集为主，并受广播电影电视总局审核的规范；传播渠道现已较为丰富，宣传发行公司在其中扮演了不可替代的角色；受众即历史剧的观众，在如今的市场环境下，受众对于历史剧的创作也具有反推作用；传播效果可通过受众的历史认知、对历史剧的观感，及受众覆盖程度等因素来观察。在传播学理论的基础上，影响历史剧的因素可被总结为导演、编剧、历史顾问、服化道、广电政策、宣发公司、受众七项，相互关系如图2所示。

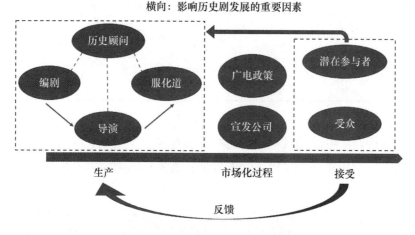

图 2   影响历史剧发展的重要因素

接下来将分别从纵向、横向两方面对中国历史剧的发展历程和研究现状做出阐述。

二　中国当代历史剧发展脉络

梳理中国当代历史剧发展脉络，必须要对研究对象进行限定和统计。由于关于历史剧定义众多，我们根据相关材料和观点，制定了更具有实践性的判断标准。

我国广电总局电视剧司制定的《电视剧题材分类标准》，① 对电视剧进行详细的分类，该分类总体上以时间和题材为主要标准，见表1所示。

表1　　　　　　　广电总局电视剧司《电视剧题材分类标准》

时代	当代	现代	近代	古代	重大
	（年代背景为改革开放以来）	（年代背景为1949年至改革开放前）	（年代背景为辛亥革命至1949年以前）	（年代背景为辛亥革命以前）	（特指总局关于重大革命和历史题材文件规定的题材）
题材	军旅	军旅	革命	传奇	革命
	都市	都市	都市	宫廷	历史
	农村	农村	青少	传记	
	青少	青少	传奇	武打	
	涉案	涉案	传记	青少	
	科幻	传记	其他	其他	
	其他	其他			

我们以广电总局《电视剧题材分类标准》为基础，综合众多定义与分类，对历史剧提出以下判断标准：首先，该剧需以再现历史为目

---

① 国家广电总局电视剧司：《电视剧题材分类标准》，参见《关于印发〈电视剧拍摄制作备案公示管理办法〉的通知》附件1，2013年10月9日，http://www.nrta.gov.cn/art/2013/10/9/art_38_1137.html，2019年2月15日。

的，而不是以历史、古装背景为外壳的言情剧、偶像剧等；其次，剧中主要历史人物及历史事件不得虚构或者改换，但可以在史料留白处、支线人物上做适当的艺术发挥和想象。同时，为了历史剧剧目表更加清晰直观，我们又对历史剧中的剧目进行了分类：A 类为历史正剧；B 类为有一定虚构性演绎的历史剧；C 类表示该剧中主要人物虽无历史原型，但有着充分的历史感与时代感。

依据以上定义及标准，我们对 1978 年以来的历史剧做出整理形成剧目表，并依据其特点总结了中国历史剧发展概况。

纵观改革开放以来的中国历史剧发展历程，大概可以分成四个阶段，从 1978—1987 年是起步阶段，1988—1998 年是崛起阶段，1999—2009 年是高峰阶段，2010 年至今是转变阶段。在这四十年中，中国历史剧在从无到有、从单一到多元、从粗制到考究的过程中走向高潮，又在复杂多变的市场环境中，在飞速发展的互联网媒体的冲击下遭遇新的挑战。

（一）起步：1978—1987 年

虽然我国电视剧的拍摄在改革开放之前已有开展，但中国电视剧真正发展起来是在改革开放之后。随着改革开放的逐步推进，国内再次迎来"百花齐放"的局面，文化事业日益繁荣，电视剧生产制作步入正轨。尤其是 20 世纪 80 年代后半期以后，越来越多的电视剧开始拍摄，历史剧的创作也水涨船高，1978—1988 年这段时间大致是中国历史剧的起步阶段。

这一时期历史剧创作还有一些是在传统思维下的宣传产物，因此选材以历史人物和近现代的重要历史事件为主，历史人物的选择延续了 20 世纪六七十年代历史剧本创作的风格，展现的基本都是家喻户晓、在臧否上无较大争议的历史形象，如《诸葛亮》《岳飞》《西施》《杨家将》《包公》《努尔哈赤》《魏征》等，近现代重大历史事件多与抗日战争、解放战争相关，如《上党战役》《夜幕下的哈尔滨》《铁道游击队》《百团大战》《湖南和平起义》等，处于相对中观的叙事层面。

这一时期，编剧多是来自戏剧行业的作家，如吉林省话剧团的李政创作了《少帅传奇》、中央戏剧学院毕业的戏剧家水运宪创作了《乌龙山剿匪记》等。这一时期同时也是第二代"金牌编剧"产生的年代，不乏金牌编剧人（如张华标及其创作的《大侠霍元甲》）投入历史剧创作。编剧的能力和素养都有很好的保障。涉及古代史的内容多出自正史记载，史实与史事相符，或者加入了部分合理的构想。在这些历史剧中，古代剧的真实性部分基本由编剧负责，而近现代剧往往邀请事件的直接、间接参与者或者其后人担任顾问，如《少帅传奇》的顾问就由张学良将军的随从副官陈大章担任。

在服装、化妆、道具方面，这时期的剧目处于刚刚起步阶段，服饰相对简朴，但也有几部作品较为注重细节，比如《诸葛亮》中注意还原了头部巾帻、直裾袍、腰间带钩、翘头履等，武士戴赤帻，文士戴介帻、颜题等。不过，一些古代剧中还是存在"走错片场"的现象，士大夫不按身份、季节穿衣，皇帝的衣服在什么场合都是一套，巾冠穿戴不合礼，服饰颜色刺绣僭越，左衽右衽不分，桌椅、马鞍、食物等穿越时空等情况常有出现。这些历史剧大多还是按通用模式生产，不太强调创作个性及时代特征，而且受限于成本和技术，在后期的剪辑制作等方面也显得较为薄弱。

总的来说，这时期的历史剧发展沿袭了戏剧创作的阵容和传统的历史叙述方式，内容质量较高，尽管在服化道和后期技术上还稍显稚嫩，但也留下了不少经典作品，如《乌龙山剿匪记》《八千里路云和月》《王昭君》《上党战役》等，为中国历史剧的发展开了一个好头。

（二）崛起：1988—1998 年

经过大约十年的发展，改革开放进一步扩大，中国电视剧生产出现两个新的有利因素：一是随着电视台发展壮大、电视台之间的竞争加剧，以及电视机的普及，电视剧的需求量快速增长；二是随着思想解放的深入，中国影视剧的创作观念得到快速更新，创作空间更大，也更加市场化，制作方开始从市场即观众的角度进行考虑，关注哪些类型的影视剧是观众喜闻乐见、广泛接受的剧目。在这些主客观因素的推动下，中国历史剧的创作和生产逐渐实现了市场化，获得了快速发展，产出了一批口碑不错的优秀作品。

由于观众喜好等因素，这一时期古代剧占主流，近现代剧目的数量有所减少，古代剧的历史时期集中在汉、唐、清三个时段前后，一定程度上也与帝王戏的兴起有关。1988年《满清十三皇朝之雍正》之后，一系列的帝王戏被搬上荧幕，打开了历史剧的新局面。1993年由二月河原创、俞智先担任编剧的《康熙大帝》更是掀起一股清宫戏的热潮，王朝兴衰和个人命运相连，在增加一抹英雄主义的底色之外，以更为宏大的叙事方式呈现出一派恢宏气概。但在这一时期戏说、消费历史的现象也较为严重，精英化、政治化的色彩浓厚，对历史人物存在从"意识形态"出发的简单赞扬或批评，如《雍正皇帝》一剧中就将雍正阴鸷多疑的形象刻画到极致，而抹杀了他较为勤政的一面。这一时期也出现了一些具有地方特色的产品，如《大汉春秋》《秦王李世民》等电视类歌仔戏。①

这一时期的创作成就了一批经典的荧幕形象，如刘文治扮演的刘邦、刘信义扮演的雍正、刘晓庆扮演的武则天等，他们的表演为后来的帝王戏奠定了沉稳厚重的基调。这些历史剧在中国历史小说作家、编剧心中种下一颗种子，也为历史正剧的发展走出一条经验之路。在服化道方面，服装、化妆技术逐渐向精致华美、真实厚重转变，在细节方面更为考究，注意还原社会风貌。而且这一时期的"服化道"也更偏向于写意化表达，三者不再是单独的存在，而是按历史剧剧本要求制作、安排，呈现出融合一体、符合旨趣的服装、道具、场景。在配乐方面，也创造了《汉刘邦》中的《大风歌》《千古英雄浪淘沙》，《康熙大帝》中的《金屏风》《千古一爱》等传唱不衰的经典曲目。

在这十年中，历史剧以古代帝王戏为主要着力点，历史本身也不再是历史剧最重要的元素，人物本身性格的复杂性、矛盾性，剧情的吸引力成为塑造的主要内容。同时，历史剧制作的水准、服化道配合上有了很大的突破，呈现出一派繁荣向好的景象。总的来说，这些剧

---

①　歌仔戏，福建省漳州市、厦门市地方传统戏剧，以闽南歌仔为基础，吸收梨园戏、北管戏、高甲戏、潮剧、京剧等戏曲的营养形成的闽南方言戏曲剧种。

目为后来的历史正剧的发展提供了丰富的经验和较好的借鉴意义，为历史剧黄金时代的到来铺垫了坚实的基础。

（三）高峰：1999—2009 年

步入 21 世纪，中国经济进入高速发展阶段。与此同时，民众的精神文化需求也快速增长，观看电视剧逐渐成为最流行的娱乐文化活动之一。许多优秀的历史题材电视剧制作者正是抓住了时代机遇，为观众们奉献了诸多精彩纷呈的作品，缔造了历史剧创作前所未有的黄金年代。

与国家经济社会的蓬勃发展相适应，这一时期的历史剧取材也开始向多元化发展，王朝政治、革命战争、家族兴衰等题材都是创作的重点领域。在不同的选题中，叙事宏大、情节细腻、内涵丰富、家国情怀是大多数观众所认可的剧目的普遍特点，也体现了这一时期观众的审美取向。

在创作方面，一批能够驾驭这些题材的高水平编剧和对历史有着独到理解的导演们纷纷投入历史剧的创作，为观众们奉献了诸多叫好又叫座的作品。这之中杰出的代表有刘和平担任编剧的《雍正王朝》，盛和煜担任编剧的《走向共和》，朱苏进担任编剧的《康熙王朝》，张黎指导的《大明王朝 1566——嘉靖与海瑞》（后文简称《大明王朝 1566》），郭宝昌指导的《大宅门》，黄健中指导的《大秦帝国之裂变》等。

在表演方面，许多实力派演员奉献了精湛的演技，创造出有血有肉，深入人心的影视形象。男演员方面有陈道明饰演的康熙皇帝（《康熙王朝》），唐国强饰演的雍正皇帝（《雍正王朝》），陈宝国饰演的汉武帝刘彻（《汉武大帝》），孙淳饰演的国父孙中山（《走向共和》），张丰毅饰演的八路军战士姜大牙（《历史的天空》），李幼斌饰演的山东汉子朱开山（《闯关东》），孙红雷饰演的杨立青（《人间正道是沧桑》）等；女演员方面则有宁静饰演的孝庄皇后（《孝庄秘史》），郝蕾饰演的静妃（《少年天子》），吕中饰演的慈禧太后（《走向共和》），斯琴高娃饰演的白文氏夫人（《大宅门》），迟蓬饰演的沂蒙山村民于宝珍（《沂蒙》）等。

除了上述人员因素之外，场景道具、拍摄与后期技术、资金投入等硬件条件也在不断升级。场景道具方面，以横店影视城为代表的历史影视摄制服务逐渐兴起，为历史剧拍摄提供了强有力的支持。技术方面，新的拍摄、后期特效技术的运用使得众多宏大历史场面的再现成为可能。资金投入方面，诸如《汉武大帝》《走向共和》《大秦帝国之裂变》等投资规模达到 5000 万级别的大制作不断涌现。

纵观这十年的历史剧发展，"黄金年代"的总结评价绝非子虚乌有，而是由一部接一部的优秀历史剧作所支撑起来的。从《雍正王朝》《大宅门》到《汉武大帝》，再到《闯关东》《大秦帝国之裂变》，他们之中的许多至今仍被广大剧迷奉为难以超越的经典。在这些作品的背后，是历史剧创作表演软实力达到巅峰，道具摄影硬件技术趋于成熟的综合体现。

总的来看，这一时期的历史剧创作普遍体现出主创人员的卓越追求和艺术情怀。他们不断加深对历史，对角色的理解，努力实现历史真实与剧作艺术的有机统一。但是这一时期的历史剧发展也存在一些问题，比如严肃历史剧虽兴起，一些历史剧创作也聘请了历史顾问，历史顾问在历史剧制作中却少有发挥作用。历史学家的缺位，导致一些不经考证，歪曲史实的情节深刻影响观众的历史认知，在社会上引起不小的争议。

（四）转变：2010 年至今

2010 年后，随着网络文化的迅速兴起，电视端观众逐渐流入新兴的网络端。相较于传统的电视剧，网络剧的制作具有资本投入少，制作周期短，强调娱乐性和流量效应的特点。与此对应，相较于老一代观众，由网络文化培育出的新生代观众，对文化产品的需求也发生了很大转变。为适应网剧这一新形式，这一时期的历史剧虽也在制作端的多个方面发力，但仍面临着严峻的挑战，正历经网络时代的新转变。

在题材上，相较于前一个十年，这一时期的题材选择展现出由关注王朝政治转而到宫闱情仇，由革命战争转而到幕后谍战，由时代人物群像转而到个人奋斗历程的总体趋势。格局宏大的严肃性题材有所减少，视角更加聚焦的娱乐性题材大幅增加。还值得注意的两个现象是：（1）女性题材的兴起，女性逐渐成为电视剧中的主要描写对象，代表性作品有《鉴湖女侠秋瑾》《上官婉儿》《美人心计》等；（2）地方历史文化、少数民族历史文化、经济金融史等特色题材的增多，代表性作品有《青岛往事》《木府风云》《金战》等。前者的产生，是历史剧针对网剧特点进行调整适应的一种体现。"大女主"题材相较于传统的"大男主"剧集具有情感戏份儿更丰富的特点，有利于吸引女观众，赢得更广阔的观众市场。后者则是历史剧题材选择趋于多样化的体现，是值得肯定的良好发展趋势。

在编剧导演方面，"代际革命"也愈演愈烈。上一个十年炙手可热的金牌编剧和导演普遍遭遇了叫好不叫座的瓶颈期，难以创作出现象级的作品，突出的例子就是由著名编剧刘和平创作的《北平无战事》（2013 年），虽然播出后评价极高，但收视率成绩有负众望。而这一时期崛起的新生代编剧，其作品往往具有极强的娱乐性，较少涉及严肃讨论，较多展现个人的内心情感。他们的创作往往令观众看起来轻松愉悦，但因为普遍缺乏文化深度，叫座的多，叫好的少，常常被指责是"用历史剧的外壳包装起来的现代职场剧、言情剧"。在演员方面，一个突出的现象是流量明星的兴起，在选角时制作方往往看重的是其人气热度而不是和角色的契合度，这就导致了很多历史人物的最终视觉呈现令观众难以接受。

在历史顾问方面，制作方展现出越来越重视的态度，特别注重邀请知名专家学者来担任。这是一个好的趋势，但是由于在客观上严肃正剧数目的减少，作品强调娱乐性而往往在历史的留白处分发挥，学者专家们的专业史学知识往往无用武之地，他们的意见和建议也很难被采纳。另外，相较于为历史问题提供顾问服务，很多制作方甚至更看重历史顾问在历史剧中的"卖点"功能。这也从另一个角度说明，学术水平高或公众影响力大的历史顾问逐渐成为观众心目中历史剧质量的保证。

相较于编剧导演端的问题百出，历史剧拍摄的硬件技术方面依然在不断提升，更多的历史影视城兴建起来，前期拍摄与后期特效技术也不断优化。但是这种提升在资本的影响下产生了不良的反作用：不经考究而对影视城环境、道具、设施的滥用，导致史实错误频出，比如横店影视城秦王宫园区的主体建筑，被随意用来作为非秦汉时期的皇宫来使用；而特效及相关技术的便捷性和低成本则又导致实景拍摄减少，甚至出现环境全靠特效，演员全程对着绿幕表演的"绿幕戏"。

反思这一时期历史剧的发展，大致只有"转变"二字可以概括：一是巅峰期后瓶颈期的自然到来，老题材的重复拍摄没有生命力，创新型题材又难以获得观众广泛认可，如何在题材选择上转变，是创作者要面临的问题；二是历史剧制作周期长，拍摄难度大的固有特点，与网剧的生产模式之间存在难以调和的矛盾，这一矛盾的根源是资本对历史剧创作人员艺术追求的影响，从而导致作品质量的普遍下降，这是制作方必须要面对的转变；三是随着网络的发展，世界文化信息的交流更加便捷，观众在欧美重金创作的《权力的游戏》等大戏的影响下，对剧目质量的要求更高，粗制滥造的剧目不能获得高收视率已经是市场铁律，这是播出方必须面对的转变。

改革开放以来的四十余年，中国历史剧的生产一直走在高速发展的道路上。从本文附表整理的剧目中，可以较为清晰地感受到中国历史剧在这四十年经历了起步、崛起、高峰、转变四个阶段。今后中国历史剧的生产将何去何从，虽然忐忑但仍值得期待。因为尽管存在历史剧创作制作多元化，网络剧的冲击等趋势，但大多数观众都已拥有一定的艺术鉴赏力。如果国产剧质量过于低劣，不少青年观众便会选择观看国外优秀剧目。在这种压力下，相信粗制滥造的局面会在短时间内改变。①

历史剧生产可以说是影视剧生产中最复杂的一个种类，要生产历

---

① 在本文完成后，2019 年就出现了高质量的《长安十二时辰》等制作精良的网络剧。一旦高质量和高播放率、高收益是紧密联系的这一规律成为创作者、制作者和播出方的共识，网络剧也会有大投入以推动剧目精良生产。

史观经得起检验、观众口碑优秀、市场反响良好、商业收益大的历史剧，难免遇到重重困难。为进一步深入了解中国历史剧发展，下文有必要从横向角度来梳理分析影响历史剧发展的几个重要因素。

三　影响历史剧生产的内部因素

按照历史剧从生产到抵达受众的流程进行分析，影响历史剧发展的重要因素分别分布在生产过程、市场化过程、接受过程三个环节中。首先在生产过程中，广电总局相关政策和导向，导演、编剧、历史顾问和造型道具设计共同对历史剧产生着作用，生产过程也是创作过程，决定着历史剧的定位和质量。其次是市场化过程，这是历史剧如何呈现在荧幕上以及大众视野中的关键，在这个过程中，国家广播电视总局政策和宣发公司的策略都会对其产生影响。最后是接受过程，受众对现有历史剧的评价和反馈都会成为反推历史剧成长和改变的因素。

在生产过程中，首先会对历史剧创作产生影响的是广电总局针对历史剧创作的相关政策和导向。这一因素的影响之重要，即便不是影视界的人士也会有所感受，但是由于这一项因素影响广泛，下节予以讨论。本节主要是对导演、编剧、历史顾问和道具布景、服装、化妆与礼仪进行分析。

（一）导演

导演是影视剧生产活动的主导者，是影响电视剧作品质量好坏的关键因素之一，电视剧导演的工作核心是将"纸上的故事"变成"荧屏上的故事"，这一符码转换的过程是电视剧艺术生产的核心所在。这也就意味着，导演的个人风格、现场调度，对剧本的理解，对故事的期待，都会极大地影响影视剧的拍摄。[1] 导演在影视剧生产流

---

[1]　张陆园、张国涛：《中国电视剧艺术生产主体特征与创作趋势——以电视剧导演和表演为视角》，《新闻世界》2017 年第 1 期。

程中，处于枢纽地位，一边连着制片人（投资人），一边连着演员，一边连着观众。在我国，"导演中心制"一直颇为常见，其意为在影片摄制的全过程中，建立以导演为核心的创作班子的合作方式。在摄制组内，导演掌握艺术创作领导权和指挥权，遇有不同意见时导演有最终裁决权。导演中心制可保证影片艺术风格、样式的完整统一，保证一定的艺术质量，其实质是导演身兼导演和制片人两种功能，更有利于导演的独立创作，但是可能会影响资本的获益或导致对观众喜好的忽略。近年来，影视剧生产出现了更多新的变化。一方面是随着数字化时代的到来，数字化传媒，网络传媒等新型媒体产业的出现，把影视文化的发展推向了一个新的时代，[①] 导演在创作影视作品时，必须考虑受众的需求，他们的要求和想法也会潜移默化地影响着导演的创作。另一方面是资本对影视剧生产的影响不断加大，制片人的功能逐渐从导演的职能中剥离，国产影视剧正在由传统的"导演中心制"向"制片人中心制"方向转变。

根据 CMS 媒介库对 2015 年收视率排名前 100 名涉及的 107 位导演的研究，出于对某些特定题材的钟爱，许多导演会主动选择能发挥自身优势的题材，并在创作生涯中不断强化这种题材偏好，最终形成极具导演个人风格的特定标签。这也是电视剧市场逐渐细分，为降低投资风险、提升投资收益的被动选择。[②] 从一定程度上而言，历史剧导演往往长于对历史材料的解读与搜索，对大场面群戏的把握，再加上历史剧的资本投入往往巨大，这意味着历史剧导演不仅需要拥有丰富的执导经验，较高的驾驭能力，还需要有自己对历史与现实的独特认知。

一名是胡玫导演，即是一个非常典型的例证，她是和陈凯歌、张艺谋齐名的第五代导演。1998 年，胡玫凭借历史剧《雍正王朝》被评为中国十大优秀女导演，双十佳电视剧导演。1999 年，《雍正王

---

① 刘葵、刘琼蔓：《论新时期电影导演职能特征的转换》，《新闻世界》2010 年第4 期。

② 张陆园、张国涛：《中国电视剧艺术生产主体特征与创作趋势——以电视剧导演和表演为视角》，《新闻世界》2017 年第 1 期。

朝》获飞天奖、金鹰奖、"五个一"工程奖以及优秀电视剧奖。2005年，胡玫执导《乔家大院》。同年8月，胡玫执导的《汉武大帝》获得当年飞天奖优秀电视剧奖，她本人则斩获中国政府影视大奖"飞天奖"最佳导演奖。2009年，她执导的史诗电影《孔子》票房破亿。在拍《雍正王朝》时，胡玫通过对原作的阅读，把整部戏前半段定为"夺嫡篇"，后半段定为"治国篇"。《雍正王朝》不仅刻画了一个明君形象，而且将历史政治作为内容核心，为"什么是历史剧、怎样拍历史剧"确立了新的思路。简而言之，历史剧的核心是政治，决定一部历史剧高度的，是它对政治的眼光和思索。优秀历史剧必然有深刻的政治思考，敢于对政治中的人事关系抽丝剥茧，厘清特定时代的阶层关系、时势人心。虽然有人批评该剧将雍正塑造得过于正面，但是该剧总体上获得了观众的肯定。

胡玫毫不回避对于电视剧娱乐功能的肯定和追求。为了增强《汉武大帝》的娱乐性，胡玫强调史料的故事化、戏剧化、视觉化。整部戏有两组矛盾，一是宫廷政治，二是汉匈之争。同时胡玫认为自己有责任为投资方创造利润，为观众提供娱乐的可能。同时胡玫也格外强调历史文化知识的传播，她认为历史剧应当承担这样的责任。例如，在《汉武大帝》的拍摄过程中，她就比较注重汉朝生活细节，用"诺"代替了"是"。她说："翻开汉朝典籍。像'唯唯诺诺'，'诺诺连声'这样的词儿到处都是。所以我们剧里也都说'诺'，就像清朝说'喳'一样。"①

另一名是以历史剧而闻名的导演张黎。2001年，他执导中国近代史剧《走向共和》，该剧全景式地呈现了中华民族推翻帝制、走向共和这一波澜壮阔的艰难历程。2006年，张黎执导历史题材剧《大明王朝1566》。2011年9月23日，他执导的革命史诗战争片《辛亥革命》上映，影片获得第21届金鸡百花电影节优秀故事片奖。

---

① 《胡玫：只有我能拍〈雍正王朝〉》，新浪新闻中心《南方人物周刊》专题，2006年7月18日，http：//news. sina. com. cn/c/2006 - 07 - 18/110110457569. shtml，2019年3月20日。

　　媒体普遍认为，从《走向共和》开始，张黎的作品中总有着对那段历史和人物不同角度的诠释。风格浓烈的画面语言，意味深远的台词和表演一直是张黎作品别具代表性的特色。他的剧充满"家国"情怀，但那情怀并没有俗套的说教，相反，其中充满反思。张黎对于宏大题材的把握，已经达到了一个相当的高度。对于自己的作品的评价，张黎表示，《走向共和》用力过猛了，人大于事；到了《大明王朝1566》时好了一些，人事的比例合适；即将要投入拍摄的姜文主演的《曹操》，他希望可以拍出一些不一样的东西。在张黎的作品中，《大明王朝1566》是非常独特的一部。该剧十年前首播时遇冷，观众和市场反响平平。但是十年后，优酷买下了该剧的播放权，意外地红遍了网络，豆瓣近8万人的评分，仍然高达9.7分，被网友誉为最有代表性历史剧之一或口碑最好的历史剧之一。面对这一现象，张黎表示，"这和我们小时候看名著一样，像一颗种子，埋在你的脑子里，发芽还有很多年……这么长时间一直存在，过很多年后，成熟了，就能产生作用了"。但同时，他也担心，资本的过多介入，行业内整体的浮躁，让现实环境似乎再难为生产这样的历史剧提供土壤了。①

　　张黎的历史剧创作有一个很独特的观念——"架空"。他认为历史剧是一种建构，讲谁不讲谁，要这组还是那组人物关系，都是要挑选的。观众觉得一部剧很逼真、很真实，那都是被制造出来的。在张黎看来，历史剧的真实是很难做到的，在选择题材和人物的时候事实上已经隐去了部分的真实，因而我们所要追求的真实性，并不是完全地还原历史，而是做到具有历史感。《走向共和》曾经做了1000个人物小传，后来筛到不足400个，其实舍弃的600个人物也都是有声有色的，只是为了更好展开叙事而放弃了。

　　历史发展纷繁复杂，如何再现历史确实是一个困难重重的任务。胡玫、张黎等导演在创作历史剧时，皆有了对历史的看法和对历史剧

---

　　① 江宇琦：《从〈大明王朝〉到〈武动乾坤〉，张黎真的"叛变"了么?》，《影视圈》2017年3月30日，https：//mp. weixin. qq. com/s?＿＿biz＝MzU5MTUwOTU2OQ＝＝&mid＝2247493965&amp；idx＝1&amp；sn＝bb6344031c386c1a0736f8069cc3cc87&source＝41＃wechat＿redirect，2019年3月15日。

的看法，这些看法对历史剧的创作产生了明显的影响。经过对中国历史剧生产情况进行分析后，可以发现一个比较有意思的现象是历史剧导演群体中，基本没有历史学背景的人。从胡玫、张黎等导演的访谈等相关资料来看，即使是这些金牌的历史剧导演，对历史及其再现的认知，主要是自我体悟，缺少明确的理论和知识支撑。当然，影响历史再现的创作者，导演之外，还有一个重要的因素——编剧。

（二）编剧

编剧以文字的形式表述节目或影视的整体设计，作品就叫剧本，是影视剧、话剧中的表演蓝本。历史剧编剧则需要对历史事件或人物在符合史实的基础上进行戏剧化地加工，增强其演绎性与趣味性，是历史剧创作的核心人物之一。在当今中国影视行业，优秀的影视剧编剧不在少数，但优秀的历史剧编剧极为稀缺。因为历史剧编剧相对于普通编剧而言，不仅需要掌握文学戏剧的基础知识，还需要对某一时段的历史知识进行深刻把握，抑或是本人拥有极为特殊的历史体验，将历史真实与文学艺术进行适度的融合，才能创作出一个优秀的历史剧剧本。在众多历史剧编剧中，盛和煜、刘和平、朱苏进便是三个极为典型的例子。

盛和煜自1978年开始从事专业的戏剧创作，1988年创作歌剧《李贞回乡》，凭借该剧获得中国文化部文华奖文华剧作奖；1997年，担任古装剧《汉武帝》的编剧；2003年，担任近代剧《走向共和》的编剧；2007年，担任人物传记剧《恰同学少年》的编剧，他凭借该剧获得第26届中国电视剧飞天奖优秀编剧奖；2008—2009年，其担任定稿编剧的《赤壁（上）》及《赤壁（下）》先后上映；2016年，担任爱国主义题材剧《冯子材》的制作人。

从盛和煜创作的历史剧作品来看，无论是讲述共和国第一位女将军李贞的歌剧《李贞回乡》，还是《汉武帝》《恰同学少年》《走向共和》等讲述重要历史人物与历史事件的电视剧，都体现出了一种强烈的"家国"情怀，这与盛和煜本人的知青经历是分不开的。但同时，他亦在采访中表示，"家国"情怀的表现并不是一种政治概念的解释，他希望即便是在主旋律的作品中，也依然能体现一些独立思想，能让不同年龄阶段的观众看完之后有不同的思考，他认为这是自己在创作一部历史剧时最为看重的一点。① 此外，在谈到自己与吴宇森导演合作创作的电影《赤壁》剧本时，盛和煜表示拍摄时需要寻找到编剧与导演之间的一种和谐，他认为编剧在适当时刻是需要做出妥协的。在中国影视剧生产中，编剧的话语权是较弱的，所以在后来吴宇森让盛和煜进行陆战场景写作，对排兵布阵等视觉效果体现进行安排时，虽然他认为这部分并不属于自己工作的范畴，但他还是按照导演的要求去做了。这种编剧对导演的妥协也对历史剧的拍摄产生了一定影响，因为部分导演可能会比较追求视觉效果与观众体验，而几乎没有话语权的编剧在面对剧本内容不满足拍摄需要时，则需要做出妥协，这种情况可能使得原本能够体现历史真实的事件而因追求视觉效果被过度虚构，影响历史剧的质量。

当然，编剧之间也有一些差异。与盛和煜相比，刘和平对待历史剧拍摄的态度则显得要强硬一些，尤其是在一些干扰创作的情况出现时。刘和平于1982年起开始担任舞台剧编剧。1993年，刘和平编导的舞台剧《甲申祭》在获奖后到北京演出，《雍正王朝》的制作方看中其编剧才能，决定起用他出任《雍正王朝》的编剧；1999年，刘和平凭借《雍正王朝》获得了第19届中国电视剧飞天奖优秀编剧奖和第17届中国电视金鹰奖最佳编剧奖的荣誉；2004年，担任历史剧《沧海百年》的编剧；2007年，担任由张黎执导的历史剧《大明王朝1566》的编剧及制片人；2014年，刘和平编剧的近代历史剧《北平无战事》播出，他凭借该剧获得第30届中国电视剧飞天奖优秀编剧奖、第21届上海电视节白玉兰奖最佳编剧奖等多个奖项，该剧也获得了第30届飞天奖重大题材类优秀电视剧奖等多项荣誉；2016年，刘和平与高满堂共同担任古装历史剧《沧海丝路》的艺术总监；2017年，刘和平获得第11届电视制片业"十佳电视剧编

---

① 《电视剧〈大河颂〉策划盛和煜专访》，搜狐娱乐，2015年12月9日，http：//yule.sohu.com/20051229/n227704581.shtml，2019年2月28日。

剧"奖。

刘和平的剧本具有极强的戏剧性，这与他出生于戏剧世家有极大的关系，而且他自幼熟悉戏曲与中国传统文化与古文知识，加之其拥有近十年的舞台剧编剧经验，这使得他在做历史剧编剧时更加游刃有余。刘和平熟知明清史，还受到过著名史学家冯尔康的极高评价，这都有助于他高效率地口述创作出《雍正王朝》以及《大明王朝1566》的剧本。由于其创作剧本采取口述的方式，刘和平在创作时习惯将整个历史剧在脑海中"拍摄"一遍，所以在剧本最终定稿后，一般是不会在拍摄时再有改动的。而针对演员可能会在拍摄中改动剧本的情况，刘和平对其于剧情体现有帮助的改动还是持肯定态度的。但面对一些演员过分为自己"加戏"的行为，刘和平的态度是极为反对的。然而，演员自己加戏的情况在现实中是占大多数的，因而刘和平也认为，这与当今中国编剧的地位一直没有得到明确也有很大关系，这一点与盛和煜的观点有相似之处。

此外，刘和平在谈到历史剧创作中历史真实与艺术虚构的关系时，他认为虚构是建立在对历史对现实更深刻认识基础上的一种创作，在看待历史真实时，我们需要怀有一种"了解之同情"的历史观，站在同情的角度看待历史，不要轻言批判和否定，去了解不同历史阶段的文化思潮，而在真正摸清这个时段的历史文化潮流与背景后，可以避开一些具体的重大事件与人物，以虚构的人物来反映历史大背景的变化，从本质出发理解历史事件。[①] 刘和平也认为，这种虚构方式的本质也是为了满足观众的期待，能有更多的戏剧性。但他也同样表示，历史剧创作时不能和现实隔离开，但也不能过度影射现实，要寻找现实与历史之间的平衡，也更能引起观众的共鸣。

刘和平创作历史剧剧本还有两个原则，一是只写对历史进程有影响的人，如《雍正王朝》的雍正，《大明王朝1566》的海瑞，《北平无战事》中的北平分行行长一家人等；二是从经济史方面入手展开历史剧的写作，如《北平无战事》中以币制改革为大背景，《雍正王

---

① 丁佳文：《文艺作品是另一种历史真实》，《天津日报》2014年10月30日。

朝》中也以贪污问题开篇，从而引出雍正皇帝的新政改革，他认为政治都由经济而起，为了更好地反映出当时社会历史的具体情况，通过经济领域的问题引入是顺理成章的。

"金牌编剧"朱苏进认为历史剧是取材于历史的，但其终归不是历史，而是戏剧。历史遵循客观规律，而历史剧遵循的是编剧以及观众的心灵规律，展示可能会发生的事，所以历史剧编剧在创作历史剧时，可以把历史的山脉打碎，重新塑造另一群人物来，即会出现一些虚构的人物，一些在历史客观以外可能也会发生的虚构事件。朱苏进与刘和平和二月河的看法相似，如果这些虚构的部分不是重大事件，即可以进行虚构想象，但是在历史人物或历史事件的虚构空间有多大时，他与刘和平与二月河的看法有较大差异。他认为只要足够精彩，足够吸引人，剧本台词没有历史感也没有关系，对历史人物的塑造可以有更大空间。在阅读二月河的小说《康熙王朝》时，他认为其堆砌历史事实，人物性格与矛盾冲突都明显不足，所以他在担任《康熙王朝》的编剧时，认为所有与康熙有关的故事都可以用，无论真实与否；再比如在《郑和下西洋》里安排郑和谈恋爱，在《江山风雨情》里让崇祯死在了陈圆圆的肩头；另外新《三国》也出现了被观众批评台词雷人的问题。以上都表明，朱苏进作为历史剧编剧，其更加注重的是历史剧所表现出来的艺术效果，及更加重视戏剧效果，如果能够体现出极高的戏剧性，那么历史真实是可以有改变与虚构的，无论合理与否。针对这种过分重视艺术虚构的观点，不少历史剧编剧都持有不同见解，所以朱苏进才会成为备受争议的"金牌编剧"。

在历史剧创作中，除了编剧外，不少情况下还有另一个因素——历史小说作家。因为不少历史剧在进行影视创作前，已经出现了比较引人注意的历史小说。在诸位知名历史小说家中，二月河是最值得讨论的。二月河创作的著名的《康熙大帝》《雍正皇帝》《乾隆皇帝》三大历史小说，前两部分别被改编成历史剧，并引起高度关注。二月河不仅创作历史小说，还对历史小说和历史剧进行了方法论的探讨。他在写历史小说时，认为要讲求历史真实和艺术真实，将二者高度结合起来。写作中，重要的历史人物和重要的历史事件应该是真实的，但其中人物的具体形象可以加以虚构，[①] 即可以在历史人物形象留白的部分进行创作，以丰满人物性格，使小说具有可读性。这种虚构虽与刘和平的"虚构"对象不同，但他们都认为主要的历史事件、人物与历史背景必须是真实可靠的，不能有误，这才能被称作历史剧的创作。二月河在接受采访时，也谈到有些作者不懂历史，仅仅为了让读者或者观众为自己叫好，以赢得票房价值，赢得金钱为目的。这样创作出来的历史剧是不会令人满意的，随着观众知识的增加与审美水平的提高，诸如此类的历史剧也会最终被社会所抛弃。

对于历史与现实之间的关系，二月河表示，好的历史剧，既要有对历史真实性的合理把握，也要有对现实生活中人性人生的把握，即历史应当与现实结合起来，这与此前两位编剧的观点也不谋而合。二月河认为，历史具有提醒人们不要重蹈覆辙的作用，而历史剧编剧以及历史小说作家在创作时，也一定要带有警示现实的责任。此外，二月河也对历史人物的选择有着自己的态度，作为一部历史剧中的历史人物，应该满足三点要求："第一，在中国历史上，是否对国家的统一和民族的团结做出过贡献；第二，在发展当时的生产力，调整当时的生产关系，改善当时人们的生活水平这几个方面，是否做出贡献；第三，凡是在科学技术、教育文化、发明创造这些方面做出贡献的就予以歌颂，反之就给予鞭答。"[②]

综上所述，作为历史剧编剧，首先，需要有丰富的历史学积累，最好能够拥有不一样的历史经历与体验，这有助于剧本的创作。其次，在创作时应妥善处理历史与虚构的关系，在尊重历史背景、历史事件与历史人物的基础上于历史留白部分进行合理创作，既不要过分追求历史真实性，也不要过于看重戏剧性表达。最后，历史剧编剧应该有自己清晰的历史观念，对历史事件和历史人物有自己的认知。毋

---

① 何瑞涓：《二月河：寒冷和温暖，文学都要去写》，《中国艺术报》2017 年 3 月 15 日，https：//mp. weixin. qq. com/s/e0nkMoXkfWth9hxD5jKtMQ，2019 年 2 月 15 日。

② 纪海涛、王运宝：《二月河谈反腐》，《决策杂志》2018 年 12 月 15 日，https：//mp. weixin. qq. com/s/iOcJlgGKG678MTT8G9VD0g，2019 年 2 月 15 日。

庸讳言，当前历史剧生产过程中，存在一个严重的问题，即编剧在整个影视剧制作过程中的职责依旧不明确，在历史剧拍摄的过程中，应该对编剧的地位进行确认，使其能够在导演、演员等调整剧情使得整个历史剧方向出现偏差时得以及时制止他们，保证历史剧的质量。

（三）历史顾问

历史顾问作为历史剧生产过程中特有的一种因素，区别于其他类别的影视剧而存在。历史顾问在历史剧中的主要工作应是为历史剧最大限度还原历史真实性"保驾护航"，即在历史剧拍摄过程中对剧本、道具、服装等提出专业的建议，以求能够符合历史的真实性，避免误导观众。

历史剧的历史顾问主要分为两类，一类为具有过硬历史知识和理性历史观念的历史学专业研究人员，能够为历史剧中与史实相关的问题提供专业帮助；另一类为其他专业从业者，主要是历史剧中相关人物的家属、朋友或同事，他们本身不一定是专业的历史从业者，但由于他们与历史人物有最直接的交往，所以能为历史剧还原人物形象提供素材。

在此次对1978—2017年剧目进行整理的过程中，共有历史剧434部，其中可查有历史顾问的剧目有126部，由历史专业人士担当顾问的剧目为63部，由其他从业人士担任历史顾问的剧目为63部，而无历史顾问参与制作或因缺少信息无可查证的历史剧共有308部。由此可见，历史顾问在历史剧拍摄的过程中作为"充分非必要条件"而存在，即历史剧出品不一定需要历史顾问。从一些历史顾问的访谈等资料来看，在有历史顾问参与的剧目中，真正能够在历史剧开拍前对剧本进行审核并提出相应修改意见，且被导演采纳的情况，也不多见。更多的是在历史剧拍摄中及拍摄完成后才参与历史剧创作，此时历史顾问对历史剧所起到的实际影响就更加有限了，他们作为历史剧播出后造势的一个助力，在后期历史剧宣传的"表面功夫"上所带来的效果更加显著。这种情况往往导致历史顾问在历史剧播出以后，因为剧中可能存在的大量与史实不符、胡编乱造的内容，而被观众集体指责，使一些著名历史学家的声誉受损，也对许多历史专业从业者造成了不良影响，导致历史专业从业者更不愿再参与历史剧的创作，历史剧在史实方面更加得不到保障。

究其原因，还是历史剧拍摄的本质对历史顾问所面临的现况产生了决定性影响。历史剧的拍摄从本质上讲是一种商业活动，即投资商需要从中盈利的经济活动，所以在拍摄历史剧的过程中，制作方往往最看重的还是拍摄成本。因聘请历史顾问需要额外出资，所以大部分历史剧会选择改编历史小说或让编剧暂时"兼任"历史顾问，这样在剧本创作的过程中就不需要再额外聘请历史顾问，能够节约部分成本。而聘请了历史顾问的制作团队，在面对一些较小的无关全局的改动时，他们是能够接受的，而一旦历史顾问提出了若干史实错误或需要对剧本大面积"动刀"时，剧组往往会以"改动成本较大、改起来太麻烦、制作完成改不了"等理由而忽视历史顾问的建议，这都与历史剧拍摄的成本问题息息相关。此外，历史剧拍摄需要古代场景、服装、道具的还原，其拍摄成本原就比现代剧的高，所以如何在高成本的情况下尽量节省成为历史剧拍摄的经济原则之一，历史顾问在制作方的该原则下便会被当作次要因素牺牲掉。

另外，观众整体审美水平的提高，使得历史剧在面对越来越多的质疑时，想要获得一个良好的开播环境，最为直接的方式就是表明自己拥有历史顾问。但这种情况下，历史顾问只是一个"挂名"的职位，用以引起观众的注意，剧组并不追求对剧本等实际拍摄内容的修改，这也使得现在历史顾问处于一种两难困境：一方面自己在历史剧创作中并未起到太大作用；另一方面又因为担任顾问的电视剧出现各种硬伤，而接受着社会舆论的抨击。历史从业者的积极性降低，历史顾问真正参与历史剧创作中的情况就更是屈指可数。

（四）道具布景、服装、化妆与礼仪

对于历史剧来说，符合历史发展规律和基本事实的剧本是坚实的骨架，而与真实的历史景观相符的道具布景、服装、化妆与礼仪则是历史剧的血肉。当历史已成往事，如何形象感性地还原历史场景，就需要凭借道具、服装等物质材料和妆容、礼仪等言行举止来加以再

现。历史剧能否营造鲜活又真实的空间，能否塑造符合时代特征的衣着妆容，能否要求演员言行举止体现时代礼仪，是影响观众对历史剧的评价、决定历史剧是否能广为传播的重要因素。

历史剧是电视剧的一种，是一门综合性艺术，需要靠画面、声音等去打造良好的体验来吸引观众，礼仪的细节也会营造出观众的代入感；同时它又负有历史传承的使命，在角色的塑造、服化道的设计上都应该坚持历史感的呈现原则，尊重历史的本源，这样制作出来的才是真正有价值的作品。更为重要的是，中国文明绵延不绝，深受儒家文化影响，上至庙堂，下至民间，言行举止、吃穿住行等，都要符合礼制，为了营造更准确真实的历史场景感，就要求道具布景、服装、化妆与礼仪等尽可能符合礼制。

（1）道具布景

表演需要空间，空间需要按照时代特征进行布置。这是影视剧创作最基本的尝试。但由于很多物品的创造、流传、使用等情况不便寻找历史依据，导致道具布景成了历史剧中最容易出错的一个部分。比如秦朝的剧里出现了椅子，汉代的剧里出现了西红柿、玉米，乾隆朝代的瓷枕出现在雍正朝代的剧里，乃至于毛主席手书的《满江红》出现在雍正皇帝身后的屏风上。一些口碑良好的历史剧，在道具布景方面也往往会比较考究精细，如2005年上映的《汉武大帝》，其中的道具极为考究，广受称赞（如图3）。剧中大量的道具都是根据考

图3　《汉武大帝》中的耳杯

古发掘出土的遗物复原的，从杯盘器皿等生活用具，到博山炉（如图4）、豆型灯、兵器架等器具，基本都做到有图可考或者在博物馆中有实物可证，其用心程度可见一斑。2017年首播的《大秦帝国之崛起》中，剧组为复原长平大战的场景耗费了很大的心血。长平之战是冷兵器时代最大的一场战争，有数万人参与其中，剧组通过大量的人员调配、长达200分钟的后期特效配合，用整整14个月的时间去构建当年长平之战的宏大场面，给予观众极佳的视听感受（如图5）。

图4　《汉武大帝》中的博山炉

图5　《大秦帝国之崛起》中的战争场景

近些年来，随着网络剧等剧目的兴起，历史剧的生产资金减少，一些剧目为了控制成本，基本上就在一些影视城中进行拍摄。这就导致了一种奇特的现象：一些历史剧中出现的宫殿等外部场景几乎雷同，室内布景也比较相似，严重影响了历史现场感的营造。

（2）服装

1987 年版的《红楼梦》是很多观众心中一个完美的典范，虽然不是历史剧，但其服饰水准的考究程度很值得绝大多数的历史剧学习，其中不仅考证了很多与清代服饰规范、礼仪细节、生活场景等相关的内容，而且通过服装、器物的形制、色彩、纹饰来区分场合、角色身份，乃至赋予一些隐喻，十分精妙。这种"一步一景有故事，一草一木总关情"的精神也是历史剧服化道创作的精髓。

20 世纪 90 年代也留下了不少经典作品，在此以《唐明皇》为例简要分析。《唐明皇》的服装设计师是李建群，她毕业于上海戏剧学院舞美系服装专业，毕业后投入影视剧行业中。[①] 一部是《唐明皇》一剧中人物的穿戴、服饰之精美至今为人称道。为了使剧中服装尽可能还原历史、符合人物个性，她去敦煌壁画中寻找灵感、学习服饰文化，和团队一起为整部剧设计了 9000 多套服装，最终该剧获得 1992 年中国电视剧飞天奖最佳服饰奖。另一部是被视作经典的历史剧刘晓庆版《武则天》，也是李建群担任的服装设计师（如图 6—图 9）。

到 21 世纪初，《康熙王朝》《贞观之治》《汉武大帝》几部戏再次惊艳了观众，场景布置、服饰化妆、生活习俗等的还原度都很高。而到了今天，随着轻工业和艺术设计行业的发展，服饰的还原程度和与演员的贴合程度都不断提升，历史剧的服装有更强的表现力，也构成剧中故事的重要组成部分。但是也存在一些值得警惕的现象，如服装越来越华丽，却越来越不尊重历史真实。[②]

---

① 创意社天地：《最会做服装的演员李建群，开挂的人生不需要解释》，搜狐网，2016 年 9 月 23 日，http：//www.sohu.com/a/114916361_113200/，2019 年 4 月 22 日。

② 影视独家：《古装剧服化道越来越退步了?》，搜狐网，2018 年 8 月 28 日，http：//www.sohu.com/a/250617419_385084，2019 年 4 月 24 日。

图6　出行便服（大红对襟
褙子配藕粉中衣，凤钗金摇）

图7　府中常服（粉色印花
锦缎外衣，珍珠项链）

图8　唐明皇去世时哭灵着装
（黑金丝绒披风、金黄戎装）

图9　宣读圣旨时礼服
（明黄着装，金凤钗）

（3）化妆

化妆是历史剧中的一种重要造型手段，如何让演员从现实生活中脱离进入历史环境中，进入历史人物的设定中，妆容起着很大的作用。除了简单的面部妆容之外，还包括饰品、毛发、塑形、仿效等内容，对演员的肤色、胖瘦、伤口等细节进行处理，好的妆容对于演员的角色处理来说是事半功倍的。1995年版的《武则天》中，四十多岁的刘晓庆扮演了武则天从十几岁的芳龄少女到垂暮之年的整个过程，造型师毛戈平巧妙的化妆技巧令人称赞不已（如图10）。在《大秦帝国之崛起》中，剧组请来专业的研究团队，尽量让发型妆容符合历史背景，比如化妆讲求"粉白黛黑"、最后"施朱"；发型方面则注重身份差异，秦国一般民间未婚女子或者侍女、婢童流行梳的"双垂髻"在剧中也很好地得到了还原。

图10 《武则天》中不同年龄阶段的武则天

（4）礼仪指导

礼仪即礼节与仪式，在中国古代，礼仪是人物和场景的标识，也是不同时代特征的度量衡。历史剧中如何处理日常生活的礼仪以及重大节庆事项的礼仪规范，直观地反映了剧组对于历史再现真实度的把握能力。在历史剧创作中，对于承担大量表演任务的演员来说，很难独自掌握严格的礼仪要求。这就需要有历史顾问或礼仪指导提供简单明了的指导。礼仪指导是一门交叉性很强的学科，不仅需要了解历史、礼仪方面的文化知识，更重要的是需要在戏剧创作规律和形体方面也有一定的涉猎。

对于影视媒体来说，其最大特点就在于表现的直观性和范围的广泛性。在现如今媒体迅速发展的情境下，在文化教育方面对观众的影响也潜移默化地进行。故为了文化的传承和发展，需要礼仪指导规范影视作品中的礼仪礼节。这不仅有利于向观众真实反映历史情景，继承和发展中国的传统文化，同时也增强创造人物形象时的信念感，表里一致地把握历史人物形象，达到在舞台和银幕上塑造形神兼备的古典人物形象的目的。

在如今历史题材的影视作品中，不少情节必然要涉及古代礼仪呈现。但一些作品所体现的礼仪，其实是不妥当的：有的剧目存在礼仪性称谓错误，如在反映清代历史的影视剧作品中，官员们"臣"和"奴才"自称时常混淆；有的是仪节使用错误，如文武百官上朝时，分班列位一片凌乱，手中笏板不知怎么拿；有的是日常性礼节的错误，如施礼时，应分男女，而在大多数影视剧作品中，存在不分男女，男女混用的情况。

四　影响历史剧生产的外部因素

如果说历史剧在创作中主要受内部因素影响的话，那么在市场化过程中则主要受到外部因素的影响。目前对历史剧市场化影响较大的外部因素有三个，即国家广播电视总局政策、宣传发行公司和观众。本节主要是对这三个因素如何影响历史剧生产进行简要分析。

（一）国家广播电视总局政策

历史剧作为影视作品，其播出受到国家广播电视总局的监管和控制。通过梳理国家新闻出版广电总局（国家广播电视总局）网站发布的有关电视剧制作的规范性政策文件，我们将其中影响历史剧创作的一系列政策因素总结为如下五个方面：

1. 对总体内容进行必要限制

根据 2006 年出台的《电视剧内容审查暂行规定》[①] 以及 2010 年

---

① 中华人民共和国国家新闻出版广电总局：《国家广播电影电视总局关于印发〈电视剧内容审查暂行规定〉的通知》，2006 年 5 月 30 日，http：//www. sapprft. gov. cn/sapprft/govpublic/6684/1181. shtml，2019 年 4 月 21 日。

进一步修订的《电视剧内容管理规定》，① 广电总局方面始终坚持对历史剧总体内容（题材和剧情主线）进行政治导向、思想导向和价值导向三个方面的规范性审查，以防出现违反宪法、危害国家安全、危害社会公德等重大问题。

2. 对个别细节提出特定要求

除了基本的题材选定和价值取向，广电总局还更多地对历史剧可能带来极大社会影响的个别细节性因素进行了规范。例如，2009 年出台的《广电总局办公厅关于严格控制电视剧使用方言的通知》，② 要求电视剧中的语言要以普通话为主，剧中出现的领袖人物必须使用普通话；2011 年的《广电总局办公厅关于严格控制电影、电视剧中吸烟镜头的通知》③ 要求严格控制剧中出现的吸烟情节和镜头，《广电总局办公厅关于进一步加强电视剧文字质量管理的通知》④ 则要求避免错别字和减少错误读音。这些细节规范的提出有其必要性和合理性，但在实际操作中可能会对历史剧创作造成一定困难，如在上述规定下，对于方言特征明显又有吸烟习惯的历史人物进行刻画就较为困难，需要创作人员努力克服。

3. 对创作题材进行适当调控

近年来，广电总局方面对地方卫视播放不同题材电视剧的比例不断提出指标性要求。总体趋势是加大重大革命历史、农村、少数民族、军事等题材历史剧的播放力度并保证其在各卫视黄金时段的播放比例，限制每年度或季度娱乐性较强的古装、宫斗历史剧的播

---

① 国家广播电视总局：《电视剧内容管理规定》，2010 年 5 月 19 日，http：//www. nrta. gov. cn/art/2010/5/19/art_ 113_ 5389. html，2019 年 4 月 21 日。

② 中华人民共和国国家新闻出版广电总局：《广电总局办公厅关于严格控制电视剧使用方言的通知》，2009 年 7 月 20 日，http：//www. sapprft. gov. cn/sapprft/govpublic/6684/1300. shtml，2019 年 4 月 21 日。

③ 国家广播电视总局：《广电总局办公厅关于严格控制电影、电视剧中吸烟镜头的通知》，2011 年 2 月 12 日，http：//www. nrta. gov. cn/art/2011/2/12/art_ 113_ 5314. html，2019 年 4 月 21 日。

④ 国家广播电视总局：《广电总局办公厅关于进一步加强电视剧文字质量管理的通知》，2011 年 2 月 25 日，http：//www. nrta. gov. cn/art/2011/2/25/art_ 38_ 1152. html，2019 年 4 月 21 日。

出比例。上述行政调控手段均会对历史剧拍摄题材的选择造成直接影响。

4. 完善资本投入和分配机制

相比于电影创作，电视剧及网络剧创作具有不直接对观众负责，而是对中间平台（地方卫视、网络视频平台）负责的特点。基于这一特点，电视剧创作逐渐由注重剧作质量向注重流量明星方面倾斜。本身就投资成本大、拍摄难度高的历史剧近些年在质量上出现明显滑坡，长此以往不利于整个产业的良性发展。广电总局方面对这一问题做出了积极响应，在 2018 年出台的《关于支持电视剧繁荣发展若干政策的通知》①中明确提出要建立和完善科学合理的电视剧投入、分配机制；严禁播出机构以明星为唯一议价标准并针对演员片酬进行明确的数字指标限制。上述要求会对历史剧创作的投资和利益分配环节乃至剧作总体质量产生长期的良性影响。

5. 对网络剧的规范要求逐渐向电视历史剧统一

由于新兴的网络剧模式创作过度自由，缺乏合理规范和监管。广电总局方面在近年连续出台《关于支持电视剧繁荣发展若干政策的通知》《国家广播电视总局关于进一步加强广播电视和网络视听文艺节目管理的通知》②《关于网络视听节目信息备案系统升级的通知》。③不断提出统筹电视剧、网络剧管理标准；对重点网络剧实行备案管理，不经广电行政部门审批，一律不准在网络上播放等新要求。根据《关于网络视听节目信息备案系统升级的通知》，重点网络剧的评定

---

① 中华人民共和国国家新闻出版广电总局：《关于支持电视剧繁荣发展若干政策的通知》，2017 年 9 月 8 日，http：//www. sapprft. gov. cn/sapprft/govpublic/6684/1624. shtml，2019 年 4 月 21 日。

② 中华人民共和国国家广播电视总局：《国家广播电视总局关于进一步加强广播电视和网络视听文艺节目管理的通知》，2018 年 11 月 9 日，http：//www. nrta. gov. cn/art/2018/11/9/art_ 113_ 39686. html，2019 年 4 月 21 日。

③ 中华人民共和国国家广播电视总局：《国家广播电视总局办公厅关于网络视听节目信息备案系统升级的通知》，2018 年 12 月 27 日，转引广东省广播电视局《转发国家广播电视总局办公厅关于网络视听节目信息备案系统升级的通知》，2019 年 1 月 14 日，http：//www. xwcbj. gd. gov. cn/xwcbgdj/tzgg/2019 - 01/17/content _ db1b30109f5d4acda64249d6d4f4314a. shtml，2019 年 4 月 21 日。

标准是投资总额超过 500 万元的网络剧。可见历史题材网络剧由于投资规模大的固有特点，在今后将普遍作为重点网络剧而接受更严格的规范和审查。

（二）宣传发行公司

在历史剧的创作过程中，宣传发行公司也扮演着极其重要的角色，从策划投资到出品宣传，每个公司都有其不同的模式，对历史剧生产的各阶段也有着不同的影响。

（1）筹备阶段：以山东影视传媒集团等为例

电视剧开拍前的筹备阶段，对一部电视剧的质量好坏有极为重要的影响，制片人的选择、导演班子的搭建都是一部影视剧拍摄的基础，历史剧的生产亦是如此。

以山东影视传媒集团（简称山影）、东阳正午阳光影视有限公司（简称正午阳光）为例，由于正午阳光的主创大都是原山影的主力团队，山影的部分历史剧也是由正午阳光承担制作的。而正午阳光则拥有一套较为固定的制作模式，即采用"制片人：侯鸿亮（固定）＋编剧、导演（不固定）"的模式，导演与编剧作为加号后的变量进行随机搭配，而在导演与编剧的选择上，采用的是孔笙、李雪、张开宙等原山影经验丰富的导演以及国内知名的一线编剧与作家，如刘和平、高满堂、朱朱、刘静等，这样的"铁三角"模式为历史剧创作打下坚实基础，其质量也得到了较高保障（如图 11）。这一组合先后拍摄制作了《钢铁年代》《战长沙》等剧目。

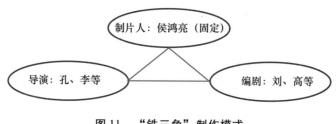

图 11　"铁三角"制作模式

（2）宣传营销：以《大军师司马懿》为例

影视公司如何为电视剧进行宣传营销工作，对一部电视剧收视热度有着重要影响。青春偶像剧、都市情感剧，以及仙侠古装剧等剧目，由于其演员、题材等优势往往在开播前就自带热度，而大部分历史剧却并未关注该方面，尤其是历史正剧，由于需要尊重史实，其题材内容与上述类别影视剧相比，在趣味性方面就略输一筹；且剧目的演员选择往往以老戏骨为主，没有流量小生或小花的加入，其媒体热度和其他类别的电视剧相比，则不免逊色。

但在近几年出品的历史剧中，出品公司开始思考如何结合当下潮流对历史剧进行后期"包装"，《大军师司马懿》就是一个有代表性的案例。在对《大军师司马懿》进行系列宣传的过程中，宣发公司采用了"T2O"（TV to Online）的营销模式，即"电视媒体同电商合作，将节目内容变现为线上商务平台可以销售的产品，同时代入可供用户即时参与的体验方式，以实现内容体现和周边销售方式的创新"。①

以往历史剧受众以中老年人居多，而《大军师司马懿》的创作团队为吸引年轻观众的注意，首先是经常通过官方微博账号与粉丝互动，在两个系列播出的间隔期，微博还不断放出海报与拍摄花絮，并定期推出每个主要人物的未来走向片花，以片段式的剪辑引起大众对第二部内容的好奇。

此外，剧中演员也配合公司宣传，时不时在微博上与粉丝进行相关互动，为《大军师司马懿》的播出赢得了来自偶像的流量支持。

据统计，在《军师联盟》的受众中，以20—29岁的观众占比最高，达到了33%，这也是为其紧密联系媒体的营销模式做出的肯定。

《军师联盟》是内生广告跃然纸上的一次尝试。内生广告从产品内容本身衍生而出，是产品内容的变异体现。通过相关的创意重组，用户在看剧的同时也看了广告，通过剧中历史人物对现代生活的演绎

---

① 唐朝文：《媒介融合时代下影视作品T2O模式发展现状研究——以电视剧〈大军师司马懿〉系列的T2O策略为例》，《传播力研究》2018年第12期。

进行产品宣传，品牌内容和作品剧情内容水乳交融、流畅清晰。这种方式能够使观众在长时间观看历史剧情时得到放松，不会有以往观看历史剧时所体会到的沉重感。

此外，《大军师司马懿》还生产相应的衍生周边，PC端游戏、手游等同步上线，观众可以通过游戏保持对后续剧情的热情，也可以灵活运用剧集播出时的热度获得更多收益。

（3）于正工作室"爆款"运营分析

于正工作室是东阳欢娱影视文化有限公司旗下的工作室，是一家集影视剧投资、制作、发行、宣传以及艺人经纪为一体的专业综合性影视机构。由编剧、制作人于正（原名余征），于2008年在北京正式成立。自于正工作室成立以来，先后制作和发行了电视剧《宫锁心玉》《宫锁珠帘》《宫锁连城》《美人心计》《笑傲江湖》《陆贞传奇》《大汉情缘之云中歌》等众多影视作品。其中的"宫"系列、"美人"系列，以及金庸武侠改编系列备受业界关注。2018年的《延禧攻略》更是在古装宫斗题材已经被挖掘的灯尽油枯之时，成为绝对的现象级电视剧。

可以见得，在于正工作室的投资与创作当中，古装戏占据了主要部分，甚至大多都有相当重的历史因素，属于历史题材电视剧的大类。同时，"爱情与权谋"一直是于正电视剧中的主线，其在应用了历史背景的情况下加入大量改编要素，真假交替常使观众摸不到头脑，容易信以为真。非常明显的是，于正剧高收视的同时一直以"雷人"为标识，口碑两极分化很强，但其能不断地制造爆款，甚至是在观众有着消极的态度偏向时，仍可以保证极高的讨论热度和收视率。

反观很多制作精良的历史剧，在戏骨加盟、剧集本身优质的情况下，却难以获得足够的市场关注。这里并非要求历史剧向于正剧学习，通过营造噱头增加曝光度，而是希望历史剧的市场关注度可以与其本身的优等质量相匹配，有更高的关注、更多的受众，历史剧的情怀和意义才会有更广泛的传播，同时争取到更多的投资，在资本和动机的角度上才有可能创作出更多制作精良、观众喜闻乐见的历史剧。下文将从创作手法、市场导向、营销手段、公司运行模式四个维度来分析于正工作室的爆款制造攻略。

第一，创作手法。于正剧创作过程的一大特色是其执笔时显要的影视化书写风格。于正的剧本改变了中国编剧市场的文人创作模式，他对画面语言的掌握十分精准，在创作的时候就把一切因素考虑好，从而使后期工作高效率展开。于正本人曾在采访中谈到，剧本写作时每一个画面在其脑海中都已经形成，每一句台词都仔细斟酌，因此在拍摄制作中最大地还原最初的画面就行。可以说于正虽然只是编剧，但已经行使了导演、摄像甚至灯光的道具布景的职责。

有研究者特意研究过于正小说中的镜头描写："恒泰笑着接过那串珠子，跟着端起那圆底的酒碗，仰头一饮而尽，他将珠子平放在玉盘之上，再将圆底酒碗放在那珠串子之中，珠子正好圈成一个凹窝，将碗平平稳稳地圈在了中间。"(《凤还巢——连城》)这种类似于影视的慢镜头和特写的叙述手法，加强了文字的视觉效果。"笑着""接""端起""仰头""饮""平放"，这一连串的动作被作者精细地表现了出来，主人公的心情也十全地展现了出来。这段描绘基本就是影视中人物动作的特写镜头的书面表达。[①]

除了镜头化的语言外，于正对于母题的把握也已经达到了炉火纯青的地步。母题类似原本，是能召唤起观众情感的元素和故事。于正剧擅长运用情节母题。如在《宫锁连城》中，婴儿交换、灰姑娘爱恋、偷龙转凤、虐恋情深、妻妾争斗、失忆重逢、英雄救美、帅哥美女趣斗智勇然后冰释前嫌陷入爱河、美女乔装等母题都具有很强的典型性。中国传媒大学的梁颐博士就认为母题是于正剧如此吸引观众的原因之一。[②]

第二，市场导向。于正总是能制造古装剧的爆款，除了自己的创作手法外，更为重要的是他的古装剧创作并不是以追求艺术性和真实性为动力，而主要是以市场为导向。于正深谙电视观众的心理，他曾

---

① 马俐欣：《大数据背景下的影视文学创作——以"于正"现象为例》，《常州工学院学报》（社会科学版）2015 年第 3 期。

② 梁颐：《"于正出品"的"母题"制片哲学》，《南方电视学刊》2014 年第 4 期。

说："我喜欢分析市场，也会做市场调研。会分析半年来有哪些高收视率的剧，几乎每天看各个卫视的收视率排行和热播剧的网络点击率。"于正的市场嗅觉是极佳的，随着近年来观众在审美疲劳和偏好的改变，于正很快迎合并引领了新一波的古装浪潮。①

2011 年，备受瞩目的一部宫廷穿越剧是《步步惊心》，尚未播出前，就已经形成了粉丝群体。然而《宫锁心玉》在其之前横空出世，清宫、穿越、九龙夺嫡，包揽年度电视剧爆火元素。2011 年，同时火爆的还有《甄嬛传》，宫斗之风兴起。随后，于正接连制作了《王的女人》《山河恋美人无泪》《陆贞传奇》等一列宫廷题材的剧集，虽然艺术口碑一般，但在风口上仍于收视率占有一席之地。

2017 年《琅琊榜》的热播改变了观众的审美体验，古装剧集开始流行典雅的冷画风，于正也很快捕捉到了这样的潮流，从鹦鹉色到马卡龙色的转变，让《延禧攻略》整体有了电影的质感，又赶在《如懿传》之前推出，真实搭上了宫斗剧的第二波"顺风车"。相比和卫视合作的剧集，于正在网播剧《延禧攻略》中加入了大量网络元素。《延禧攻略》中的皇帝人设一改严肃庄重，变成自带弹幕的吐槽能手，被网友戏称为"大猪蹄子"；女主拿掉"白莲花"的人设，开启了网络爽文节奏。

这时观众所渴望的细节、文化底蕴、高冷调色和"打怪升级"故事套路，于正都把握的恰到好处，于是才造就了《延禧攻略》的播放量奇观。

第三，营销手段。有研究者指出，在市场需求的导向下，于正剧在"导入期""成长期""成熟期"和"衰退期"分别用不同的宣传手段进行运营，最后打造出了于正品牌。②于正剧的营销渠道遍布信息媒介的各处，除了电视台的常规广告和授权播放的视频网站广告外，于正的渠道布局分布至卫视综艺、微博等种种媒介中。

---

① 小方芳：《"于正剧"成功套路 俗是他最大的优势》，2013 年 5 月 29 日，https：//ent. qq. com/a/20130529/022889. htm，2019 年 9 月 17 日。

② 马玲、汪明香：《电视剧循环营销模式研究——以"于正剧"为例》，《现代视听》2014 年第 10 期。

　　一般来说，业界很少用编剧/制片人的姓名来代表某一类剧目，目前电视剧界较为有名的品牌有胡玫剧，因其执导的大型历史正剧而得名，正午阳光的剧目也因《北平无战事》《琅琊榜》几部高分剧有了"正午出品，凡属精品"的称号。于正剧便打破了这样的规律，于正倡议编剧/制片人的身份参与剧目制作，无一例外地使得剧上有了自己的鲜明标签，成为品牌推广的典型案例。

　　另外，当我们讨论一部电视剧的时候，一般情况下我们讨论的仅是其本身，但是于正剧却不同，于正剧的构成包括剧目以及剧目衍生的副产品的全部，包括话题互动、网游延伸、周边设计、人设绯闻等多个方面。当受众接触到该部剧之时，其感官体验便是全方位，受众接受的历史剧仿佛经过"层累的创造"，是一种经过多次消费、跨界消费后的视觉享受和游戏快感，早已超出了剧目本身的范畴。

　　第四，公司运行模式。有研究者认为："于正工作室的成立，使'于正剧'也进一步走上了制作过程的模式化道路上来。首先表现在对剧中演员选择的绝对掌控、专业的服装造型团队、超强的音乐制作团队、能很好地完善其对画面美追求的后期特效团队，以及于正本人及合作卫视的宣传。整个系统化专业化的流程是中国电视剧市场的需要，是中国电视剧走向世界市场的前提。"[1] 于正工作室是东阳欢娱影视文化有限公司的下属机构，于正本人即东阳欢娱影视文化有限公司的股东及监事，认缴了最多的资本。于正对于工作室制作的剧目有着绝对的控制权，从剧本策划、架构再到选角、拍摄，于正完全掌控，因而作品才能和品牌互相成全。在实际拍摄中，于正剧大胆起用新人做主角，安排有经验的戏骨做配角，这样主角本身流量有限，剧目的火爆和于正剧本身的吸睛程度有着紧密的联系。同时，由于剧目成本被极度压缩，在制作和推广上可以作更多的投入。在很多情况下，为了成本的考量，也为了寻找新的培养对象，于正在捧红新人后是往往不再用的。纵观现在的大多古装偶像剧，新人演主角、戏骨演

――――――――――

　　[1]　刘宇杰：《电视剧中"于正剧"现象的传播学分析》，《传播与版权》2013年第5期。

配角的模式已逐渐成为提升剧集质量、收缩片酬成本的成熟模式。

综上来看，于正剧的火热除了于正本人的才华外，更离不开其运作模式和对商业化的关照。对于严谨的历史剧创作而言，完全照搬于正剧的模式肯定不是适当之举，但斟酌地借鉴其推广和营销的手法，在不伤害和改变历史剧剧目品质本身的情况下，努力兼容市场与商业化，是历史剧未来发展过程中有利于扩大观众群体的方法和途径。

总而言之，在市场化过程中，影响历史剧生产的因素虽是外在因素，但是由于历史剧与意识形态的关系及拍摄制作对资本的需求，导致了这些外在因素对历史剧的生产影响越来越大。国家广电总局的规定和审查从政策方面决定了历史剧的合法性，而宣传发行公司对历史剧的关注度和市场回报又影响巨大。影视公司是历史剧拍摄的牵头者，公司组建拍摄团队的水平对历史剧制作水平的高低起着至关重要的作用；而在后期的宣传工作中，为克服历史剧题材本身所带来的局限性，公司也应推陈出新，融合各种元素，在不违背历史剧根本原则的前提下进行创新，为历史剧的开播赢得更多关注。这都对一部历史剧最终能获得什么样的社会评价有着巨大的影响，也决定着一部优秀的历史剧能够在市场上获得足够的关注、获得资本的青睐，以攒足更强大的发展动力。

（三）观众

观众是历史剧传播的终端，一方面，他们接收历史剧传递的信息，形成历史认知；另一方面，他们根据自己的喜好选择剧目，并通过观看与否向历史剧创作者反馈大众的对剧目的态度，反向影响历史剧的生产。因此，从观众的角度分析历史剧生产的相关情况，是具有较高价值的。为了能够有效地认知大众对历史剧的看法及了解程度，我们特别进行了线上问卷调查。调查共回收 498 份有效问卷，问卷表明受众对于历史剧的观念不甚清晰，常常会根据制作精美与否来做出判断；另外，受众对于历史剧有着非常大的偏好，也认为"真实性"是历史剧所有特质中他们所最为关注的，反之，"趣味性"则不甚重要。这切实地反映了观众的审美偏好，也为未来历史剧的发展提供了参考。

下文将对问卷调查情况进行简要说明。在问题"请问您熟悉历史剧这个概念吗?"的回答中(结果如图12),498个被调查者中有313个人,即63%的人认为自己是熟悉历史剧这个概念的,这一方面说明大众心理还是可以将历史剧看作影视中一个独立的分支,且对其有一个概念空间模型。另一方面说明了历史剧作为影视类型中的一部分,它是贴近我们生活的,普及范围和影响范围是极其广阔的,若历史剧在史实等方面存在问题时,对大众、社会影响颇大。

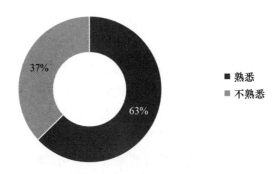

图12 大众对历史剧概念的熟悉程度

在调查中,我们列出了一些知名古装剧剧名,让被调查者选出自己认为是历史剧的剧名,用以侧面分析大众对历史剧的了解程度(结果如图13)。结果显示,观众对历史剧是有基本判断的。其中,《芈月传》的主角虽是真实历史人物,但其活动与史实存在明显不符的情况,因而观众认为其是历史剧的比例并不高;《康熙王朝》是大家较为公认的历史剧,无论在还原度还是口碑上都获得了双丰收;《琅琊榜》作为架空古装剧,因制作精美与富有历史感获得了观众一致的好评,但他们并不认为其是历史剧;而《甄嬛传》虽然使用了雍正朝代的背景,但在改编前是完全架空的宫斗剧,因此观众基本上也不认为其是历史剧;《大秦帝国》原著不仅知名度高,其改编剧目也备受好评,在历史剧的认可度上,仅次于《康熙王朝》;《军师联盟》以司马懿为叙述主线,是知名历史人物平凡化演绎的代表作,但是观众对其是一部历史剧的认同度却比较低；《北平无战事》中虽然没有真实的历史人物，但其人物和情节设定都比较符合历史背景，且具有历史感，其作为历史剧的认可度也比较高；《走向共和》虽对清末民初的演绎十分传神，但观众对片中展现的个别人物形象的评价褒贬不一，因此在认可度上也出现了不同评价。从调查结果来看，有 168人、即有 33.73% 的被调查者认为《芈月传》《甄嬛传》属于历史剧。这也说明，虽然大多数观众对历史剧有基本正确的判断，但是还有相当一部分观众判断力不足。尽管这两个剧目的剧情与史实差异十分明显，却仍有如此高比例的观众误认为其是历史剧。而且必须说明的是，进行线上问卷调查的主要渠道是项目组成员和指导老师等的社交账号，受调查者的学历有 70% 左右属于本科及以上。如果我们在受教育水平相对较低的人群中进行更细致的调查，可能观众对历史剧的判断力会有进一步下降。

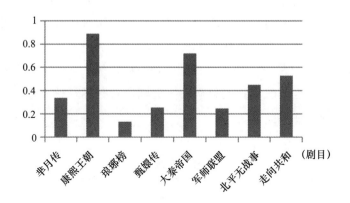

图 13　调查者对一些剧目的认可度

此外，我们还探究了"艺术性、戏剧性、真实性、趣味性、教育性、话题性"六种历史剧特性在被调查者心中的重要程度。应用 SPSS 19.0 进行多重响应频率分析，首先对有效与缺失数据进行整理，其次对第一顺位到第六顺位依次进行频率统计，结果见表 2 所示。

表2 个案摘要

	个案					
	有效的		缺失		总计	
	N	百分比（%）	N	百分比（%）	N	百分比（%）
第一顺位[a]	498	100.0	0	0.0	498	100.0
第二顺位[b]	473	95.0	25	5.0	498	100.0
第三顺位[c]	437	87.8	61	12.2	498	100.0
第四顺位[d]	393	78.9	105	21.1	498	100.0
第五顺位[e]	378	75.9	120	24.1	498	100.0
第六顺位[f]	376	75.5	122	24.5	498	100.0

从表3可以看出，有69.3%的人认为真实性是一部历史剧最重要的特征，仅有1.6%的人认为趣味性是最重要的特征，这从侧面反映了在大多数人心中都赞同历史剧应该符合史实，不能为了娱乐效果而使剧情脱离历史事实的看法。有35.1%的人认为历史剧的教育性是第二重要的，这说明有大多数人会将历史剧当作自己补充或积累历史知识的一种方法，也会受其历史观的影响。这更说明历史剧符合历史真实的必要性。有44.1%的人认为话题性在历史剧的这六大特征中最不重要，这也反映了我国观众在历史剧观看时逐渐建立起的独立理性审美机制与标准。

表3 多重响应频率

		第一顺位 频率		
		响应		个案百分比（%）
		N	百分比（%）	
第一顺位[a]	艺术性	76	15.3	15.3
	戏剧性	36	7.2	7.2
	真实性	345	69.3	69.3
	趣味性	8	1.6	1.6
	教育性	25	5.0	5.0
	话题性	8	1.6	1.6
总计		498	100.0	100.0

续表

第二顺位　频率			
		响应	个案百分比（%）
		N	百分比（%）	
第二顺位[a]	艺术性	144	30.4	30.4
	戏剧性	46	9.7	9.7
	真实性	66	14.0	14.0
	趣味性	33	7.0	7.0
	教育性	166	35.1	35.1
	话题性	18	3.8	3.8
总计		473	100.0	100.0

第三顺位　频率			
		响应	个案百分比（%）
		N	百分比（%）	
第三顺位[a]	艺术性	139	31.8	31.8
	戏剧性	87	19.9	19.9
	真实性	32	7.3	7.3
	趣味性	45	10.3	10.3
	教育性	86	19.7	19.7
	话题性	48	11.0	11.0
总计		437	100.0	100.0

第四顺位　频率			
		响应	个案百分比（%）
		N	百分比（%）	
第四顺位[a]	艺术性	50	12.7	12.7
	戏剧性	110	28.0	28.0
	真实性	17	4.3	4.3
	趣味性	74	18.8	18.8
	教育性	73	18.6	18.6
	话题性	69	17.6	17.6
总计		393	100.0	100.0

续表

第五顺位　频率				
		响应		个案百分比（%）
		N	百分比（%）	
第五顺位[a]	艺术性	25	6.6	6.6
	戏剧性	80	21.2	21.2
	真实性	12	3.2	3.2
	趣味性	124	32.8	32.8
	教育性	57	15.1	15.1
	话题性	80	21.2	21.2
总计		378	100.0	100.0

第六顺位　频率				
		响应		个案百分比（%）
		N	百分比（%）	
第六顺位[a]	艺术性	8	2.1	2.1
	戏剧性	48	12.8	12.8
	真实性	8	2.1	2.1
	趣味性	112	29.8	29.8
	教育性	34	9.0	9.0
	话题性	166	44.1	44.1
总计		376	100.0	100.0

　　我们还了解了大众对历史剧的偏好，发现在498个被调查者中，有119个人是很喜欢且看过较多历史剧，有267个人是较喜欢历史剧且对历史剧有一定关注，只有7个人很排斥历史剧（具体比例如图14）。这也说明历史剧在我国受欢迎程度比较高，大众对历史剧的喜爱也对历史剧制作方提出了更高要求。

　　简而言之，从观众角度看，大部分观众认为历史剧应该符合史实。有85%的人认为历史剧应该具备故事发展符合历史真实的特点。仅有1.6%的人认为趣味性是最重要的特征，这从侧面反映了在大多数人心中都赞同历史剧应该符合史实，不能为了娱乐效果，而使剧情

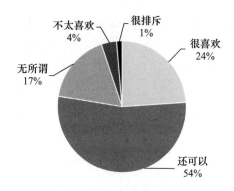

图 14　大众对历史剧的偏好

脱离历史事实。另外，中国观众对历史剧的喜爱程度比较高，这也说明历史剧的发展具有相当深厚的群众基础。

　　本节分析了国家广电总局政策、宣传发行公司和观众这三个对我国当前历史剧市场化影响最大的三个因素，发现在历史剧生产传播的流程中，不仅是历史学从业者参与度非常低，即使是有历史学背景的人参与度也不高。这种现象引起了我们的重视，并进一步对历史学类学生进行了专项调查、分析。

五　历史学类学生对历史剧的认知

　　从应然角度出发，历史学从业者或历史学专业毕业生，应是历史剧创作和传播的重要参与者，但实际上并非如此。为了解作为历史剧生产阶段潜在参与者——历史学类学生较少参与其中的原因以及未来的从业意愿，我们以历史学类学生为调查对象展开线上问卷调查。调查显示，历史学类学生对于参与历史剧生产过程有着相当的意愿，但碍于市场状况、自身技能的不足和一些普遍认知，大多数历史学类学生最终未能参与该过程中。以下就问卷结果进行分析总结。

（一）统计描述

本次线上问卷调查共回收 574 份。对回收的问卷进行完整性、逻辑性等进行审核，考虑到被调查者所填学校内并无历史学类专业删掉无效问卷 17 份，获得有效问卷 557 份。通过对有效问卷的整理和分析可知，557 个样本中男性被调查者共 202 人，占比 36.27%，女性共 355 人，占比 63.73%。该问卷成功发放到 47 所学校中（具体情况如图 15），在所有被调查者中，来自中国人民大学的有 85 人，占比 15.3%；来自杭州师范大学的有 75 人，占比 13.5%；来自华南师范大学的有 70 人，占比 12.6%；来自华东师范大学的有 41 人，占比 7.4%。所有样本中本科学历共 432 人，占比 78%；硕士研究生有 93 人、占比 17%；博士与专科生分别有 18 人、14 人，基本与我国目前历史学类在各阶段的分配比例相符合。在被调查者人群中，专业为中国史的有 406 人，占比 73%；为世界史的有 93 人，占比 17%；考古学的有 58 人，占比 10%（如图 16）。

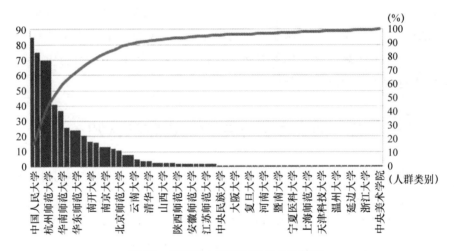

图 15　被调查人群所在学校分布情况

在了解了调查者的个人背景情况之后，我们询问"您平日里关注历史剧的动态吗?"并将选项设置为四级量表，其中十分关注的有 45 人，一般关注的有 301 人，不关注的有 50 人（具体分布如图 17），完全不关注的也有 9%。相比在面向大众群体所做调查中的关注程度有所提升，一般关注及十分关注的被调查者所占比例高达 62%。表示十

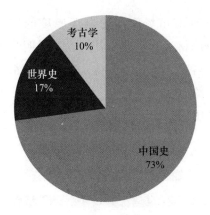

图 16　被调查人群专业情况

分关注的被调查者仅占 8%，这与我们预想结果有较大差异，但和目前就业市场中少有历史学类学生从事历史剧创作的现状基本一致。

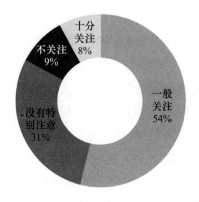

图 17　历史学类学生对历史剧的关注程度

　　进一步了解这 50 位调查者不关注的原因，我们发现有 40 人表示对此方面信息不感兴趣，有 5 人表示对自己无用，5 人表示学业繁重、无心关注。我们发现对部分历史学类学生而言，历史剧更多地以兴趣导向的状态出现，而并未将其纳入职业选择的考量。

　　通过分析被调查者对历史剧发展中存在问题的看法（如图 18），我们发现，约 80%（460 人）的人认为已有历史剧的台词与服化道不符合史实,这是对现有市场中历史剧还原度的质疑;约78%(448人)的人认为拍摄题材过于雷同与扎堆,这说明我国历史剧的类型和题材在多元性和丰富度上还有待提高;约76%(436人)的人认为剧中情节胡乱拼凑,约70%(399人)的人认为历史剧滥用架空、穿越等元素,这些都和历史剧的"真实性"特点背道而驰。

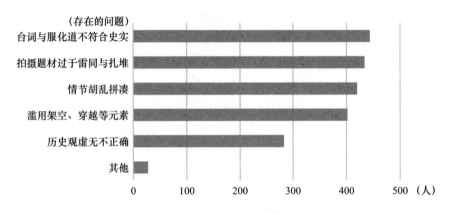

图 18 历史学类学生对历史剧发展中存在问题

因为历史学类学生对历史史实的了解程度较高及其专业与历史剧的高度相关性,我们询问了被调查者对历史剧创作和制作过程中历史学从业者的看法,其中有高达98%(563人)的人认为历史剧创作和制作过程需要历史学从业者参与,进行指导。其中约96%(550人)的人认为历史学从业者应担任历史顾问,约82%(470人)的人认为应担任如礼仪专家等专项专家,约80%(460人)的人认为应担任布景、服化道等领域的艺术顾问。但是只约40%(230人)的人认为历史学从业者可以担任编剧一职,这在一定程度上说明,历史学者认为本专业所掌握技能与从事编剧所需要技能之间不能完全匹配(如图19)。

针对目前历史剧创作过程中历史学从业者参与程度较低的原因(如图20),约77%(442人)的被调查者认为是因为以演员、流量、IP为王的电视剧制作大环境所致;约59%(339人)的人认为其应用和转化过程略复杂;约58%(333人)的人认为观众对历史剧准确

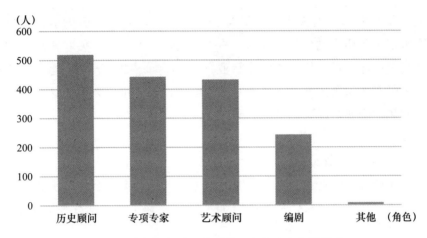

图 19　被调查者对历史学从业者担当角色的看法

度、真实度要求不高，就业市场这方面需求不高；约 45%（258 人）的人认为历史系出身学生缺乏相关职业、从业经验。这表明：（1）目前资本运作、粉丝经济等影视剧行业造成的大众印象直接影响历史学类学生的认知；（2）历史学类学生在职业发展方面，对历史剧相关领域重视不够；（3）当前历史学类人才培养在历史剧相关方面的缺位影响了学生的就业信心。

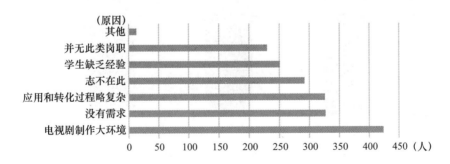

图 20　被调查人群对历史学相关从业者参与度较低原因

另外，通过询问被调查者修学编剧技巧类课程的意愿与进入历史剧创作及制作行业工作的意愿。发现有 67.15% 人在有条件的情况下，愿意修学戏剧文学应用或编剧技巧类课程以提高编剧水平与技能，仅有9.69%的人表示不愿意。说明有将近七成的历史学类学生有意愿参与历史剧创作。同时，有69.48%的人在有相关职业机会的情况下，愿意进入历史剧创作行业，有11.49%的人表示不愿意。说明还是有大量历史学专业学者对历史剧创作行业很感兴趣，这与我们了解到的现实情况有一定的差异。

（二）相关性分析

通过对被调查者个人背景情况与主观选择，主观态度与主观选择之间进行相关性分析，从数据方面更深程度地了解之间存在的关系，得到结论如下：

第一，专业分类与进入该职业的意愿之间的关系。利用SPSS对被调查者专业分类与进入历史剧创作及制作行业意愿进行相关性分析，绘制分组累积直方图（如图21），会发现专业为中国史的学生进入该行业的意愿最高、考古学的同学进入该行业的意愿最低；世界史专业学生不愿意加入该行业意愿值的低于其他两个专业。

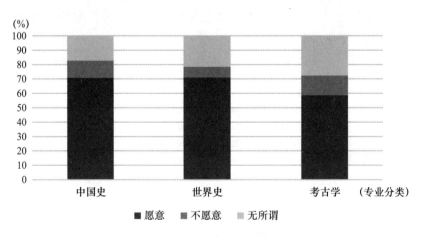

图21 专业分类与意愿的交叉性分析

第二，性别与历史学从业者参与历史剧创作行业意愿之间的关系。利用SPSS对被调查者性别与参与意愿进行相关性分析，绘制分组累积直方图（如图22）可见，相比于男性、女性中认为需要历史学从业者参与历史剧创作与制作过程的比例明显更高。说明从观念上，女性对专业从业者进入该行业更重视，从而在条件允许的情况下，更愿意选择进入该行业。

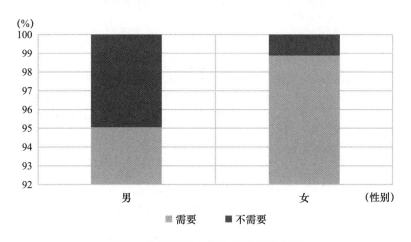

图22　性别与参与看法的交叉性分析

　　第三，观念上认为是否需要历史学从业者参加与行动上选择进入该职业之间的关系。通过对问卷中第八题"您认为历史剧的创作与制作过程中需要历史学从业者的参与吗？"与第十三题"如果有相关职业机会，您愿意进入历史剧创作及制作行业工作吗？"进行相关性分析，发现两者在0.01水平上显著相关。即观念上认为是否需要历史学从业者参加与行动上是否选择该职业之间有强烈的相关性。这与我们的认知基本符合，即认为在历史剧制作过程或行业中需要专业人才，如果历史学教育能够有意培养学生具有相关能力，历史学类毕业生参与积极性会有很大提高。因此如果可以从观念上改变或影响历史学类学生，使其真正意识到历史专业从业者在历史剧创作与制作过程中的重要作用、体会到其存在的必要性及其对中国历史剧发展的重要意义，则可以在一定程度上提高历史学类学生进入历史剧行业的积极性。

　　将本节对历史学类学生有关历史剧认知的调查与上节对观众的调

查相较，可以得出一些有趣的认识：和大众一样，历史学类专业学生对历史剧的理论认知并不高，最看重的历史剧要素是真实性，对历史剧的喜好程度与大众也相差不多。对学生的调查还有另外值得关注的现象，即有相当比例的学生对历史剧生产有兴趣，但是由于未接受相关教育，导致对相关职业信心不足，历史学类学生很少真正投入历史剧创作中。

六　结论

纵观改革开放以来中国历史剧发展之路，经历了从无到有、从单一到多元、从粗制到考究的过程。改革开放前十年（1978—1987）是历史剧的起步阶段，这一时期历史剧创作沿袭了20世纪六七十年代戏剧创作的特色，选用家喻户晓的历史人物，注重历史本身的阐述，内容质量较高。但受制于成本和技术，服化道尚显简单质朴，而且后期剪辑制作显得较为粗糙。1988—1998年，随着改革开放进一步深入和市场化进一步实现，影视剧市场迅速扩张，文化产业迎来繁荣小高潮。这一时期的历史剧从关注历史事实逐渐转向到对叙事情节、主要人物性格塑造上来，对艺术性的考虑比重增加，"剧"的主体地位更加凸显。在服化道方面更加精美，也更偏向于写意化的表达，三者之间不再是单独的存在而成为相互呼应、融合的整体。步入21世纪中国经济高速发展，大众在精神文化层面的需求也随着物质水平的提高而增长。1999—2010年是中国历史剧发展的高峰时期，出现了一批叙事结构宏大、文化内涵丰富、编导制作精良的历史正剧，塑造了一批经典的荧幕形象，以横店影视城为代表的历史影视摄制服务兴起，硬件技术趋于成熟。2010年至今，历史剧生产显得更为轻车驾熟，整个制作环节都有提升，这一时期的历史剧逐渐把注意力从格局宏大的国家视角转向个人传奇经历叙述，大女主题材兴起，地方史、民族史也逐渐纳入选题。但同时，资本市场和互联网文化对历史剧摄制的影响也越发显著，历史剧的发展遇到冲击和挑战，穿越、宫斗、逆袭等元素大热，越来越多娱乐性古装剧挤占了历史剧的市场，IP 改编的暴利更打击编剧创作的积极性，历史剧发展进入了转变时期。

在时间序列上除了对历史剧发展历程的进行梳理外，我们还结合传播学中拉斯韦尔的 5W 模型对影响历史剧的多元因素进行了研究。从生产与创作端来看，导演和编剧作为核心创作团队，其个人风格、对历史的把握认知以及对历史剧功能的不同看法，都会影响历史剧的编写和拍摄过程。历史顾问是历史剧中特有的角色，他们会对剧情及合理性提出适当的建议，但是由于资本、制作流程和观念的问题，其发挥的作用十分有限。服装、化妆、道具在一定程度上决定了历史剧的质量，其是否能塑造合适的历史环境成为受众直观认识过去的关键，而礼仪指导也会通过对细节、礼节、仪式的把握，增加历史剧的还原感。历史剧除创作的整个过程外，也要通过市场化的过程才能走向市场。其中国家广播电视总局政策行使着审核与规范的作用。宣传发行公司则会对其进行包装和宣发，在近年的网络环境中，这无疑也成为历史剧能否有效走进大众视野的关键。影响历史剧的另一个重要方面是接收端，因为历史剧只有为大众所观看、接受，才能充分地发挥其价值。受众一方面受历史剧传递的知识、历史观所影响；另一方面受众也有着自己的看法和评价，这种反馈是有利于历史剧的改进和提升的。还有一类特殊的受众是潜在参与者，在该调研中，具体指向为历史学类学生，他们有着相对扎实的专业背景，有着未来参与创作的可能。需要注意的是，生产、市场化和接收这三个环节并非以时间顺序依次独立存在，大多情况下互相之间皆有交叉。

在生产过程中，编剧的创作实际上受到许多规则的规范，也有市场因素的自动调节。通过采访，我们了解到，创作一部历史剧实属不易，有许多时代的历史故事不适宜或者不建议被改编。而在市场大环境下，历史剧的创作和拍摄周期相对较长，成本较高且对编剧的历史知识又有一定要求，出于对利益和成本的综合考量，历史剧的创作也越来越难、越来越少。

历史顾问虽有顾问之名，但其在历史剧创作中只能起着解答问题和提供建议的有限作用，有时还会承担"招牌"的角色。很多情况下，历史顾问参与历史剧创作的阶段较晚，多在实拍或者后期剪辑过程中，这时即便有问题也很难再返回改正。历史顾问的参与是被动的，多数是在导演、编剧提问时从相对专业的角度回答和认证，其实对于实际创作的修改影响有限。但在受众看来，历史顾问是历史剧是否符合史实的保证，尤其当历史顾问为知名教授学者担任时，如若历史剧中仍有明显错误出现，便会出现受众对历史顾问能力与学术的质疑和指摘的情况。在这种情况下，愿意参与历史剧创作的学者也会渐少。这其实反映出，观众对于历史剧真实性是有需求的，他们也希望有更多的专业人士参与这个过程中。

在剧目表整理的过程中，我们发现，在政府主导作用下出现的一批历史剧都会相对优秀。在广电总局的分类中，这类历史剧统称为"重大革命题材和重大历史题材电视剧"，通常由党委宣传部门进行组织策划，以招标的方式进行制作。当政府作为特殊的主体参与创作时，资源、档案的调配相对便捷，资金也有了一定的保障，资本对创作的影响制约比较小。更重要的是，政府对于历史剧的真实性有着相当高的要求，会更多地聘请不同身份的顾问参与剧本创作和剧情讨论的过程中来，以求呈现出高质量的老少皆宜的历史剧。

在服装、化妆、道具方面，通过实际走访，我们观察到，历史剧剧组对影视城场景往往是利用现成的，不注重建筑风格和器物是否符合历史时期特征，大致按本剧的要求简单改造后就进行拍摄。礼仪指导是历史剧中一个特有的角色，他们的参与往往让观众更有历史的代入感，其本身也是传统文化的践行者和弘扬者。但是事实上，这方面的人才确实相当的缺乏。

国家广播电视总局对历史剧的审查实际已经深入了非常细微的方面，比如吸烟的镜头、方言的使用，这些在一定程度上会影响历史剧的创作。另外，国家广电总局对历史剧的相关政策导向等，对历史剧的创作和市场化会产生显著的影响。在历史剧市场化过程中，目前已经出现了一些运转相对良好的模式。网络播放机制如今日渐完善，而网剧平台自身注重流量效应以及网剧制作普遍投入小、周期短的运作模式与历史剧创作周期长、投资大、拍摄难度高的固有特点之间的矛盾是不可避免的，这也是近年来历史剧总体质量下降的重要原因之一。另外，很多网剧制作精美、善于营销，很好地建立了同观众之间的互动关系，这样的宣发方式在某些方面也值得历史剧学习，有助于让历史剧更好地成为人民大众的精神食粮。

在接收端方面，通过问卷调查，我们发现，对于大众而言，判断一部剧是否是历史剧总体上存在一定困难，但并没有预想中的大，大多数观众对历史剧有基本正确的感性判断。当然我们也必须意识到，不少观众将历史剧作为历史知识的主要获取源，还有近三分之一的观众会将一些传奇剧视为历史剧。尽管教化功能不必由历史剧完全承担，而一旦历史剧走向大众，就需要相当高的底线来把这样一件事情做好，误导的代价是难以估量的。

在针对历史学类学生的调研中，我们发现历史学从业者和编剧之间有着戏剧文学写作能力这条鸿沟。正如学者指出的那样，一个编剧成为历史剧编剧的成本，比一个历史学从业者成为历史剧编剧的成本低得多。[1] 虽然有很多历史学类学生对于参与历史剧创作环节有期许，但是对能力存在明显的信心不足。这为我们未来的人才培养也提出了新的方向。

通过对历史剧行业的积极探索、对历史剧影响因素的研究和思考，我们将从历史剧的传播过程来分析历史剧行业未来可能的走向，并从相关维度提出一些建议以供参考。

第一，在编剧创作历史剧本的过程中，时常存在由于缺乏历史知识而出现史实错误的问题；一些编剧为追求商业利益及迎合大众趣味性，其历史剧的剧本质量往往得不到保障。所以，在历史剧本的创作过程中，编剧应以向社会大众展现历史为主要目的，而不是生产一部披着古装外衣的青春偶像剧；编剧在选定历史时期后，应提前了解并熟知这段时期内的历史人物与历史事件，在吃透这段历史后进行合理化的虚构，既填补历史留白增添戏剧性，也符合历史发展的主要脉络与历史真实。

---

[1] 龚书铎：《历史剧与影视史学（笔谈）》，《中国人民大学学报》2007 年第 2 期。

第二，为培养更多具有历史素养的编剧人才，高校可以在历史专业的培养中增添一些与戏剧文学相关的课程，提高历史学类学生的文学素养，使其在未来职业规划上有新的选择，充分发挥自己所学的专业知识，也有更多可能提高历史剧的质量。

第三，历史顾问在历史剧创作过程中参与度极低也是一个十分突出的问题，这不仅导致历史剧的质量得不到保障，还在舆论方面对历史顾问本人造成困扰。所以，为极大程度地避免这种情况的发生，在未来历史剧创作过程中，历史顾问可以在编剧创作剧本，以及服化道制作时就提早参与历史剧的生产环节中来，在剧本写作时能够及时发现一些"硬伤"，给予编剧一些建议，保证剧本创作的高质量；在服化道设计、制作的环节，顾问的加入能提前避免出现一些粗制滥造或过于浮夸的问题，为历史剧的拍摄增光添彩。这样一来，历史顾问的作用能够最大限度进行发挥，受商业资本等限制的程度会大大缩小，实现历史剧与历史顾问的"双赢"。

第四，广电总局和影视制作公司应该在历史真实性方面有更高追求。在历史剧市场化的过程中，政府和市场两方面的力量起着重要作用。从政府层面来说，广电总局的监管、审查作用倒逼影视剧生产公司的自省和规范。近年来，广电总局方面对不同题材电视剧播放比例有所控制，增加了重大革命历史剧的播放量、限制娱乐导向为主的戏说剧、宫斗剧的播出比例，实际上为历史剧的发展提供了更好的支持。但是在一些有重大史实错误的所谓历史传奇剧审查上，还应该有清晰导向，避免人民大众产生错误的历史认知。就影视制作公司来说，在历史剧生产流程中，应该更主动地追求历史真实性，在史实方面更重视历史顾问等专家的意见，更追求道具布景、服装、化妆、礼仪等符合时代特点。

附件：剧目整理总结

通过对剧目表进行整理，从三个角度（剧目分类、编剧类型、顾问类型）进行分析，会发现近年来无原型但有历史感与时代感的历史剧有逐年增加的趋势；而正剧从 2004 年达到顶峰之后逐年减少，但这一类历史剧在 2012 年之后又呈现出递增趋势；对于有一定虚构性演绎的历史剧，在各年所有历史剧中占比在 40% 左右波动，且整体上占比有下降趋势（如图 23）。在编剧方面，从事历史剧创作的历史专业从业者人数在 2000 年达到之最，从 2007 年开始基本没有历史专业从业者担任编剧参与创作（如图 24）。同时，会发现有六成以上的

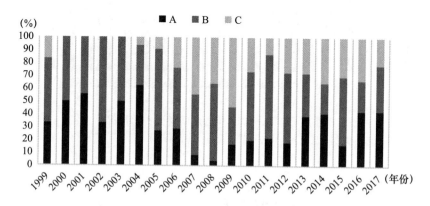

图 23　1999—2017 年各历史剧分类占比情况

（A 表示正剧；B 表示有一定虚构性演绎；C 表示无原型但有历史感与时代感）

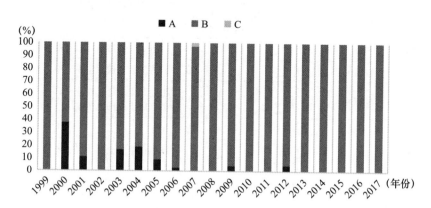

图 24　1999—2017 年各编剧类型占比情况

（A 表示历史专业从业；B 表示其他人士）

历史剧无历史顾问，从 2010 年开始担任历史顾问的历史专业从业者及其他人士是逐渐增加。三种情况根据统计数据制作的比较如图 25：

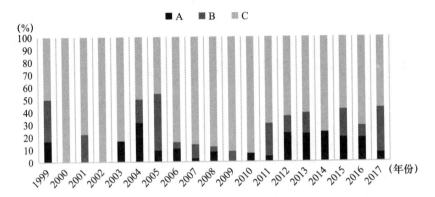

图 25　1999—2017 年各顾问类型占比情况
（A 表示历史专业从业者；B 表示其他人士；C 表示无）

说明：在以下表格中，

编剧类别一列：A 表示历史专业从业；B 表示其他人士

历史顾问一列：A 表示历史专业从业者；B 表示其他人士；C 表示无

分类一列：A 表示正剧；B 表示有一定虚构性演绎；C 表示无原型但有历史感与时代感

年份	剧目名称	年代	编剧类别	历史顾问	分类	备注
1980	历代奇女子	汉/唐/清	B	C	B	以历史人物吕后、鱼玄机等为原型
1981	大侠霍元甲	近代	B	C	B	以清末著名武术家霍元甲为原型
1983	杨家将	宋	B	A	B	讲述北宋末年杨继业一门忠烈的故事；历史顾问：彭政
	西施	春秋	B	C	B	
	上党战役	现代	B	C	A	此剧促成中央重大革命历史题材影视领导小组成立
	张露萍	现代	B	C	A	
	周总理的一天	当代	B	C	A	

续表

年份	剧目名称	年代	编剧类别	历史顾问	分类	备注
1984	少帅传奇	现代	B	B	B	历史顾问：陈大章，张学良将军的随从卫士、副官
	今夜有暴风雪	当代	B	C	C	
	长夜行	现代	B	C	C	改编自于伶1941年《长夜行》
	一代风流	现代	B	C	B	改变自欧阳山《一代风流》
	魏征	唐	B	C	B	
	诸葛亮	三国	B	A	B	历史顾问：黄惠贤，武汉大学历史系教授
	郑和下西洋	明	B	C	B	
	铁道游击队	现代	B	C	C	
1985	岳飞	宋	B	C	B	
	杨家将	宋	B	C	B	
	向警予	现代	B	C	A	
1986	努尔哈赤	清	B	A	A	民俗顾问：傅英仁，富察氏第14代子孙，铁玉钦
	乌龙山剿匪记	当代	B	C	C	根据解放军剿灭湘西土匪的真实历史事件改编
	石达开	近代	B	C	B	
	孙中山羊城蒙难记	现代	B	C	A	
	孙中山与宋庆龄	现代	B	C	A	
1987	凯旋在子夜	当代	B	B	C	历史顾问：廖锡龙，陆军将领
	格萨尔王	中世纪中叶	B	C	B	
	袁崇焕	明/清	B	A	B	历史顾问：阎崇年、万依，著名历史学家
	王昭君	汉	B	C	B	
	秋白之死	当代	B	C	A	根据吴启蒸、郑宜焜京剧剧本《秋白之死》改编
	军魂	当代	B	B	C	历史顾问：刘昌友、陈培忠，陆军将领

年份	剧目名称	年代	编剧类别	历史顾问	分类	备注
1988	末代皇帝	近代	B	A	A	邀请许多爱新觉罗家族后人做顾问，如溥杰、韫馨、毓嶦
	太平天国	近代	B	A	A	
	八千里路云和月	宋	B	B	B	讲述宋徽宗年间岳飞抗金的故事；编剧：欧君旦、宗华
	兵权	宋	B	C	A	
	满清十三皇朝之雍正	清	B	B	A	编剧：谭锦华
1989	湖南和平起义	当代	B	A	A	讲述新中国成立后湖南解放的故事
	李大钊	当代	B	B	A	编剧：周振天
	晋文公传奇	春秋	B	C	B	
	大汉春秋	汉	B	C	B	根据历史传记类歌仔戏改编；顾问：曾永义（台湾大学教授，民俗研究专家）
1990	宋庆龄和她的姊妹们	当代	B	C	A	编剧：赵瑞泰，国家一级编剧；电视剧获金鹰奖
	巾帼悲歌	明	B	B	A	改编自姚雪垠长篇历史小说《李自成》
	东汉演义	东汉	B	A	A	改编自历史传记类歌仔戏，讲述刘秀带领汉室中兴的故事
	孔明三气周瑜	三国	B	C	A	编剧：黄鹤声（粤剧文武生）；改编自歌仔戏
1991	百团大战	当代	B	A	A	历史顾问：赵雨亭（百团大战自卫队队长）
	雍正皇帝	清	B	A	A	历史顾问：徐启宪，清史专家，故宫博物院研究员
	赵尚志	当代	B	A	B	
1992	唐明皇	唐	B	B	A	
	北洋水师	清	B	A	A	王守义（北洋水师兵勇王国成后人）；杨志本（海军史前辈学者）；许华（海军史学者）
	少奇同志在武汉	现代	B	A	A	历史顾问：何家栋（著名思想家、作家）

续表

年份	剧目名称	年代	编剧类别	历史顾问	分类	备注
1992	秦王李世民	唐	B	C	A	
	满清十三皇朝之危城争霸	清	B	C	A	讲述光绪、宣统两朝史事
1993	康熙大帝	清	B	A	A	根据二月河原著《康熙大帝》改编；清史顾问：朱家溍、周远廉等
	朱元璋	明	B	A	A	编剧：郭启宏、计红绪
	甲申祭	清	B	A	A	编剧：刘和平，参照郭沫若《甲申三百年祭》改编
	唐太宗李世民	唐	B	C	B	编剧：徐斌扬、刘富民、朱向敢、王树元、傅功振、邓沐珩
1994	西施	春秋	B	C	B	
1995	武则天	唐	B	A	A	历史顾问：李斌城（中科院历史研究所研究员）
1996	胡雪岩	清	B	C	A	
1997	张学良将军	现代	B	A	A	历史顾问：彭政
	府河人家	当代	B	C	C	
	商鞅传奇	春秋	B	C	B	编剧：冉成淼
	班禅东行	清	B	C	B	
	康熙情锁金殿	清	B	B	B	根据二月河历史小说《康熙大帝》改编；编剧：徐斌扬
	鸦片战争演义	清	B	A	A	历史顾问：徐启宪（著名清史学者），张磊、陈胜粦（鸦片战争研究学者）
	司马迁	汉	B	C	A	
	林则徐	清	B	C	A	
	东周列国·战国篇	战国	B	B	A	
1998	一年又一年	当代	B	C	C	
	济南战役	当代	B	C	A	
	北平和谈	现代	B	C	A	
	蓝色三环	现代	B	C	B	

续表

年份	剧目名称	年代	编剧类别	历史顾问	分类	备注
1998	左宗棠	清	B	C	B	编剧：郑怀兴（国家一级编剧）
	汉刘邦	西汉	B	C	A	
	戊戌风云	清	B	C	B	
	周恩来在上海	现代	B	A	A	
	甲午陆战	清	B	C	B	
1999	雍正王朝	清	B	B	A	根据二月河历史小说改编；编剧：刘和平、罗强烈；顾问：爱新觉罗·毓峘等
	屈原	战国	B	C	B	编剧：吴傲君、罗石贤
	我亲爱的祖国	当代	B	C	B	
	开国领袖毛泽东	当代	B	A	A	编剧：王朝柱（曾在总政文工团工作）
	和平卫士	当代	B	B	B	
	风雨澳门	当代	B	C	C	
2000	曹操	东汉	B	C	B	
	太平天国	清	A	C	A	编剧：张笑天（毕业于东北师范大学历史系）
	抗美援朝	当代	A	C	A	编剧：张笑天（毕业于东北师范大学历史系）
	一代廉吏于成龙	清	B	C	B	顾问：傅杰（复旦大学古典文献学教授）、王德新
	晋西事变	当代	A	C	A	编剧：张帆、刘锦成、杨奎松（著名当代史、党史学者）等
	文成公主	唐	B	C	B	
	海瑞罢官	明	B	C	A	编剧：王培公
2001	康熙王朝	清	B	B	A	编剧：朱苏进 胡建新；根据二月河小说《康熙大帝》改编
	长征	现代	B	C	A	
	大宅门	现代	B	C	B	编剧：郭宝昌（亲历者）
	孙中山	现代	A	C	B	编剧：张笑天（毕业于东北师范大学历史系）

续表

年份	剧目名称	年代	编剧类别	历史顾问	分类	备注
2001	朱德元帅	现代	B	C	B	顾问：龚希光（军队医生）、黄允升（中共中央文献研究室第一编研部研究员）
	东北抗日联军	现代	B	C	B	
	平民大总统	现代	B	C	A	根据小说《平民大总统》改编
	渭华起义	现代	B	B	A	
	大汉天子	西汉	B	C	A	
2002	非常公民	现代	B	C	B	
	魂断太平	清	B	C	B	
	孝庄秘史	清	B	C	A	编剧：杨海薇（台湾著名编剧）
2003	张学良	当代	B	C	A	
	乾隆王朝	清	B	C	A	
	少年天子	清	B	C	B	根据清史研究专家凌力历史小说《少年天子》改编
	肖劲光大将	当代	B	C	A	
	台湾首任巡抚刘铭传	清	A	A	B	编剧：张笑天（历史学专业学者）、史航（著名编剧，戏剧文学专业）
	大唐歌飞	唐	B	C	B	
2004	江山	近代	B	C	C	
	走向共和	近代	B	A	A	编剧：盛和煜、张建伟
	同舟共济	现代	B	A	A	
	大明王朝惊变录	明	B	B	A	
	沧海百年	清	A	A	B	编剧：刘和平；历史顾问：林为民（林家第九代传人）
	记忆的证明	现代	B	A	A	根据《世界没有末日》改编
	宫廷画师郎世宁	清	B	C	A	
	陈云在临江	现代	B	B	A	顾问：洪学智（开国上将）、陈元（陈云之子）
	抗日名将左权	现代	A	B	A	
	骊姬传奇	晋	B	C	B	

续表

年份	剧目名称	年代	编剧类别	历史顾问	分类	备注
2004	汉武大帝	汉	B	C	A	胡玫执导
	毛泽东在武汉的故事	现代	B	C	A	
	秦王李世民传奇	隋/唐	A	C	B	编剧为陈文贵
	少年康熙	清	B	C	B	改编自凌力小说《暮鼓晨钟》
	大明天子	明	B	A	B	历史顾问：林晓峰、杨大明
	林则徐	清	B	C	A	
2005	羊城风暴	现代	B	C	B	
	张伯苓	近现代	B	B	A	编剧：周振天
	太祖秘史	明朝	B	B	B	
	亮剑	现当代	B	A	B	军事顾问：刘源（北师大历史学专业毕业、中国人民解放军高级将领）
	江山风雨情	明/清	B	B	B	编剧：朱苏进
	大龙脉	清	B	B	B	
	德龄公主	清	B	C	B	根据满族旅美作家德龄的生平改编
	明末风云	明	B	B	B	
	八路军	现代	B	B	A	
	杨靖宇将军	现代	B	B	A	
	铁道游击队	现代	B	C	B	
	传奇皇帝朱元璋	明	B	A	A	编剧：张笑天、张毅杰
	李卫辞官	清	A	B	B	编剧：毓钺（恭亲王后裔，清史研究专家）
	清宫风云	清	B	B	B	
	烽火不息	现代	B	C	C	
	施琅大将军	清	A	C	B	
	恰同学少年	现代	B	B	A	顾问：邵华（毛岸青夫人）杨胜群（中共文献研究室常务副主任）
	开创盛世	唐	B	C	A	
	大清徽商	清	B	B	B	

续表

年份	剧目名称	年代	编剧类别	历史顾问	分类	备注
2005	吕梁英雄传	现代	B	B	C	
	正德演义	明	B	C	B	
	嘉庆传奇	清	B	C	B	
2006	红顶商人胡雪岩	清	B	C	B	改编自高阳《胡雪岩》，二月河、薛家柱联合编剧
	贞观长歌	唐	B	A	A	历史顾问：辛德勇、冯尔康等中国古代史研究学者；民族史顾问：厉声、王建民、杨胜敏
	诺尔曼·白求恩	近现代	B	C	A	根据加拿大及石家庄白求恩纪念馆史料创作
	西圣地	当代	B	C	C	
	楚汉风流	秦/汉	B	C	A	编剧：刘岚、周长赋
	上将许世友	现当代	B	C	B	编剧：陆天明（金鹰奖）
	争霸传奇	春秋	B	C	B	以"吴越之争"为背景
	越王勾践	春秋	B	C	A	
	大明奇才	明	B	C	B	以大明奇才解缙为主要角色
	喋血英魂	现代	B	B	B	名誉顾问袁宝华（早期革命家、人民大学校长）
	商贾将军	近现代	B	C	B	
	沁源围困战	现代	B	C	B	
	朱元璋	元/明	B	C	A	剧本根据朱苏进（著名历史剧编剧）同名小说改编
	武昌首义	近现代	B	C	A	
	船政风云	近代	B	A	B	历史顾问：金冲及（中国近代史、中共党史研究专家）、龚书铎（马克思主义历史学家，原北京师范大学历史学院教授）
	贞观之治	唐	A	A	A	编剧：孟宪实（中国人民大学国学院教授、隋唐史研究）、阿城（作家）。历史顾问：孟宪实
	张大千	现当代	B	C	B	
	雄关漫道	现代	B	C	A	

续表

年份	剧目名称	年代	编剧类别	历史顾问	分类	备注
2006	任弼时	现当代	B	C	A	
	商旗	近代	B	C	C	
	唐山绝恋	当代	B	C	C	以唐山大地震为背景
	大明王朝1566	明	B	A	A	根据刘和平所著小说《大明王朝1566》改编。历史顾问：刘泽华（南开大学历史系教授）、冯尔康（南开大学历史系教授）
	王昭君	西汉	B	C	B	
	关东金王	近现代	B	C	B	
	上书房	清	B	C	B	
	东方朔	西汉	B	C	B	
	超临界	当代	B	C	C	以国企改革为背景
	卧薪尝胆	春秋	B	C	B	
	鉴真东渡	唐	B	C	B	
	血沃丰碑	现代	B	C	B	反映鲁南地区的抗战历史
	海之门	当代	B	C	C	
	城里城外	当代	B	C	C	
	大工匠	当代	B	C	C	
	荀慧生	近现当代	B	C	B	策划：荀慧生长子荀令香
	云南往事	近代	B	C	C	
	大河颂	清	B	C	A	
	羊城暗哨	现当代	B	C	C	
	聂耳	现代	B	B	B	历史顾问：聂丽华（聂耳侄女）
2007	烽火孤儿	现代	B	C	C	
	青春之歌	现代	B	C	C	
	东归英雄	清	B	C	B	
	明宫谜案	明	B	C	B	
	天啸	当代	B	C	C	
	同仁堂	现代	B	C	C	
	山菊花	现代	B	C	C	

续表

年份	剧目名称	年代	编剧类别	历史顾问	分类	备注
2007	乐意为人	当代	B	B	C	由本片主角的原型王乐义担任顾问
	烈日炎炎	现代	B	C	C	根据董立勃小说《白豆》改编
	董必武	现代	B	C	B	
	天涯歌女	现代	B	C	B	
	百年虚云	近现当代	B	B	B	深圳弘法寺方丈释本焕担任顾问
	彭雪枫	现代	B	C	B	
	神府红军游击队	现代	B	B	A	无产阶级革命家马文瑞担任顾问
	英雄虎胆	当代	B	C	C	
	英雄之城	现代	B	C	C	
	天下	明	B	B	B	
	大院子女	当代	B	C	C	根据石钟山同名小说改编
	阿容	现当代	B	C	C	根据梁佛金小说《风雨客家情》和《大富大贵》改编
	吐鲁番郡王	清	B	C	B	
	苍天圣土	清	B	C	C	根据霍达所著小说《补天裂》改编
	井冈山	现代	B	C	A	
	追梦	现代	B	C	B	反映中华体育人奋斗史
	草原春来早	现代	B	C	B	
	红灯记	现代	C	C	C	
	秦淮悲歌	明清	B	C	B	根据刘斯奋小说《白门柳》改编
	霍元甲	近代	B	C	B	
	百团大战	现代	B	C	A	
	宋庆龄	现当代	B	C	B	
	西安事变	现代	B	C	B	
	万历首辅张居正	明	B	C	B	根据熊召政同名小说改编
	郑和下西洋	明	B	A	B	历史顾问：万明（中国社会科学院历史所研究员）、毛佩琦（中国人民大学历史学院教授）、华林甫（中国人民大学清史研究所教授）

续表

年份	剧目名称	年代	编剧类别	历史顾问	分类	备注
2007	吴越钱王	五代十国	B	C	B	
	旱码头	近代	B	C	C	以周村百年商埠为背景
	闯关东	近现代	B	C	C	
	血色湘西	现代	B	C	C	
2008	台湾·1895	近代	B	C	B	
	大秦帝国之裂变	战国	B	C	B	根据孙皓晖的同名历史小说第一部改编
	西风烈	春秋战国	B	C	B	
	周恩来在重庆	现代	B	A	A	中共中央文献研究室室务委员担任顾问
	叶挺将军	现代	B	C	B	
	英雄无名	现代	B	B	B	阎宝航子女阎明光、阎佳林担任顾问
	浴血坚持	现代	B	C	B	
	大槐树	明	B	C	C	
	红日	现代	B	C	B	根据吴强同名小说改编
	重生	现当代	B	C	B	
	开漳圣王	唐	B	C	B	
	百年往事	近现当代	B	C	C	由荣宝斋总经理郜宗远担任顾问
	牟氏庄园	现代	B	C	B	
	根在中原	唐	B	C	B	
	长江一号	现代	B	C	C	讲述抗战时期的谍战斗争
	少奇同志	现代	B	A	B	由中共党史研究专家黄峥担任顾问
	刘少奇故事	当代	B	C	B	
	保卫延安	现代	B	C	B	
	走西口	现代	B	C	C	
	四世同堂	现代	B	C	C	根据老舍同名小说改编

续表

年份	剧目名称	年代	编剧类别	历史顾问	分类	备注
2008	中天悬剑	现代	B	C	C	
	江阴要塞	现代	B	C	B	
	人间正道是沧桑	现代	B	C	C	
	北风那个吹	当代	B	C	C	
	我们的八十年代	当代	B	C	C	
2009	母仪天下	西汉	B	C	B	
	潜伏	现代	B	C	C	
	北海风云	现代	B	C	C	
	滇西1944	现代	B	C	C	
	我的团长，我的团	现代	B	C	C	
	勇者无敌	现当代	B	C	C	以将领黄樵松为原型改编
	大境门	现代	B	C	B	以张家口巨商王朴为原型
	大明医圣李时珍	明	B	C	B	
	天地民心	清	B	C	A	以晋儒祁隽藻为原型
	开国前夜	现代	B	C	B	根据同名历史档案小说改编
	邓子恢	现代	B	C	A	
	情系北大荒	当代	B	C	C	
	解放区的天	当代	B	C	C	
	烽火影人	现代	B	C	C	
	故梦	近现当代	A	C	C	其中一名编剧是历史小说作家与历史学出身编剧
	国歌	现代	B	C	B	
	生死线	现代	B	C	C	
	沂蒙	现代	B	C	B	改编自历史小说《沂蒙》
	奠基者	当代	B	C	C	报告文学《部长与国家》改编
	红七军	现代	B	B	A	由原红七军参谋莫文骅中将、战士黄荣担任顾问

续表

年份	剧目名称	年代	编剧类别	历史顾问	分类	备注
2009	红色摇篮	现代	B	C	A	
	鸽子哨	当代	B	C	C	
	高粱红了	现代	B	C	C	
	大唐书魂颜真卿	唐	B	B	B	历史顾问为颜氏后人
2010	隐形将军	现代	B	C	B	改编自韩兢同名小说
	沧海一粟	现代	B	C	B	
	新安家族	现代	B	C	C	
	江姐	现代	B	C	B	
	美人心计	汉	B	C	B	
	经纬天地	现代	B	C	C	
	永不消逝的电波	现代	B	C	B	
	爱在苍茫大地	当代	B	C	C	以三线建设为历史背景
	解放大西南	现代	B	A	A	中国著名毛泽东研究专家逄先知，中共党史研究大家金冲及，原海军将领王兆海担任顾问
	五星红旗迎风飘扬	当代	B	C	A	
	洪武大案	明	B	C	B	
	大秦直道	秦	B	C	A	
	钢铁年代	当代	B	C	C	讲述了新中国成立初期鞍钢建设发展的历史
	韩信	秦/汉	B	C	B	
	黎明前的暗战	现代	B	C	B	
2011	东方	当代	B	C	A	
	战地黄花	现代	B	C	B	
	将军日记	现当代	B	C	B	以赖传珠日记为依托
	中国1921	现代	B	C	B	
	远去的飞鹰	现代	B	B	B	根据真实历史人物改编，其家人担任顾问
	开天辟地	现代	B	B	A	胡玫导演，剧组请来军事科学院有30年教龄的党史教员参与拍摄工作

续表

年份	剧目名称	年代	编剧类别	历史顾问	分类	备注
2011	水木清华	现代	B	C	B	
	护国军魂传奇	现代	B	C	B	
	天行健	现当代	B	B	B	为剧组主创查阅诸多史籍和名人传记，逐个走访了上百位清华相关人士
	叶落长安	近现当代	B	C	C	
	东山学堂	现代	B	C	B	
	红军东征	现代	B	C	A	
	辛亥革命	现代	B	A+B	A	中共中宣部为纪念辛亥革命100周年的重点献礼作品之一，历史顾问为金冲及（党史研究专家）、龚书铎、王兆海（原海军将领）
	孔子春秋	春秋	B	C	B	
	大盛魁	清/近现代	B	C	B	
	南越王	秦/汉	B	C	B	
	川军团血战到底	现代	B	C	C	描述川军抗战的故事
	护国大将军	现代	B	C	B	
	雪浴昆仑	当代	B	B	B	先遣连官兵口述
	粟裕大将	现代	B	C	A	讲述了粟裕将军的故事
	焦裕禄	现当代	B	B	B	焦裕禄家人担任顾问
	川东游击队	现代	B	B	B	经历者口述
	先遣连	当代	B	C	C	
2012	浴火危城	现代	B	B	B	
	汉口码头	近现代	B	C	C	
	大秦帝国之纵横	先秦	B	A	A	
	少共国际师	现代	B	C	B	
	我们的法兰西岁月	现代	B	A+B	A	中共中央党史和文献研究院院长担任顾问，采访多位权威专家及革命前辈的亲属后人
	宫闱残阳	清	A	C	B	清室后裔毓钺先生参与编剧（对清史有多年研究）
	木府风云	明	B	A	B	

续表

年份	剧目名称	年代	编剧类别	历史顾问	分类	备注
2012	九河入海	现代	B	A	B	
	当家大掌柜	近现代	B	C	C	
	知青	当代	B	C	C	
	汉阳造	现代	B	C	B	
	月明三更	唐	B	C	B	
	五星红旗迎风飘扬2	当代	B	C	A	
	大抉择	现代	B	C	C	
	赵氏孤儿案	春秋	B	C	B	
	刘伯承元帅	近现当代	B	C	A	
	茶颂	清	B	C	C	
	徐悲鸿	近现代	B	B	B	徐悲鸿夫人担任顾问
	精忠岳飞	宋	B	A	B	
	曹操	三国	B	C	B	
	王阳明	明	B	C	B	主要讲述了王阳明的故事
	西藏秘密	当代	B	B	C	
2013	开国元勋朱德	近现当代	B	B	A	朱德元帅之孙担任顾问
	大明按察使	明	B	C	B	
	桐柏英雄	现代	B	C	C	根据同名经典小说改编
	寻路	现代	B	A	A	中共中央文献研究室任顾问
	铁甲舰上的男人们	近代	B	A	B	剧组聘请专家学者并结合博物院内文物进行考证
	海上孟府	近现代	B	B	B	民族资本家孟文禄族人担任顾问
	陈云	现当代	B	A + B	A	前国家安全部部长以及历史学家担任顾问
	红流	现代	B	C	A	国民大革命历史
	大南迁	唐	B	C	C	
	长沙保卫战	现代	B	A	B	军史及历史顾问为邓文华、朱振基
	大国船梦	近现当代	B	C	C	

续表

年份	剧目名称	年代	编剧类别	历史顾问	分类	备注
2013	壮士出川	现代	B	B	C	采访了川军抗战老兵
	聂荣臻	现当代	B	C	A	根据聂荣臻之女所撰回忆录改编
	刘少奇的故事续集	现代	B	C	A	
	瓦氏夫人	明	B	C	B	
	李家大院	近现代	B	C	B	
	掩不住的阳光	现代	B	C	A	开国少将乔信明与夫人合著纪实小说改编
	四十九日·祭	现代	B	C	C	
2014	开国	当代	B	C	A	
	领袖	现代	B	C	A	
	金战	现代	B	C	C	
	远征！远征！	现代	B	A	B	历史顾问为戈叔亚（滇缅抗战史专家）
	战长沙	现代	B	C	C	
	大唐文宗	唐	B	C	B	
	王稼祥	现代	B	C	A	
	战将	现代	B	C	A	共产党将领韩先楚
	勇士之城	现代	B	C	C	常德保卫战为背景
	十送红军	现代	B	C	C	以长征为线索
	大清盐商	清	B	A	B	经济史学家担任顾问
	历史转折中的邓小平	当代	B	A	A	中共中央文献研究室担任顾问
	北平无战事	现代	B	C	C	
	刘邓和他们的战友	现代	B	C	A	讲述八路军129师的故事
	毛泽东三兄弟	近现代	B	A	B	
	将军外交家黄镇	当代	B	C	A	
	青岛往事	近现代	B	C	C	

续表

年份	剧目名称	年代	编剧类别	历史顾问	分类	备注
	绝密543	当代	B	C	C	
	大宋传奇之赵匡胤	宋	B	C	B	
	斥候之剑	当代	B	C	C	
	特别输送	现代	B	C	C	
	东北抗日联军	现代	B	C	B	
	生死血符	现代	B	C	B	
	老子传奇	春秋	B	C	B	
	英雄吉鸿昌	现代	B	C	A	
	长城红	现代	B	C	C	
	东方有大海	近现代	B	A	B	
	踏破硝烟	现代	B	C	C	
	千里雷声万里闪	现代	B	C	C	
	上将洪学智	近现代	B	C	A	
2015	黑河风云	近现代	B	C	C	
	东方战场	现代	B	B	A	
	将军不下马（李先念）	现代	B	C	B	
	黄河在咆哮	现代	B	C	C	
	飞虎队（铁道游击队）	现代	B	C	C	
	二十四道拐	现代	B	A	C	
	历史永远铭记	近现代	B	B	B	
	解忧公主	西汉	B	C	B	
	天涯浴血	近现代	B	A + B	B	
	少帅	近现代	B	B	B	张黎指导，张学良自传
	决战江桥	现代	B	B	B	
	三八线	当代	B	A + B	C	军史顾问
	铁血悍将（吉鸿昌）	现代	B	B	B	

续表

年份	剧目名称	年代	编剧类别	历史顾问	分类	备注
2015	铁血将军	现代	B	C	B	范筑先将军的故事
	抗倭英雄戚继光	明	B	A	B	
	宋耀如·父亲	近现代	B	A+B	B	遍访宋氏后人、亲友，包括远在美国的宋美龄
	天演惊雷	近现代	B	C	B	
	红星照耀中国	现代	B	C	A	根据埃德加·斯诺同名纪实作品《红星照耀中国》改编
	八女投江	现代	B	C	B	
	海棠依旧	当代	B	B	A	据周秉德创作《我的伯父周恩来》一书改编
	书圣王羲之	东晋	B	B	B	
	糊涂县令郑板桥	清	B	B	B	
	彭德怀元帅	近现代	B	A	A	党史顾问杨胜群（中共中央文献研究室常务副主任）、黄如军（中共中央党史研究室宣传教育办公室主任）参与创作
2016	大唐诗圣	唐	B	C	B	
	东风破	现代	B	C	C	
	铁血淞沪	现代	B	C	C	
	最后的战士	现代	B	C	C	
	宜昌保卫战	现代	B	C	C	
	谋圣鬼谷子	战国	B	C	B	
	李清照	宋	B	C	A	
	灵与肉（镇北堡）	当代	B	C	C	
	彭湃	近现代	B	C	A	
	孙中山	近现代	B	C	A	
	长征大会师	现代	B	A	A	历史顾问为杨胜群（中共中央文献研究室常务副主任）
	彝海结盟	现代	B	A+B	A	党史顾问为李景田（中央党校常务副校长）、谷安林（中国人民大学中共党史专业毕业），军史顾问为曲爱国（现任军事科学院副院长）

续表

年份	剧目名称	年代	编剧类别	历史顾问	分类	备注
2016	三军大会师	现代	B	B	A	
	北魏王朝	北魏	B	C	B	
	诚中堂	近现代	B	B	C	
	上官婉儿	唐	B	C	B	
	我的1997	当代	B	C	C	
	秋收起义	现代	B	A＋B	A	顾问为毛新宇（毛泽东嫡孙，专注毛泽东思想研究）、刘源（刘少奇之子）等
	换了人间	现代	B	A	A	顾问为金冲及（中国近代史和中共党史研究专家）、逄先知（著名党史和毛泽东思想研究专家）等
	铁血护国之青年朱德	近现代	B	C	A	
	霍去病	汉	B	C	B	
2017	鉴湖女侠秋瑾	近现代	B	C	A	
	热血军旗	近现代	B	B	A	
	西柏坡的回声	现当代	B	C	A	
	大秦帝国之崛起	秦	B	A	A	
	于成龙	清	B	C	B	
	天下粮田	清	B	C	B	
	共产党人刘少奇	现当代	B	B	A	刘源（刘少奇之子）、刘亭（刘少奇之女）、周秉德（周恩来侄女）、李讷（毛泽东之女）、李敏（毛泽东之女）等领导人后代担任顾问
	最美的青春	当代	B	B	C	
	初心	当代	B	B	B	
	沙海老兵	当代	B	B	C	顾问范印华（原海军中将）
	宣武门	近现代	B	C	C	
	长河落日	现代	B	C	B	
	大军师司马懿之军师联盟	三国	B	C	B	
	天下长安	唐	B	C	A	

Chinese historical dramas' development process and current situation (1978 – 2018)

Investigators:

Qu Jiazhen (Undergraduate Enrolled in 2016, School of History, Renmin University of China)

Chen Lu (Undergraduate Enrolled in 2016, School of History, Renmin University of China)

Wu Zhehan (Undergraduate Enrolled in 2016, School of History, Renmin University of China)

Sun Yutong (Undergraduate Enrolled in 2016, School of History, Renmin University of China)

Zhou Kaiya (Undergraduate Enrolled in 2016, School of Statistics, Renmin University of China)

Survey brief:

Since the establishment of Chinese historical dramas' development process and current situation (1978 – 2018) as a national project (Instructed by Jiang Meng) of College Students' Innovation Experiment Plan in May 2018, the team members have conducted in-depth and various investigation and research within about a year: (a) On the basis of record and data from the state administration of radio, combined with Douban and other network information, team members did the analysis to nearly 10, 000 TV series (1978 – 2017) and selected more than 400 of them. After the analysis of Chinese contemporary historical dramas' development, academic history and trend, they compared the research situation at home and abroad, realizing some problems of the present development of them; (b) The team members have been to Hengdian Studios, Shanghai Film and Television Studio for a week in 2018 summer vacation, assessing the facilities and equipment historical dramas required from the aspects of prop quality and analyze the prop errors of historical dramas; (c) The teaminterviewed Professor Hua Linfu (the history consultant in *Zhenghe's Expedition*, a large-scale historical drama produced by CCTV), Associate Professor Cao Bin (the history consultant in *Zhaoge*, a large-scale historical drama adapted by Yuzheng) and famous scriptwriter Jiongshu, preliminarily understanding the role scriptwriters and historical consultants are playing in the historical dramas; (d) They also designed two questionnaires. One of them isaiming at audience with effective 498questionnaires, finding the problems in the historical drama from the perspective of the audience. The other is for history students with effective 557questionnaires, trying to explore history students' attitude and interest towards historical dramas. Although this survey has some shortcomings in the aspects of standardization, questionnaire design and the number of valid questionnaires, some conclusions obtained from the survey still have certain positive significance for us to have more understanding of Chinese historical dramas.

中国影像史学研究论著篇目汇编（一）

（大陆部分，1949—2018）[*]

编撰者：楼文婷：中国人民大学法学院 2017 级硕士研究生；

审订者：姜萌：中国人民大学历史学院副教授。

（一）影像史学/影视史学理论

专书

张广智：《影视史学》，扬智文化事业股份有限公司 1998 年版。

张广智：《超越时空的对话：一位东方学者关于西方史学的思考》，北京师范大学出版社 2008 年版。（第 25 章：《影视史学：历史学的新生代》）

肖同庆：《影像史记》，南方日报出版社 2005 年版。

吴琼：《影像史学》，华夏出版社 2015 年版。

钱茂伟：《中国公众史学通论》，中国社会科学出版社 2015 年版。（第 9 章《公众影像史学》）

报刊论文

张广智：《影视史学：历史学的新领域》，《学习与探索》1996 年

---

[*] 限于篇幅，本编所收文献仅包含影像史学理论、历史剧两部分，历史纪录片、图像史学、影像史学与历史教育等内容将在下期刊出。

第 6 期。

张广智：《历史学的新领域与新方法》，《历史教学问题》1998 年第 2 期。

周春燕：《评张广智著〈影视史学〉》，《政大史粹》1999 年第 1 期。

张广智：《重现历史：再谈影视史学》，《学术研究》2000 年第 8 期。

吴紫阳：《影视史学的思考》，《史学史研究》2001 年第 4 期。

张广智：《影视史学与书写史学之异同——三论影视史学》，《学习与探索》2002 年第 1 期。

曹寄奴：《影视史学的真实性和虚构性》，《遵义师范学院学报》2003 年第 2 期。

曹寄奴：《影视史学的科学性和艺术性》，《江西社会科学》2003 年第 7 期。

杨学民：《符号学视野中的影视史学与书写史学——也谈影视史学与书写史学的异同》，《学习与探索》2003 年第 5 期。

张云：《在历史与现实之间：历史学的研究与运用》，《历史教学问题》2004 年第 1 期。

蒋保：《关于"影视史学"的若干问题——与周樑楷先生商榷》，《社会科学评论》2004 年第 2 期。

蒋保：《影视史学刍议》，《安徽史学》2004 年第 5 期。

陆旭：《影视史学再探讨》，《兰州学刊》2006 年第 2 期。

柏晴：《试论历史的"屏幕"化——影视史学再议》，《研究生论坛 2006》（哲学历史卷），安大学报编辑部出版。

黄朴民：《依违于历史与艺术之间——为中国影视史学号脉》，《中国人民大学学报》2007 年第 2 期。

马明国：《从影像出发看史学》，《中国人民大学学报》2007 年第 2 期。

张广智：《影视史学：历史学的新生代》，《历史教学问题》2007 年第 5 期。

谢勤亮：《影像与历史——"影视史学"及其实践与试验》，《现代传播》2007 年第 2 期。

谢勤亮：《影像记录的史学操练——"影像史学"及其实践与试验》，《北京电影学院学报》2007 年第 6 期。

梁艳春：《娜塔莉·泽蒙·戴维斯与影视史学》，《史学理论研究》2009 年第 1 期。

梁艳春：《影视史学的演变与发展》，《北方论丛》2009 年第 4 期。

刘帆：《影像史学：在重构作为历史的影像中书写历史：评〈历史学家与电影〉》，《电影艺术》2009 年第 6 期。

王镇富：《触摸历史诠释历史：影像史学在历史记录中的"意义阐述"》，《长白学刊》2009 年第 1 期。

朱景和：《赏析风云纪录：兼议影像史学新发展》，《中国电视（纪录）》2009 年第 9 期。

谢会敏：《影视史学中国诞生记》，《唐山师范学院学报》2010 年第 4 期。

朱艳艳、慈波：《关于影视史学几个问题的研究综述》，《沧桑》2010 年第 2 期。

赵丹、柳敏：《影视史学漫谈》，《电影文学》2010 年第 12 期。

孙逊：《杂谈影视史学》，《学理论》2010 年第 33 期。

唐晨光：《影视史学：历史学家如何透过影像来研究和考证历史》，《电影评介》2011 年第 3 期。

丁亚雷：《影视史学：艺术史的另一种视角》，《"特殊与一般——美术史论中的个案与问题"第五届全国高校美术史学年会会议论文集》，2011 年。

孙健三：《电影光学：电影学和电视学的基石与灵魂》，《北京电影学院学报》2012 年第 5 期。

王宇英：《影像史学的再出发：以当下热播的口述历史节目为例》，《文艺理论与批评》2012 年第 6 期。

周王宏：《论文学性笔触在纪实性史学类作品中的运用》，《长城》2012 年第 4 期。

彭亭亭：《从传播媒介变迁看近现代中国史学大众化历程——论史学大众化面临的问题与解决之道》，《新西部》（理论版）2012 年第 7 期。

王宇英：《影像记忆：口述历史的介入与超越：崔永元〈我的抗战〉研究》，《现代传播》2012 年第 8 期。

马楠楠：《影像审美的史学书写——"新中国电影美学史"学术研讨会综述》，《电影新作》2013 年第 6 期。

康尔：《影视剧艺术创作规避虚假的叙事谋略研究》，《艺术百家》2013 年 6 月。

吴琼：《从影像史料到影像史学》，《史学理论与史学史学刊》总第 11 期，2013 年。

袁宏琳：《以影视史学为观照谈电影如何表述历史》，《武汉纺织大学学报》2014 年第 1 期。

吴琼：《影像史学研究的基本问题探析》，《史学理论与史学史学刊》总第 12 期，2014 年。

那尔苏：《从历史口述到历史讲坛》，《晋阳学刊》2014 年第 2 期。

张晓校：《影视史料与历史学"非在场"书写》，《北方论丛》2014 年第 6 期。

翁海勒：《影像史学背景下的历史纪录片创新》，《电视研究》2014 年第 3 期。

［美］海登·怀特：《书写史学与视听史学》，王佳怡译，《电影艺术》2014 年第 6 期。

赵丹：《影视史学的发展与展望》，《电影文学》2014 年第 5 期。

吴琼、危文瀚：《"历史影像研究与社会——首届全国影像史学学术研讨会"综述》，《史学理论与史学史学刊》总第 13 期，2015 年。

张博：《从大众传媒史看影视史学的未来走向》，《电影文学》2015 年第 1 期。

孙瑜：《数字化时代影像史料刍议》，《北方论丛》2015 年第

5 期。

全根先：《口述史、影像史与图书馆文献体系建设》，《图书馆界》2015 年第 2 期。

全根先：《口述史、影像史与中国记忆资源建设》，《国家图书馆学刊》2015 年第 1 期。

李彬：《影视史学视阈下的宫崎骏〈起风了〉研究》，《四川戏剧》2015 年第 12 期。

宋嘉伟：《视觉档案的再构：作为"公众史"的独立影像书写》，《国际新闻界》2015 年第 9 期。

徐凡：《影视史学中的历史叙事与语境重构》，《理论界》2015 年第 9 期。

张有平：《历史、再现与认同：影视史学视域中的中国革命历史题材电视剧》，《中国电视》2015 年第 7 期。

於以传：《影视作品的证史路径》，《课程教材教学研究》（中教研究）2015 年第 C6 期。

周开娅：《艺术史的影视史学视角探析》，《艺术品鉴》2016 年第 5 期。

迟道华：《影视史学研究述评》，《德州学院学报》2016 年第 32 卷第 1 期。

王记录：《当代中国史学大众化研究的历程与理论反思》，《郑州大学学报》（哲学社会科学版）2016 年第 3 期。

敖雪峰：《影像史料数据库建设研究初探》，《实验科学与技术》2016 年第 14 卷第 1 期。

吴勇：《试探天津教育口述史的影像研究方法》，《天津市教科院学报》2016 年第 4 期。

朱奕亭：《论口述历史的"影像转向"》，《现代传播—中国传媒大学学报》2016 年第 6 期。

林硕：《论影像史学引发的史料学革新》，《学术探索》2016 年第 12 期。

王灿：《历史影像与当代中国社会记忆变迁——兼谈历史再现与

影像史学》，《社会科学论坛》2017 年第 1 期。

刘晓溪：《试析影视史学的困局与前景——以〈为奴十二年〉为例》，《读书文摘》2017 年第 13 期。

李蓉：《〈南宋〉：影视史学与传播诗学的融合》，《中国广播电视学刊》2017 年第 1 期。

吴琼：《从历史影像实验到"影像史学"研究——兼论"影像史学"的学术内涵与研究路径》，《史学理论与史学史学刊》总第 16 卷，2017 年。

岳靖芝：《荧屏中的岁月：影视史学相关问题析解》，《中山大学学报》（社会科学版）2017 年第 4 期。

姚琼：《浅析影像在家谱中的运用》，《西江文艺》2017 年第 5 期。

张书田、王春元：《影像史学，学历史的另一种可能》，《大学生》2018 年第 4 期。

学位论文

柏晴：《影视史学再论：影视史学的基本理论和当代中国历史影视的创作》，硕士学位论文，安徽大学，2008 年。

吴晓欢：《中国当代影视史学发展趋向研究》，硕士学位论文，辽宁大学，2010 年。

王镇富：《影像史学研究》，博士学位论文，山东大学，2011 年。

王灿：《历史的视觉诠释：当代影视史学研究》，硕士学位论文，中南民族大学，2013 年。

苏亚拉玛：《中国影视史学研究》，硕士学位论文，内蒙古民族大学，2017 年。

（二）中国历史剧

专书

张仲浦：《郭沫若的历史剧〈屈原〉》，上海文艺出版社 1959

年版。

中国戏剧家协会编：《历史剧问题参考资料》，中国戏剧家协会1961年版。

茅盾：《关于历史和历史剧——从〈从卧薪尝胆〉的许多不同剧本说起》，作家出版社1962年版。

《戏剧报》编辑部：《历史剧论集》，上海文艺出版社1962年版。

姚文元：《评新编历史剧〈海瑞罢官〉》，上海人民出版社1965年版。

江苏省文学艺术界联合会编：《历史剧〈海瑞罢官〉和有关问题的讨论（资料汇编）》，江苏省文学艺术界联合会1965—1966年版。

苏双碧：《评姚文元〈评新编历史剧海瑞罢官〉》，上海人民出版社1979年版。

黄中模编：《郭沫若历史剧〈屈原〉诗话》，四川人民出版社1981年版。

黄候兴：《郭沫若历史剧研究》，长江文艺出版社1983年版。

陈白尘著，董健编：《陈白尘论剧》，中国戏剧出版社1987年版。

傅正乾：《历史·史剧·现实——郭沫若史剧理论研究》，陕西人民出版社1988年版。

刘新文编：《〈录鬼簿〉中历史剧探源》，南开大学出版社1989年版。

重大革命历史题材影视创作领导小组电视办公视编：《历史的辉煌：重大革命历史题材电视剧创作评论文集》，中国文联出版社1994年版。

范志忠：《反叛与救赎：中国现代历史剧的文化阐解》，时代文艺出版社2001年版。

张东：《荧屏绿色风景线：中国军事题材电视剧概观》，解放军文艺出版社2001年版。

吴素玲：《历史镜像：电视剧〈太平天国〉人物谈》，北京广播学院出版社2002年版。

孙书磊：《中国古代历史据研究》，南京师范大学出版社2004

年版。

刘丽文：《历史题材剧研究》，北京广播学院出版社2004年版。

冯佐哲：《清史与戏说影视剧》，台海出版社2004年版。

刘丽文等：《历史剧的女性主义批评》，中国传媒大学出版社2005年版。

孟琢：《六大历史剧批判：较真电视连续剧中的文化硬伤》，中国工人出版社2005年版。

吴玉杰：《新历史主义与历史剧的艺术建构》，中国社会科学出版社2005年版。

李胜利、肖惊鸿：《历史题材电视剧研究》，中国传媒大学出版社2006年版。

范志忠：《百年中国影视的历史影像》，浙江大学出版社2006年版。

王昕：《在历史与艺术之间：中国历史题材电视剧文化诗学研究》，中国传媒大学出版社2008年版。

林风云：《中国帝王电视剧叙事研究》，中国电影出版社2008年版。

赵晖：《史诗性电视剧画面叙事的艺术追求》，中国电影出版社2008年版。

林岷：《历史与戏剧的碰撞》，中国三峡出版社2009年版。

陈鉴昌：《郭沫若历史剧研究》，四川大学出版社2009年版。

于平、薛若琳主编：《烛照历史，穿越古今：新时期戏曲历史剧创作学术研讨会论文集》，中国戏剧出版社2009年版。

李鹏飞：《中国历史电视剧叙事艺术》，上海文化出版社2012年版。

李准：《读剧札记》，中国书店2012年版。

邱飞廉：《明代传奇历史剧叙事艺术流变论》，湖北人民出版社2013年版。

李茂民：《历史题材电视剧与当代文化价值观建构》，人民出版社2013年版。

李艳梅：《莎士比亚历史剧与元代历史剧比较研究》，中国社会科学出版社 2014 年版。

王小强：《面向历史的心灵救赎——郭沫若历史剧研究》，中国社会科学出版社 2014 年版。

顾振辉：《"十七年"剧史论稿 1949—1966》，上海交通大学出版社 2014 年版。

陶冶：《历史题材电视剧与国家形象建构研究》，中国社会科学出版社 2014 年版。

温潘亚：《象征性为与民族寓言——17 年历史剧创作话语形态论》，生活·读书·新知三联书店 2015 年版。

杜莹杰：《中国历史电视剧审美研究》，中国传媒大学出版社 2016 年版。

王钱超：《剧说历史》，合肥工业大学出版社 2016 年版。

陈丽芬：《新时期以来的历史剧研究》，北京工业大学出版社 2018 年版。

期刊论文

马少波：《关于历史剧题材的选取与人物的评价》，《人民戏剧》1951 年第 7 期。

光未然：《历史唯物论与历史剧、神话剧问题》，《人民戏剧》1951 年第 8 期。

陈瘦竹：《论郭沫若的历史剧》，《戏剧论丛》1958 年第 2 期。

王淑明：《论郭沫若的历史剧》，《文学研究》1958 年第 2 期。

齐燕铭：《历史剧和历史真实性》，《剧本》1960 年第 12 期。

马少波：《浅探历史剧的古为今用》，《剧本》1960 年第 12 期。

李健吾：《〈甲午海战〉与历史剧》，《文学评论》1960 年第 6 期。

沈起炜：《谈历史剧古为今用的两个问题》，《上海戏剧》1960 年第 10 期。

钱英郁：《也谈谈历史剧的古为今用》，《上海戏剧》1960 年第

11 期。

杨宽：《漫谈历史剧如何反映历史真实问题》，《上海戏剧》1960年第 12 期。

袁水拍：《谈戏剧矛盾以及关于历史剧的问题——从〈甲午海战〉想到的》，《剧本》1960 年第 12 期。

温凌：《关于历史剧的"古为今用"》，《戏剧报》1960 年第 23 期。

李纭：《有关历史剧的几点感想》，《剧本》1961 年第 1 期。

鲁梅：《关于历史剧问题的争鸣》，《戏剧报》1961 年第 C2 期。

张真：《古为今用及其他——与一位剧作者谈历史剧的一封信》，《剧本》1961 年第 1 期。

樊粹庭：《从争鸣中学习提高——对于历史剧古为今用的一点初步认识》，《延河》1961 年第 6 期。

张真：《论历史的具体性——与一位创作者谈历史剧的一封信》，《剧本》1961 年第 6 期。

李寅：《漫谈历史剧的创作》，《广西文艺》1961 年第 1—2 期。

孙杰：《历史剧的古为今用及其他》，《上海戏剧》1961 年第 1 期。

吴晗：《论历史剧》，《文学评论》1961 年第 3 期。

吴晗：《再谈历史剧》，《文汇报》1961 年第 3 期。

张家驹：《从卧薪尝胆谈到历史剧创作的几个问题》，《上海戏剧》1961 年第 3 期。

廖震龙：《历史剧创作漫论三题》，《上海戏剧》1961 年第 4 期。

茅盾：《关于历史和历史剧》，《文学评论》1961 年第 5 期。

吴晗：《怎样看历史剧》，《中国青年报》1961 年第 6 期。

高端洛：《历史剧和传说剧的区别》，《上海戏剧》1961 年第 6 期。

鲁煤：《关于历史剧问题的讨论》，《新华月报》1961 年第 7 期。

汤大民：《历史剧的时代精神和"时代化"》，《雨花》1961 年第 7 期。

赵景深：《谈历史剧的古为今用》，《文汇报》1961 年第 9 期。

孟超：《历史与历史剧》，《文汇报》1961 年第 11 期。

沈起炜：《历史剧和历史传说剧》，《文汇报》1961 年第 11 期。

张仲浦：《论郭沫若历史剧的古为今用》，《东海》1961 年第 11 期。

辛宪锡：《简谈历史剧》，《文汇报》1961 年第 12 期。

叶元：《从"甲午海战"谈历史剧的古为今用》，《文汇报》1961 年第 16 期。

萧丕安：《由历史剧想到历史演义》，《文汇报》1961 年第 19 期。

陈中凡：《有关古代历史剧的几种看法》，《文汇报》1961 年第 25 期。

廖震龙：《历史剧不是历史书》，《文汇报》1961 年第 30 期。

程毅中：《试论古代历史剧》，《文学遗产》1962 年第 A9 期。

魏峨：《创作历史剧应讲求历史的真实性》，《东海》1962 年第 1 期。

李希凡：《"史实"和"虚构"——漫谈历史剧创作中的历史真实与艺术真实的统一》，《中国戏剧》1962 年第 2 期。

王尔龄：《略论郭沫若的历史剧》，《上海戏剧》1962 年第 3 期。

王子野：《历史剧是艺术，不是历史》，《戏剧报》1962 年第 5 期。

朱寨：《关于历史剧问题的争论》，《文学评论》1962 年第 5 期。

吴晗：《历史剧是艺术，也是历史》，《戏剧报》1962 年第 6 期。

廖震龙：《采故实于前代，观通变于当今——历史剧创作片谈》，《剧本》1963 年第 9 期。

李希凡：《历史剧问题的再商榷——答朱寨同志》，《文学评论》1963 年第 1 期。

朱寨：《再谈关于历史剧问题的争论——兼答李希凡同志》，《文学评论》1963 年第 2 期。

张庚：《古为今用——历史剧的灵魂》，《戏剧报》1963 年第 11 期。

陈仕元：《时代精神及其它——与一位剧论者谈历史剧的一封信》，《文汇报》1963 年第 23 期。

袁世硕：《歪曲历史真实的历史剧——评〈海瑞罢官〉》，《山东文艺》1966 年第 1 期。

樊挺岳：《一种反社会主义的历史剧创作主张——评吴晗同志关于历史剧的言论》，《厦门大学学报》（哲学社会科学版）1966 年第 1 期。

许怀中、庄钟庆、许宗国：《驳吴晗同志关于历史剧创作的所谓"历史真实"》，《厦门大学学报》（哲学社会科学版）1966 年第 1 期。

肖甲：《谈历史剧》，《人民戏剧》1978 年第 1 期。

李培澄：《古为今用，大胆创新——谈郭沫若同志的历史剧》，《河北师范大学学报》（哲学社会科学版）1978 年第 3 期。

李鸿然：《"历史自有公论"——评郭沫若同志四十年代的历史剧》，《华中师范大学学报》（人文社会科学版）1978 年第 3 期。

张毓茂：《历史真实与艺术真实的统一——试论郭沫若历史剧的"反秦"问题》，《文学评论》1978 年第 6 期。

蒋星煜：《历史真实和艺术真实的统一——试评曹禺新作历史剧〈王昭君〉》，《文汇报》1978 年第 30 期。

马寿千：《民族关系与历史剧》，《中央民族大学学报》（哲学社会科学版）1979 年第 C1 期。

陈瘦竹：《论田汉的历史剧〈文成公主〉》，《戏剧艺术》1979 年增刊。

张春吉：《历史真实与艺术真实的统一——评历史剧〈王昭君〉》，《厦门大学学报》（哲学社会科学版）1979 年第 2 期。

叶元：《略谈历史剧的虚构》，《电影艺术》1979 年第 2 期。

杨世明：《浅谈历史剧〈王昭君〉的历史真实与艺术虚构》，《西华师范大学学报》（哲学社会科学版）1979 年第 2 期。

张韧、肖德生：《郭沫若历史剧的时代精神》，《文艺研究》1979 年第 4 期。

盛巽昌：《历史剧要真实些》，《上海戏剧》1979 年第 5 期。

谷辅林：《历史剧研究中的两个问题》，《齐鲁学刊》1979 年第 5 期。

吴功正：《史剧和现实——郭沫若历史剧研究之一》，《西华师范大学学报》（哲学社会科学版）1980 年第 2 期。

屈文泽：《谈郭沫若历史剧的"古为今用"》，《湖南师院学报》（哲学社会科学版）1980 年第 2 期。

晴帆：《坚持现实主义原则的历史剧》，《上海师范学院学报》（社会科学版）1980 年第 4 期。

吴启泰：《谈谈历史剧》，《电影文学》1980 年第 5 期。

余秋雨：《历史剧简论》，《文艺研究》1980 年第 6 期。

陈祖美：《从〈王昭君〉看历史剧的倾向性和真实性的关系》，《文学评论》1980 年第 6 期。

屈文泽：《谈郭沫若历史剧的"古为今用"》，《郭沫若研究》1980 年第 9 期。

吴功正：《史剧和现实》，《郭沫若研究》1980 年第 9 期。

陈辽：《略论郭沫若同志的历史剧》，《当代戏剧》1980 年第 5 期。

曾立平：《评历史剧创作中的反历史主义倾向》，《戏剧艺术》1981 年第 1 期。

安葵：《试谈历史剧创作中的几个问题》，《戏曲研究》1981 年第 1 期。

吴功正：《史剧和历史——郭沫若历史剧研完之一》，《徐州师范学院学报》（哲学社会科学版）1981 年第 1 期。

刘益国：《也谈历史剧〈王昭君〉的艺术真实和历史真实》，《四川师范大学学报》（社会科学版）1981 年第 1 期。

钱法成：《谈历史剧的时代精神》，《文艺报》1981 年第 9 期。

郭双成：《向〈史记〉人物传记学习"文史结合"的经验——附论历史剧创作中"史"与"剧"的关系问题》，《郑州大学学报》1981 年第 3 期。

赵莱静：《新编历史剧几个问题》，《新剧作》1981 年第 5 期。

北淮:《历史剧的历史化和非历史化》,《戏剧艺术》1981 年第 2 期。

罗竹风:《论历史剧现代化问题》,《上海戏剧》1981 年第 4 期。

童超、王玉凤:《关于历史剧的真实性问题》,《社会科学研究》1981 年第 5 期。

于力:《略述历史剧的虚构》,《电影研究》1981 年第 9 期。

王世德:《历史剧创作的若干问题》,《陕西戏剧》1981 年第 10 期。

侯文峰:《新编历史剧应给人以正确的历史知识》,《光明日报》1981 年 12 月 18 日。

蒋星煜:《历史剧的历史感和时代感》,《戏剧艺术》1982 年第 1 期。

王剑丛:《谈郭沫若历史剧处理史与戏关系的艺术经验》,《郭沫若研究》1982 年第 1 期。

康文:《重现历史生活的图景——论陈白尘的历史剧》,《苏州大学学报》(哲学社会科学版)1982 年第 2 期。

刘永濂:《历史剧要"实事求戏"》,《戏曲艺术(北京)》1982 年第 3 期。

邹水旺:《把握历史的精神而不为史实所束缚(谈郭沫若历史剧的历史真实性问题)》,《郭沫若研究》1982 年第 3 期。

王蕴明:《时代精神与历史剧创作》,《剧本》1982 年第 8 期。

邢铁华:《论历史剧的概念、真实性和反历史主义问题》,《戏剧研究》1982 年第 12 期。

王瑶:《郭沫若的浪漫主义历史剧创作理论》,《文学评论》1983 年第 3 期。

卫明:《关于历史剧现实意义的我见》,《上海戏剧》1983 年第 3 期。

舒义顺:《历史与历史剧》,《陕西戏剧》1983 年第 5 期。

王锡伦:《史·剧·诗——论郭沫若历史剧的特色》,《北方论丛》1983 年第 5 期。

柏松：《历史剧创作要忠于史实》，《电影文学》1983 年第 6 期。

张鹏：《剧是形式，史为内容——也谈历史剧创作的"虚"与"实"》，《福建戏剧》1984 年第 1 期。

周靖波：《从抗战时期史剧创作看历史剧的审美特性》，《青海师专学报》1984 年第 2 期。

陈诗经：《从田汉的〈关汉卿〉谈历史剧的古为今用问题》，《宁波大学学报》（教育科学版）1984 年第 2 期。

王之平：《思想感情的真实——论郭沫若历史剧的真实性》，《龙岩师专学报》1984 年第 2 期。

韩立群：《现实性主题与历史性题材的统一——论郭沫若历史剧的创作原则》，《聊城师范学院学报》（哲学社会科学版）1984 年第 4 期。

高国平：《郭沫若浪漫主义历史剧观的精髓——试论"失事求似"》，《新文学论丛》1984 年第 4 期。

吴向北：《郭沫若历史剧悲剧理论的本质特征》，《重庆师院学报》（哲学社会科学版）1985 年第 3 期。

郑怀兴：《历史剧是艺术作品，不是教科书》，《戏曲研究》1985 年第 16 期。

陈贻亮：《论历史剧创作问题》，《戏曲研究》1985 年第 16 期。

顾锡东：《历史剧要有点现代感》，《戏曲研究》1985 年第 16 期。

刘扬烈：《从历史的屈原到艺术的屈原——论郭沫若历史剧对屈原的典型创造》，"郭沫若在重庆"学术研讨会，1985 年。

张志勋：《郭沫若对历史剧理论的贡献》，《辽宁师范大学学报》（社会科学版）1985 年第 2 期。

尹从华：《阳翰笙历史剧的现实主义特色》，《重庆师范学院学报》（哲学社会科学版）1985 年第 3 期。

关德富：《历史真实、时代感与现实感受——关于历史剧问题论争的论争》，《社会科学战线》1985 年第 4 期。

孙守让：《郭沫若历史剧的"失事求似"与真实性》，《语文月刊》1985 年第 6 期。

傅正乾：《关于文学的民族性和历史剧的民族化问题（郭沫若史剧理论研究）》，《郭沫若研究》1985 年第 3 期。

王保生：《关于抗战时期六个太平天国史剧的思考》，《中国现代文学研究丛刊》1986 年第 2 期。

龚义江：《戏·历史·历史剧——从几出"三国戏"谈历史剧创作》，《戏曲研究》1986 年第 18 期。

金望：《古代历史剧处理史实的两种创作倾向》，《黄梅戏艺术》1986 年第 1 期。

王文英：《历史剧真实性新探》，《郭沫若研究》1986 年第 2 期。

周长赋：《史、戏、诗融合中似与不似的追求——历史剧〈秋风辞〉创作琐谈》，《剧本》1986 年第 3 期。

安葵：《历史真实与历史意蕴——谈〈秋风辞〉等历史剧新作的不同追求》，《文艺报》1986 年第 4 期。

王尔龄：《论郭沫若的史剧理论与史剧创作》，《苏州大学学报》（哲学社会科学版）1987 年第 1 期。

傅正乾：《郭沫若史剧理论的结构核心——兼论郭沫若历史悲剧观的形成》，《郭沫若研究》1987 年第 3 期。

王季思：《郭启宏的新编历史剧》，《戏剧报》1987 年第 10 期。

萧德明：《历史剧的现实主义进程》，《文艺研究》1987 年第 3 期。

程万里：《浅议历史剧创作的基本原则》，《甘肃理论学刊》1987 年第 3 期。

张波：《历史剧与历史》，《剧本》1987 年第 4 期。

周若金：《郭沫若历史剧现实性浅论》，《聊城师范学院学报》（哲学社会科学版）1988 年第 S 期。

周海波：《历史的废墟与艺术的王国——四十年代郭沫若历史剧的文化意识》，《郭沫若学刊》1988 年第 1 期。

谷辅林、周海波：《郭沫若历史剧真实性问题再探讨》，《山东师范大学学报》1988 年第 2 期。

幺书仪：《以史写心的元人历史剧》，《文学评论》1989 年第

2 期。

滕振国：《从元杂剧看历史剧的历史真实和时代意识》，《影剧新作》1989 年第 2 期。

丁涛：《历史剧与现代意识的参与》，《中国文化报》1989 年第 15 期。

陈世雄：《历史剧的体裁与真实性问题》，《福建戏剧》1989 年第 5 期。

王连儒：《由郭沫若的历史剧创作论其历史观与文化观》，《聊城师范学院学报》（哲学社会科学版）1990 年第 S 期。

周海波：《神话重构的现代性困惑：郭沫若历史剧戏剧冲突的文化心理学阐释》，《聊城师范学院学报》（哲学社会科学版）1990 年第 S 期。

邹水旺：《史剧家是发展历史的精神：郭沫若历史剧创作琐谈》，《江西师范大学学报》（哲学社会科学版）1990 年第 2 期。

魏建：《史剧，首先是"剧"：山东十年历史剧创作的反思》，《戏剧丛刊》1990 年第 3 期。

魏建：《得失之间的"戏"——郭沫若历史剧戏剧本体的再探讨》，《郭沫若百年诞辰纪念文集》1992 年版。

吴孝清：《历史真实和艺术真实统一的典范：试论郭沫若的历史剧》，《佳木斯教育学院学报》1992 年第 2 期。

王定欧：《历史剧与时代精神：试论黄吉安剧作的成就及其借鉴意义》，《四川戏剧》1992 年第 3 期。

曹明：《观照人生，关注现实：漫谈姚一苇的历史剧和现代剧》，《艺术百家》1993 年第 1 期。

曹树钧：《论郭沫若历史剧艺术构思的心理特征》，《戏剧艺术》1993 年第 1 期。

李荣：《史剧与诗剧的完美统一：读剧郭沫若的历史剧〈屈原〉》，《鹤岗教育学院学报》1993 年第 3 期。

谭霈生：《中国当代历史剧与史剧观》（上），《戏剧》1993 年第 4 期。

何方平:《历史事实、艺术真实、观念需求——历史剧创作散记》,《影视文学》1993 年第 6 期。

《浅谈历史和剧的结合——创作电视剧〈湘东挺进队〉的体会》,《湖南党史》1994 年第 Z 期。

赵耀民:《罗怀臻与他的历史剧创作》,《剧本》1994 年第 4 期。

谭霈生:《中国当代历史剧与史剧观》(中、下),《戏剧》1995 年第 2—3 期。

陈晓云:《重写历史——对历史题材影视作品的一点思考》,《艺术广角》1997 年第 6 期。

张福珍:《影视文献的特点及开发利用对策》,《情报资料工作》1998 年第 4 期。

陆炜:《虚构的限度》,《文艺理论研究》1999 年第 6 期。

许殿才:《历史普及与历史题材影视片——访龚书铎教授》,《史学史研究》2001 年第 4 期。

[韩] 金炡灿:《郭沫若的史剧创作及其理论得失》,《衡阳师范学院学报》2001 年第 1 期。

阿昆:《历史能否戏说(一)—(六)》,《北京档案》2002 年第 7—12 期。

李治亭:《历史影视创作应当尊重历史》,《人民论坛》2002 年第 9 期。

黄献文:《论郭沫若历史剧的"英雄美人情结"》,《戏剧》2002 年第 4 期。

马勇:《影视与史学的良性互动:也谈电视连续剧〈走向共和〉的得失》,《文汇报》2003 年第 15 期。

周宁:《有关历史剧讨论的讨论》,《晋阳学刊》2003 年第 4 期。

华强:《如何"还原"历史人物的"本来面目"——兼评当前影视历史人物的塑造》,《探索与争鸣》2003 年第 10 期。

刘歆:《影视剧引发历史人物争议》,《党建文汇月刊》2003 年第 08X 期。

王春瑜:《历史剧:历史的无奈》,《文艺争鸣》2003 年第 6 期。

张文红：《沉浮在"想像"之河中的"真实"——以典型影片为例，谈历史真实和艺术想像问题》，《海南师范学院学报》（社会科学版）2004 年第 2 期。

郭培筠：《历史的影像化书写——评近年来影视历史剧的创作》，《广播电视大学学报》（社会科学版）2004 年第 2 期。

胡鸿保、魏爱云：《硬伤、时空错乱与审美符号：浅谈历史剧》，《民族艺术研究》2004 年第 2 期。

宋嘉扬：《抗战时期郭沫若史剧创作情感论》，《戏剧文学》2005 年 6 月。

朱耀廷、俞智先：《历史真实与艺术真实——编写电视连续剧〈成吉思汗〉的几点体会》，《文史知识》2005 年第 6 期。

刘洋：《历史影视剧的大众文化样态与作为选修的大学历史课程》，《湖北第二师范学院学报》2006 年第 10 期。

何瑶：《略论抗战时期郭沫若历史剧中民族精神的重建》，《重庆社会工作职业学院学报》2006 年 2 月。

王小平：《"诗"：历史文本的颠覆与意义重建——从郭沫若历史剧的诗学观到新历史主义的诗学观》，《郭沫若学刊》2006 年 4 月。

雪月、钱佳芸：《改编历史剧：正说、戏说还是"胡说"？》，《电视时代》2006 年第 7 期。

苏焘：《试论〈桃花扇〉的借"情"写"情"——兼谈明清历史剧的虚实处理》，《四川戏剧》2006 年第 6 期。

姚爱斌：《现代历史理性的遗落与重拾——90 年代后电视历史剧的泛政治寓言化现象批判》，《文艺评论》2006 年第 5 期。

江晓原：《历史剧：何必符合历史事实》，《世界杂志》2006 年第 5 期。

王天帅：《电视历史剧的真实性与现实性》，《电视研究》2006 年第 11 期。

熊金星：《郭沫若抗战时期历史剧中的诗情诗意》，《怀化学院学报》（社会科学版）2006 年第 6 期。

杨永庆：《从郭沫若抗战历史剧的叙事母题看其创作心理》，《乐山师范学院学报》2007 年第 4 期。

陈吉德：《正说・戏说・假说・胡说——论历史剧的四种言说方式》，《电影文学》2007 年第 9 期。

侯亮：《还历史剧以真面目》，《大众电影》2007 年第 9 期。

陈泂：《历史剧：大众电视的文化反思》，《中国社会导刊》2007 年第 9 期。

林治波：《历史剧和历史讲座当以进步的历史观为灵魂》，《社会科学论坛》2007 年第 9 期。

李楷：《历史剧的非历史化现象评述》，《中国电视》2007 年第 7 期。

傅明根：《历史题材改编的"当代性"问题——以历史剧〈高渐离〉与电影〈秦颂〉的互文性为例》，《四川戏剧》2007 年第 6 期。

叶文举：《论学术研究对戏剧创作的渗透及其冲突——以郭沫若历史剧〈屈原〉为例》，《中国戏剧》2007 年第 6 期。

谷海慧：《二十世纪九十年代历史剧的主观化倾向》，《当代戏剧》2007 年第 6 期。

张豫：《试论郭沫若抗战时期历史剧现实战斗性的实现》，《河南机电高等专科学校学报》2007 年第 6 期。

滕剑锋：《大众文化消费条件下的历史小说和历史剧创作》，《天中学刊》2007 年第 6 期。

张智华：《论历史剧的人物形象与虚实问题——从电视剧〈贞观长歌〉谈开去》，《湖南大众传媒职业技术学院学报》2007 年第 6 期。

王宽：《历史照进现实——浅析历史剧现状、类型及其投射出的社会思潮》，《湖南大众传媒职业技术学院学报》2007 年第 5 期。

俞佩琳：《论 20 世纪 50 年代初历史剧大讨论》，《西安电子科技大学学报》（社会科学版）2007 年第 4 期。

倪海燕：《政治与文学：双重身份的分裂与重合——论郭沫若抗战时期的历史剧创作》，《贵州师范大学学报》（社会科学版）2007 年第 4 期。

杨利娟：《关于 20 世纪 60 年代历史剧大讨论的思考》，《西安电子科技大学学报》（社会科学版）2007年第3期。

陈彩钤：《真实感与传奇性——论中国历史剧的平民化特征》，《佛山科学技术学院学报》（社会科学版）2007年第3期。

史佳、孙海波：《历史剧更应注重真实》，《当代电视》2007年第1期。

王昕：《论电视历史剧的艺术真实性系统》，《现代传播》2007年第1期。

解志熙：《历史的悲剧与人性的悲剧——抗战时期的历史剧叙论》，《中国现代文学研究丛刊》2007年第2期。

龚书铎：《历史题材电视剧随想》，《中国人民大学学报》2007年第2期。

孟宪实：《历史剧与历史学散论》，《中国人民大学学报》2007年第2期。

刘文峰：《电视剧中的历史文构建》，《中国人民大学学报》2007年第2期。

曾平：《论郭沫若新编历史剧的精英立场与民间想象——以〈棠棣之花〉〈屈原〉〈虎符〉与〈高渐离〉为例》，《郭沫若学刊》2007年第2期。

王兆胜：《当下中国历史剧的泛滥及其隐忧》，《中国社会导刊》2007年第11A期。

史革新：《"历史剧"术语溯源浅说》，《寻根》2007年第2期。

尚文祥：《论当代中国历史剧的缺失》，《科教文汇》2007年第24期。

蒙曼：《消弭史家与大众的双重尴尬》，《中国图书评论》2007年第6期。

史佳、李滨滨：《抢救历史资料，传承历史文化——浅谈电视媒体在文化传承中的重要性》，《当代电视》2008年第2期。

刘宝：《有感于历史剧的艺术真实与生活真实之争》，《美与时代》2008年第12期。

武颖、郭姗姗：《平民创造的历史才是真正的历史：从〈伊尹耕莘〉谈对元代历史剧的一点认识》,《安徽文学》2008 年第 11 期。

袁甲:《新历史主义对历史剧研究的适用性》,《文学教育》2008 年第 7 期。

沈庆利:《"历史通识"的缺失与历史剧创作中的问题》,《戏剧文学》2008 年第 6 期。

朱夏君:《晚清以前明清传奇历史剧批评》,《剧作家》2008 年第 6 期。

黄先娟:《浅议戏说历史剧的热播》,《戏剧丛刊》2008 年第 6 期。

王俊秋:《历史剧也是一种历史文本——从清宫戏看历史人物的再创造》,《齐鲁学刊》2008 年第 5 期。

温潘亚:《历史"现实观"制约"历史"的呈现方式:十七年历史剧创作文体形态论》,《江苏社会科学》2008 年第 4 期。

张慧敏:《文述与演述:论历史与历史剧的关系》,《运城学院学报》2008 年第 4 期。

谷海慧:《非历史化:20 世纪 90 年代历史剧的艺术取向》,《河南社会科学》2008 年第 3 期。

樊庆斌、刘文学:《摭谈历史剧的"实与虚"》,《剧作家》2008 年第 3 期。

桂扬清:《莫把历史剧当历史——从莎士比亚的历史剧看历史剧与历史》,《外语研究》2008 年第 2 期。

朱夏君:《"历史剧"概念论略》,《剧作家》2008 年第 2 期。

杨菲:《郭沫若的史剧观及其历史剧的美学风貌》,《南华大学学报》2008 年第 2 期。

朱红昭:《明代中后期杂剧历史剧创作动因初探》,《商丘师范学院学报》2008 年第 2 期。

史革新:《关于历史剧创作问题论争的考察》,《天津社会科学》2008 年第 1 期。

李帆、王晓静:《20 世纪 80 年代以来历史影视剧中的晚清历史——以历史影视剧中的戊戌变法为例》,《天津社会科学》2008 年第 1 期。

杨佑茂:《影视中的历史》,《电影评介》2008 年第 15 期。

沈庆利:《"历史通识"的缺失与历史剧创作中的问题》,《戏剧文学》2008 年 6 月。

李畅:《郭沫若抗战历史剧女性形象浅析》,《四川戏剧》2009 年 5 月。

贾振勇:《诗与政治的共鸣:1940 年代的郭沫若及其抗战历史剧》,《东岳论丛》2009 年 8 月。

刘进军:《论世纪之交的红色革命影视剧与革命历史题材小说》,《戏剧丛刊》2009 年第 3 期。

王蕴明:《历史·艺术·时代·人:新时期戏曲历史剧创作撷谈》,《剧本》2009 年第 8 期。

曾雪丽:《游走于戏曲与小说之间的艺术:从杨家将故事看历史剧与历史小说的关系》,《科教文汇》2009 年第 7 期。

张红军:《话语重构:1990 年代以来革命历史剧的主旋律叙事》,《南京师大学报》(社会科学版)2009 年第 6 期。

范志忠:《历史谱系的祛魅:五四时期现代历史剧的文化阐释》,《湖南社会科学》2009 年第 6 期。

刘卫东:《从"翻案"到"影射"——1960 年前后关于"新编历史剧"的讨论》,《文学评论》2009 年第 6 期。

郭启宏:《历史剧宣言》,《广东艺术》2009 年第 6 期。

薛若琳:《历史剧:穿越历史,照亮今天》,《艺术百家》2009 年第 4 期。

罗怀臻:《新时期戏曲历史剧创作之我见》,《中国戏剧》2009 年第 4 期。

齐致翔:《历史与现实 虚构与真实 情节与心结——论历史剧创作的现实感悟与人文诉求》,《剧本》2009 年第 4 期。

陈爱国:《1920 年代历史剧的变态心理分析》,《戏剧艺术》2009 年第 1 期。

王成喜、张盼:《对现代历史剧的一点思考》,《陇东学院学报》

2009 年第 1 期。

　　王安葵:《历史剧创作:抒写历史的情怀》,《艺术百家》2009 年第 3 期。

　　白玉红:《论郭沫若历史剧的戏剧精神》,《四川戏剧》2009 年第 3 期。

　　崔军:《依违于历史与艺术之间:从〈汉武大帝〉看历史剧的艺术化讲述》,《电影文学》2009 年第 3 期。

　　王瑜瑜:《试论中国古代历史剧的虚实处理》,《戏剧文学》2009 年第 11 期。

　　卢玲玲:《从"历史真实和艺术真实"的对立统一看历史剧》,《戏剧文学》2009 年第 10 期。

　　江新苗:《从个体意识到集体意识:通过历史剧分析郭沫若文学思想的转变》,《安徽文学》2009 年第 10 期。

　　贾振勇:《诗与政治的共鸣:1940 年代的郭沫若及其抗战历史剧》,《东岳论丛》2009 年第 8 期。

　　杨状振、朱晓謇:《21 世纪以来的中国电视剧批评及其理论发展》,《浙江传媒学院学报》2010 年第 2 期。

　　张晓远:《影视史学视野下的韩国电影反思》,《文学与艺术》2010 年第 3 期。

　　陈丽芬:《历史剧的现代性演变》,《文艺争鸣》2010 年第 20 期。

　　刘起林:《"艺人历史剧"特征及其两面性:评当下"戏说剧"的审美形态》,《文艺争鸣》2010 年第 14 期。

　　王昕:《论现代历史剧的艺术真实标准:兼评新版〈三国〉电视剧》,《中国电视》2010 年第 12 期。

　　曾晨:《从电视剧〈美人心计〉,看历史剧的转型》,《文艺生活·文艺理论》2010 年第 10 期。

　　史可扬:《历史剧与民族形象的建构》,《中国电视》2010 年第 9 期。

　　陈丽芬:《历史剧研究述评》,《戏剧文学》2010 年第 8 期。

　　刘奇玉、刘建军:《明清剧论家的历史剧创作理念》,《社会科学家》2010 年第 8 期。

李正红：《论阿英历史剧的"历史"意义》，《滁州学院学报》2010 年第 2 期。

郭薇薇：《电视历史剧：现实与历史的对话》，《工会论坛》2010 年第 6 期。

朱红双：《关于"戏说"历史剧的理论探析》，《理论观察》2010 年第 5 期。

薛丽丽：《对"十七年"新编历史剧"热潮"的再解读》，《现代语文·文学研究》2010 年第 5 期。

冯异：《〈虎符〉：历史与历史剧》，《郭沫若学刊》2010 年第 4 期。

韩日新：《曹禺与陈白尘历史剧比较》，《鲁东大学学报》（哲学社会科学版）2010 年第 4 期。

王以武：《论郭沫若历史剧〈屈原〉对史实的改写》，《剧作家》2010 年第 4 期。

彭海军：《郭沫若历史剧的文学叙事与史学叙事：兼论中国传统叙事手法》，《四川省干部函授学院学报》2010 年第 4 期。

阮南燕：《权力·想象·自由：对"十七年"历史剧创作的反思》，《中国现代文学论丛》2010 年第 3 期。

胡榕芳：《浅谈中国古装历史剧应承担的责任》，《新闻世界》2010 年第 2 期。

刘丽文：《元代历史剧君臣观念的民主色彩》，《艺术百家》2010 年第 1 期。

黄擎：《权力话语与批评话语齿轮的咬合：从新编历史剧〈海瑞罢官〉的遭际反观 20 世纪 50—70 年代的文艺批评》，《理论与创作》2010 年第 1 期。

王昕：《马克思主义美学与电视历史剧创作》，《中国电视》2010 年第 3 期。

陈爱国：《20 年代中国历史剧之个人之镜》，《中国现代文学论丛》2010 年第 3 期。

张大新：《论元代前期历史剧的民族意识和时代精神》，《文学评论》2010 年第 4 期。

许俊妮、马玉林：《从历史到影视艺术：多维视角下的新〈三国〉解读》，《山东省经济管理干部学院学报》2010 年第 6 期。

曹小晶、刘晓静：《电影中的历史与历史中的电影：以电影〈西安事变〉的银幕化历史书写为例》，《人文杂志》2011 年第 6 期。

李娜：《论历史剧〈美人心计〉创作的虚实之间》，《电影文学》2011 年第 19 期。

郑坤峰：《试从影视史学角度分析〈定军山〉和〈西洋镜〉对历史的解读》，《电影评介》2011 年第 13 期。

吴敏：《历史剧频玩穿越雷翻观众》，《共产党员》2011 年第 18 期。

付慧云：《历史剧文学性的失重与回归》，《大舞台》2011 年第 11 期。

李树榕：《民族历史剧：史诗性与思想诉求：从电视剧〈成吉思汗〉对战争文化资源的选用说起》，《中国电视》2011 年第 11 期。

衣凤翱：《当代中国革命历史剧之传奇书写：评电视剧的传奇叙事风格》，《影视制作》2011 年第 11 期。

孙露：《浅议元代历史剧兴盛的文化根源》，《东京文学》2011 年第 10 期。

姜盈盈：《历史题材的影视文学：试论历史剧影视化过程中的人物性格塑造》，《东京文学》2011 年第 10 期。

刘雯婷：《历史剧的虚构与真实：虚构与创作的目的性》，《现代交际》2011 年第 7 期。

吴斯佳：《历史题材中的现代心态：评郭沫若的历史剧〈蔡文姬〉》，《名作欣赏》2011 年第 5 期。

赵雪梅：《在历史和审美之间自由俯仰：从京剧〈辛弃疾〉看历史剧的创作方法》，《中国京剧》2011 年第 5 期。

徐勇：《"怀旧"的陷阱与谍战历史剧的泛滥》，《艺术广角》2011 年第 5 期。

刘欣、赵大玮：《论周贻白在上海孤岛和沦陷时期的历史剧创作》，《剧作家》2011 年第 5 期。

谭庆：《传统与现代在剧场上的交汇：论周贻白抗战时期的历史剧创作》，《剧作家》2011 年第 3 期。

刘祯：《激情与想象：关于郑怀兴的历史剧创作》，《福建艺术》2011 年第 2 期。

刘志华：《论顾一樵的历史剧创作》，《四川戏剧》2011 年第 1 期。

邱伟：《近年来历史剧创作的动机》，《新世纪剧坛》2011 年第 1 期。

丁文霞：《历史镜像下的意识形态建构：1980 年代历史剧创作研究》，《中国现代文学论丛》2011 年第 1 期。

贾冀川：《论甲申史剧：兼谈历史、现实、历史剧的关系》，《社会科学》2011 年第 3 期。

李畅：《扬弃·魅力·成就：郭沫若历史剧与儒家文化》，《四川戏剧》2011 年第 3 期。

李畅：《儒家"仁义"思想与郭沫若抗战历史剧》，《四川戏剧》2011 年 6 月。

孔育新：《中国现代农民革命战争历史剧叙事模式研究》，《云南社会科学》2012 年第 2 期。

王萍：《略论郭沫若历史剧的叙事模式》，《四川戏剧》2012 年第 4 期。

计虹：《异曲同工，各呈奇妙：浅析郭沫若历史剧〈屈原〉和〈孔雀胆〉创作的异同》，《青春岁月》2012 年第 23 期。

肖慧：《真实与谎言：漫谈历史剧的实与虚》，《芒种》2012 年第 18 期。

张凯：《历史真实才是历史剧的生命》，《芒种》2012 年第 16 期。

杨洋：《郭沫若"在抗战中"的历史剧创作》，《青年文学家》2012 年第 14 期。

李一鸣：《历史是剧也是戏？历史精神和历史剧》，《大众电影》

2012 年第 12 期。

李艳梅：《论历史剧的悲剧精神：以莎士比亚历史剧为例》，《学习与探索》2012 年第 11 期。

王永：《论儒家"民本"思想与电视历史剧"圣王"形象建构》，《现代传播》2012 年第 10 期。

张晨怡、张宏：《现实观照、唯物史观与文化传承：关于抗战时期历史剧的论证与启示》，《戏剧文学》2012 年第 10 期。

赵宇航：《浅析郭沫若历史剧〈棠棣之花〉中女性意识的觉醒》，《北方文学》2012 年第 10 期。

徐琼：《〈木府风云〉：一段民族历史的哲学思考和诗化叙述：兼谈历史剧题材的处理和创新》，《声屏世界》2012 年第 10 期。

张莉：《论十七年"戏改"中的新编历史剧》，《河南社会科学》2012 年第 9 期。

谷继明：《历史剧要怎样的"真实"》，《中华遗产》2012 年第 6 期。

王小强、徐磊：《郭沫若新中国成立后历史剧题材处理方法探析》，《甘肃社会科学》2012 年第 5 期。

王瑜瑜：《试论中国古代历史剧的伦理观念》，《剧作家》2012 年第 5 期。

李正红：《置于主流话语意识下的女性关照：论郭沫若的历史剧》，《成都理工大学学报》（社会科学版）2012 年第 5 期。

王萍：《略论郭沫若历史剧的叙事模式》，《四川戏剧》2012 年第 4 期。

杨雪：《游移于历史、现实与艺术之间：论陈白尘的历史剧理论》，《湖北师范学院学报》（哲学社会科学版）2012 年第 4 期。

孔育新：《中国现代农民革命战争历史剧叙事模式研究》，《云南社会科学》2012 年第 2 期。

闫立飞：《尊重与摆脱的调和——历史剧〈胆剑篇〉再解读》，《天津大学学报》（社会科学版）2012 年第 2 期。

蒋妙媛：《浅谈历史剧的创作》，《新闻天地》2012 年第 2 期。

司马旷：《历史剧，少了"温情与敬意"》，《上海支部生活》2012 年第 2 期。

丁合林：《历史剧内涵论略》，《时代文学》（下半月）2012 年第 2 期。

王瑜瑜：《试论中国古代历史剧的尚奇倾向》，《剧作家》2012 年第 2 期。

张传敏：《郭沫若四十年代历史剧的共时性结构分析》，四川乐山：郭沫若与文化中国——纪念郭沫若诞辰 120 周年国际学术研讨会，2012 年。

温潘亚：《"十七年"历史剧创作结构形态论》，《中国现代文学论丛》2012 年第 2 期。

席扬：《"戏曲"处理"历史"的难度：读林瑞武新创历史剧〈枫落寒江〉有感》，《福建艺术》2012 年第 2 期。

苏阳：《黄健中：历史剧应当以史为鉴》，《电视指南》2012 年第 1 期。

蔡偲坤：《历史剧与中国现代性》，《时代文学》2012 年第 1 期。

李佳莲：《论当代福建作家群新编历史剧之理论观点与剧作实践》，《明道学术论坛》2012 年第 1 期。

丁合林：《试论元杂剧历史剧的艺术审美特色》，《河北大学学报》（哲学社会科学版）2012 年第 4 期。

胡学常：《毛泽东与〈评新编历史剧〈海瑞罢官〉〉的若干史实》，《炎黄春秋》2012 年第 4 期。

王小强：《论郭沫若抗战史剧题材处理中的时代隐喻性原则》，《延安大学学报》2012 年 5 月。

张晨怡、张宏：《现实关照、唯物史观与文化传承——关于抗战时期历史剧的论争与启示》，《戏剧文学》2012 年 10 月。

陈美霞：《雾社事件：悲剧英雄的悲怆史诗——评台湾原住民历史剧〈风中绯樱〉》，《艺苑》2012 年第 1 期。

国盾：《新疆历史文化与历史电视片创作》，《电影文学》2012 年第 24 期。

张祖群：《〈武则天秘史〉影评：从历史真实到影视真实》，《青岛科技大学学报》（社会科学版）2012 年第 3 期。

侯杰、王小蕾：《影视史学视域中的近代中国买办形象：以电视剧〈买办之家〉为中心的考察》，《安徽大学学报》（哲学社会科学版）2013 年第 4 期。

虞吉：《"影像传奇叙事"范式的延续与扩展：基于〈空谷兰〉史实与本事、字幕本的史论研读》，《文艺研究》2013 年第 5 期。

王忠梅：《浅议历史题材影视信息对中学历史教学的意义》，《青年与社会》2013 年第 15 期。

王伟光：《让马克思主义史学走进人民群众——中国历史影视化作品创作谈》，《求是》2013 年第 18 期。

刘海洲：《郭沫若抗战历史剧的悲剧叙事与现实关怀》，《现代计算机》2012 年第 20 期。

姜丹：《论革命历史剧的"文艺复兴"：以〈亮剑〉、〈历史的天空〉、〈永不磨灭的番号〉为例浅析近年来革命历史剧的成功变革》，《青春岁月》2013 年第 14 期。

马晓斌：《浅议戏剧创作汇总历史剧繁盛的原因》，《大观周刊》2013 年第 13 期。

吴矛：《论郭沫若抗战时期的历史剧创作》，《人文论谭》2013 年第 9 辑。

易栋：《漫议元杂剧之审美特征》，《戏剧之家》2013 年第 11 期。

刘海洲：《20 世纪 40 年代抗战历史剧的文化救国策略》，《河南社会科学》2013 年第 10 期。

刘云峰：《浅谈郭沫若历史剧的壮美风格》，《少儿科学周刊》2013 年第 10 期。

张京文：《戏朝后演，人向前走：从观众角度来分析中国当代电视古装历史剧艺术》，《戏剧之家》2013 年第 9 期。

邱伟：《历史剧：历史在戏剧中复活》，《戏剧之家》2013 年第 7 期。

王昌东：《历史剧要尊重历史：浅析〈赵氏孤儿案〉的历史错

误》，《赤峰学院学报》（哲学社会科学版）2013 年第 7 期。

徐建华：《〈西藏密码〉：史诗化历史剧的表达方式》，《中国电视》2013 年第 6 期。

左犀：《历史剧要不要尊重史实》，《群言》2013 年第 6 期。

李畅：《郭沫若历史剧的民族性》，《宜春学院学报》2013 年第 8 期。

周娟娟：《浅析穿越题材历史剧风靡的原因：以〈步步惊心〉为例》，《青春岁月》2013 年第 8 期。

陈丽芬：《"消解"与"常态"：90 年代以来历史剧创作的理论状态》，《戏剧文学》2013 年第 5 期。

李本红：《历史剧的"戏说"与历史"诗意"的构成：汤显祖和"雪中芭蕉"的启示》，《学术界》2013 年第 4 期。

张欣：《论郭沫若与郭启宏历史剧的异同》，《郭沫若学刊》2013 年第 4 期。

桂渝芳：《后现代主义文化语境下的"历史剧工业"批评》，《荆楚学刊》2014 年第 4 期。

龙念：《革命历史剧：集体记忆的影像建构》，《湖南大学学报》（社会科学版）2013 年第 3 期。

伏涤修：《中国古代历史剧创作范型摭谈》，《社会科学战线》2013 年第 3 期。

刘海洲：《郭沫若抗战历史剧的悲剧叙事与政治意图》，《山西师大学报》2013 年第 2 期。

钱坤：《表演帝国：五六十年代的历史剧》，《新文学评论》2013 年第 2 期。

石燕波、勾晓伟：《诗与剧的共鸣、穿越时空的征歌：论郭沫若建国前历史剧的象征性与悲剧性》，《华中人文论丛》2013 年第 2 期。

荣静：《略伦郭沫若的历史剧》，《安徽文学》2013 年第 1 期。

俞丽伟：《黄侯兴的郭沫若历史剧研究》，《中北大学学报》（社会科学版）2013 年第 1 期。

陈爱国：《20 世纪 20 年代中国历史剧的大我化倾向》，《文化艺术研究》2013 年第 1 期。

阎晶明：《〈穆桂英挂帅〉：历史剧的当代演绎》，《当代电视》2013 年第 3 期。

张默瀚：《历史之魅与艺术之殇：历史剧的世纪之争》，《艺术百家》2013 年第 3 期。

王春晓：《乾隆时期文化政策对文人历史剧创作的影响》，《戏剧文学》2013 年第 5 期。

张媛：《历史真实与艺术真实的博弈：浅析中国历史剧创作的叙事立场》，《青年文学家》2013 年第 5 期。

王小梅：《历史的"困"境与唯"国"重之的决然：评新编历史剧〈林则徐复出〉》，《福建艺术》2013 年第 5 期。

卢燕娟：《"历史的精神"与中国的现代：抗战时期历史剧再讨论》，《中国现代文学研究论丛》2013 年第 4 期。

张莉欣：《论历史题材影视信息在历史教育中的应用》，《城市建设理论研究》2013 年第 15 期。

杨芷郁：《影像、文本与教化：以电影〈鸦片战争〉为例的探讨》，《芒种》2013 年第 19 期。

古远清：《郭沫若论历史剧》，《艺术百家》2014 年第 3 期。

金大陆、冯筱才、金光耀：《戳天之"祸"：三位小人物反对〈评新编历史剧（海瑞罢官）〉的遭遇》，《史林》2014 年第 B12 期。

马伯庸：《历史剧的避雷针》，《视野》2014 年第 14 期。

丁一、吕展：《由〈贞观长歌〉中李世民的形象塑造看历史剧的"正当性"》，《大众文艺》2014 年第 10 期。

周明：《历史剧与历史人物》，《福建艺术》2014 年第 2 期。

杨宏：《郭沫若历史剧现实批判精神的审美价值——以郭沫若抗战历史剧为例》，《湖北经济学院学报》2014 年第 6 期。

王瑜琳：《论影响中国历史剧创作的因素》，《小作家选刊》2014 年第 5 期。

李晓宇、田丰、张珂：《论历史剧对现代社会的影响》，《商品与质量》2014 年第 4 期。

王瑜瑜:《援将戏笔扬清浊——明代传奇历史剧政治理性之勃兴》,《剧作家》2014 年第 4 期。

赵炎秋:《写出真实而复杂的历史:关于历史剧创作的反思》,《武陵学刊》2014 年第 3 期。

张恒:《评历史剧〈楚汉传奇〉在现代语境下的审美表现》,《浙江传媒学院学报》2014 年第 3 期。

周明:《历史剧与历史人物》,《福建艺术》2014 年第 2 期。

廖华:《论袁世硕先生的历史剧创作观——兼及对当代历史剧创作的启示意义》,《广西师范学院学报》(哲学社会科学版)2014 年第 2 期。

张晓玥:《"古为今用"与民族化剧诗的探索——关于"十七年"的历史剧》,《宁波大学学报》2014 年第 2 期。

李晓梅:《儒家文化影响下的郭沫若历史剧》,《戏剧文学》2014 年的 12 期。

陈丽芬:《论历史剧创作汇总"正统史剧观"理论的形成及影响》,《戏剧文学》2014 年第 10 期。

伏涤修:《南戏历史剧史源史事选择与处理特点摭论》,《艺术百家》2015 年第 5 期。

殷昭玖:《电视剧叙事与意识形态缝合——以新革命历史剧为例》,《青年记者》2015 年第 32 期。

林黛颖:《历史剧的种类及其市场分析》,《青年记者》2015 年第 29 期。

莫诚成、刘彤:《从〈历史转折中的邓小平〉热播看历史剧的德育功能》,《小作家选刊》2015 年第 26 期。

陈志霞:《历史剧的成功之作》,《戏剧之家》2015 年第 23 期。

马红娟:《历史剧的批判标准与解决路径分析》,《戏剧之家》2015 年第 17 期。

刘雁:《浅议中国古装历史剧跨文化传播力的构建》,《中国电视》2015 年第 9 期。

丁合林:《试论中国古代历史剧的嬗变》,《戏剧之家》2015 年第

9 期。

伏涤修：《南戏历史剧史源史事选择与处理特点摭论》，《艺术百家》2015 年第 5 期。

本刊记者：《寻历史镜像，存历史正气——"历史剧的创作走向：以〈大秦帝国〉系列为例"研讨会综述》，《中国电视》2015 年第 3 期。

若虚：《历史剧也应有现实情怀》，《北京广播电视报》2015 年第 3 期。

言禹墨：《历史剧创作三题——话剧〈秋之白华〉的创作实践》，《南大戏剧论丛》2015 年第 1 期。

王瑜瑜：《聊问戏场问兴亡：试论明代传奇历史剧的历史理性》，《剧作家》2015 年第 1 期。

王莉娜：《多角度看郭沫若抗战时期的历史剧》，《赤峰学院学报》2015 年第 9 期。

邓芳：《20 世纪五六十年代郭沫若历史剧的创作误区及缘由》，《四川戏剧》2015 年第 6 期。

李彬：《影视史学视域下的宫崎骏〈起风了〉研究》，《四川戏剧》2015 年第 12 期。

沈子元：《〈琅琊榜〉：古代历史剧的新探索》，《中国电视》2016 年第 1 期。

李光彩、史岩：《浅析历史剧〈抗倭英雄戚继光〉的多重创新》，《当代电视》2016 年第 6 期。

傅学敏：《缝合与裂缝：论郭沫若历史剧创作之得失》，《中央戏剧学院学报》2016 年第 4 期。

吴海庆：《论历史剧的拟历史性》，《厦门大学学报》（哲学社会科学版）2016 年第 4 期。

李岩：《从〈甄嬛传〉到〈芈月传〉——当代历史剧创作中的三大病象》，《人文天下》2016 年第 14 期。

赵倩、屈雅红：《话语与身份：女性主角历史剧的性别文化建构》，《现代视听》2016 年第 11 期。

张文婷:《撬动"历史",思考现实——论黄维若的历史剧》,《戏剧之家》2016 年第 11 期。

黄锐烁:《思辨历史:当代历史剧创作的第三种倾向》,《上海戏剧》2016 年第 9 期。

叶龙彪:《陈白尘历史剧创作路上的探索》,《北方文学》2016 年第 6 期。

洪靖慧:《新编历史剧创作如何把握虚构与真实》,《大舞台》2016 年第 6 期。

戴平:《有情之人做无情之事——评历史剧〈大清相国〉》,《上海戏剧》2016 年第 8 期。

李红娟:《历史剧创作中艺术真实、历史真实与现实的关系——以郭沫若、阳翰笙历史剧创作为例》,《祖国》2016 年第 11 期。

裴亮:《巾帼英雄的"还魂"与"重构"——抗战时期"木兰从军"新编历史剧创作论》,《戏剧》(中央戏剧学院学报)2016 年第 3 期。

李红娟:《郭沫若、阳翰笙历史剧创作的相异性》,《文史博览》2016 年第 4 期。

寿凤玲:《历史剧与国学热》,《唐山文学》2016 年第 10 期。

赵志飞:《从"于正剧"看历史剧的改编》,《西部广播电视》2016 年第 10 期。

金钰:《独特角度观照下的十七年历史剧研究——评〈象征行为与民族寓言:十七年历史剧创作话语形态论〉》,《海南师范大学学报》(社会科学版)2016 年第 12 期。

郭晔:《历史剧的偶像化趋势——以〈武媚娘传奇〉为例》,《西江文艺》2016 年第 12 期。

孙怡雯:《〈红楼梦〉和〈飘〉中历史影像之比较——以王熙凤和郝思嘉的故事为例》,《文教资料》2016 年第 1 期。

袁晚晴:《是非功过任评说——评历史剧〈秦始皇〉》,《北方文学》2016 年第 27 期。

吕泽毅:《凤霸青史,家国天下——从女权主义批评视角探析历史剧〈芈月传〉》，《大众文艺》2016 年第 24 期。

吴海庆：《论历史剧的拟历史性》，《厦门大学学报》（哲学社会科学版）2016 年第 4 期。

宁平、屈荣英、刘宁：《21 世纪初叶中国莎士比亚英国历史剧研究——新历史主义批评为视角》，《辽宁师范大学学报》（社会科学版）2016 年第 6 期。

濮波：《为历史剧做无罪"辩护"？》，《当代戏剧》2017 年第 1 期。

李蓉：《〈南宋〉：影视史学与传播诗学的融合》，《中国广播电视学刊》2017 年第 1 期。

陈含章：《也说武则天：从糟蹋历史的历史剧说起》，《文学教育》2017 年第 4 期。

董俊杰：《试论怎样才能创作和表演好历史剧》，《读写算》2017 年第 9 期。

于连：《历史剧的春天来了吗？》，《中国青年》2017 年第 6 期。

高小立：《历史剧的一股清流》，《报纸荟萃》（上半月）2017 年第 2 期。

张宸毓、刘璐、李峣岑：《关于当下历史剧盛行的研究》，《青年文学家》2017 年第 2 期。

刘璐、李峣岑：《浅析新世纪历史剧的影视改编》，《读书文摘》2017 年第 2 期。

陈晶晶：《毁灭与重生：〈海瑞〉对当下清官类历史剧的新突破》，《新世纪剧坛》2017 年第 2 期。

陈文勇：《1990 年代中国历史剧之研究》，《戏剧艺术》2017 年第 1 期。

王晓平：《〈大明劫〉："去历史化"的标本历史剧》，《艺苑》2017 年第 1 期。

张漫子、白瀛：《今天我们需要怎样的历史剧》，《中国名牌》2017 年第 2 期。

张勇：《郭沫若早期历史剧创作与诗剧翻译钩沉》，《北方论丛》

2017 年第 1 期。

伏涤修：《古代作家创作历史剧的主要目的动机》，《戏曲艺术》2017 年第 1 期。

郝雨、杨欣怡：《非虚构写作中的历史叙事与现实观照——以陈歆耕〈剑魂箫韵：龚自珍传〉为例》，《当代作家评论》2017 年第 1 期。

王四四：《新世纪影视剧的"历史洗白"思考》，《电影文学》2017 年第 5 期。

罗智国：《吴晗反历史虚无主义的思想与实践》，《兰台世界》2017 年第 6 期。

刘晓溪：《试析影视史学的困局与前景——以〈为奴十二年〉为例》，《读书文摘》2017 年第 13 期。

张诗雅：《浅析架空历史题材电视剧剧如何把握历史真实与艺术真实的关系——以〈甄嬛传〉与〈琅琊榜〉为例》，《赤子》2017 年第 14 期。

张克非：《唯物史观走向民众的重要途径——论民国时期郭沫若历史剧的贡献及其启示》，《湖北社会科学》2017 年第 11 期。

李振礼、王永收：《"新历史主义"视域下古装历史剧的创作策略探析——从电视剧〈于成龙〉谈起》，《声屏世界》2017 年第 11 期。

唐卓：《流行历史类电视剧的受众满足及传播学分析》，《电视指南》2017 年第 10 期。

毛禄明：《娱乐元素带火历史正剧——从〈大秦帝国之崛起〉热播谈起》，《电视指南》2017 年第 10 期。

周茜、王汝君：《论历史剧中的历史准确与艺术创作的关系——以〈甄嬛传〉为例》，《北方文学》2017 年第 9 期。

刘红娟：《历史剧的问题与反思》，《当代戏剧》2017 年第 4 期。

张宸毓、刘璐、李峣岑：《关于当下历史剧盛行的研究》，《青年文学家》2017 年第 2 期。

李树榕：《历史剧：在"真"与"正"之间回归》，《中国电视》

2017 年第 7 期。

温潘亚：《历史剧：作为一种历史叙事》，《江苏社会科学》2017 年第 5 期。

陈文勇：《1990 年代中国历史剧之研究》，《戏剧艺术》2017 年第 1 期。

庄郑晨：《从〈桃花扇〉看历史剧中的历史真实与艺术真实》，《戏剧之家》2017 年第 19 期。

毛佩琦：《历史剧的品格》，《海内与海外》2017 年第 8 期。

本刊编辑部：《戏说历史要有度》，《百家讲坛》2017 年第 15 期。

张亚男：《浅谈新编历史剧创作》，《大众文艺》2017 年第 14 期。

于安琪：《正剧回温，历史剧如何赢得年轻人青睐?》，《广电时评》2017 年第 14 期。

苏亚拉玛：《试析影视史学领域里的中国历史影视剧创作》，《新西部》2017 年第 18 期。

马佳嘉：《从〈大将军司马懿之军师联盟〉解读古装历史剧制作与宣传》，《戏剧之家》2018 年第 7 期。

张陆：《浅析历史剧创作中的"当代行"表达——评电视剧〈大军师司马懿之军师联盟〉》，《当代电视》2018 年第 4 期。

曹凯中、杨婕：《戏剧化的历史与历史化的戏剧——戏说历史剧的艺术特征研究》，《中国电视》2018 年第 3 期。

李聪聪：《历史题材电视剧的精致化思维与本土化实践》，《当代电视》2018 年第 2 期。

曾龙：《历史与虚构"合谋"的魅力——论历史剧〈于成龙〉的表现手法》，《电视指南》2018 年第 1 期。

荆桂英：《时代精神统照下的历史剧价值表达——以〈抗倭英雄戚继光〉〈琅琊榜〉〈芈月传〉为例》，《当代电视》2018 年第 1 期。

王怡霖：《真实与唯美——历史剧中的服饰抉择》，《文艺生活》2018 年第 1 期。

张为：《从〈单刀会〉看关汉卿历史剧创作的基本特点》，《戏剧之家》2018 年第 6 期。

龚云：《历史虚无主义的新动向》，《红旗文稿》2018 年第 6 期。

李松：《历史剧改编的理性思考》，《文存阅刊》2018 年第 4 期。

张欢：《试论相同题材的历史剧人物设定不同带来的影响——以〈梧桐雨〉和〈长生殿〉为例》，《戏剧之家》2018 年第 5 期。

尹媛媛：《以〈末代皇帝〉为例谈历史据的改编》，《牡丹》2018 年第 8 期。

鞠辛陆：《荆轲的"可能性"——从现实与历史的互文互动看〈我们的荆轲〉创作》，《牡丹》2018 年第 11 期。

傲蕾：《古装剧中语言文字的错误及关于语言传播的思考》，《神州》2018 年第 9 期。

熊娟：《远去的历史与真实的幻象——比较贺照缇监制的〈太阳，不远〉与陈丽贵导演的〈红色戒严〉》，《电视指南》2018 年第 6 期。

学位论文

云亮：《从历史走向艺术——关于历史剧创作问题的再思考》，硕士学位论文，中山大学，1988 年。

李万荣：《历史的艺术反思——抗战时期大后方太平天国历史剧综论》，硕士学位论文，广西师范大学，2001 年。

林甦：《新时期福建历史剧研究》，硕士学位论文，厦门大学，2001 年。

李艳：《历史横亘在现实之中——中国电视剧历史剧创作解析》，硕士学位论文，山东师范大学，2002 年。

陈才俊：《徘徊在真实与虚构之间——浅论中国现代历史剧的发展与演变》，硕士学位论文，华中师范大学，2002 年。

丁合林：《元杂剧历史剧浅论》，硕士学位论文，首都师范大学，2004 年。

邓齐平：《中国现当代历史剧的启蒙精神》，硕士毕业论文，南京大学，2004 年。

温潘亚：《泛政治化语境中的历史叙事——17 年历史剧创作话语形态论》，博士学位论文，南京师范大学，2005 年。

周荣:《90 年代以来历史剧当代性现象研究——以〈雍正王朝〉、〈康熙王朝〉、〈太平天国〉、〈走向共和〉和〈汉武大帝〉为中心》,硕士学位论文,苏州大学,2006 年。

左建国:《历史剧考辨》,硕士学位论文,暨南大学,2006 年。

吴丹丹:《郭沫若历史剧创作研究》,硕士学位论文,兰州大学,2006 年。

陈彩玲:《现代语境中的历史剧创作——论 1980 年以后的中国历史舞台剧》,博士学位论文,中国艺术研究院,2007 年。

徐贺:《褪去功利色彩,回归艺术本质——中国当代历史剧研究》,硕士学位论文,苏州大学,2007 年。

李盛龙:《论电视历史剧〈汉武大帝〉的"重威"美学精神》,硕士学位论文,四川师范大学,2007 年。

刘杰:《古潭清音——田汉历史剧创作论》,硕士学位论文,河南大学,2007 年。

宗俊伟:《1990 年以来中国电视历史剧类型研究》,硕士学位论文,南京师范大学,2007 年。

张慧敏:《新历史主义视阈中的当代历史剧》,硕士学位论文,兰州大学,2007 年。

姚婷:《影响我国历史剧内容创新的因素分析》,硕士学位论文,中南大学,2007 年。

孙晓东:《试析当下电视历史剧热播的成因、意义和发展态势——兼以〈大明王朝〉的成败得失为例》,硕士学位论文,上海大学,2007 年。

朱夏君:《明清传奇历史剧研究》,硕士学位论文,苏州大学,2008 年。

陈璐:《论抗战时期太平天国历史剧的创作》,硕士学位论文,华中师范大学,2008 年。

梁莉:《论阿英历史剧的戏剧性》,硕士学位论文,湖南师范大学,2008 年。

刘力子:《穿越历史的女性视角——从武则天的形象塑造看历史

剧创作中的性别文化》，硕士学位论文，南昌大学，2008 年。

李红娟：《郭沫若、阳翰笙历史剧创作比较论》，硕士学位论文，湖南师范大学，2008 年。

袁宏琳：《历史的影像之舞：电影表述历史的相关问题研究》，硕士学位论文，武汉大学，2010 年。

郑张华：《试论古装历史剧服饰设计的伦理尺度》，硕士学位论文，天津师范大学，2009 年。

何筠：《郭启宏历史剧人物形象研究》，硕士学位论文，中国艺术研究院，2009 年。

王亚萍：《元明清历史剧研究》，硕士学位论文，湖南大学，2010 年。

邱飞廉：《明传奇历史剧的叙事艺术》，博士学位论文，武汉大学，2010 年。

龙俊：《论郭沫若历史剧的自由形式》，硕士学位论文，西南大学 2010 年。

孙丽娜：《女神情节与女性形象——郭沫若历史剧研究》，硕士学位论文，宁夏大学，2010 年。

吴剑：《从京剧〈曹操与杨修〉看历史剧艺术形象的人性深度》，硕士学位论文，中国艺术研究院，2010 年。

张海英：《胡玫导演历史剧研究》，硕士学位论文，河北大学，2010 年。

赵维：《胡玫电视历史剧研究》，硕士学位论文，河北大学，2011 年。

杨嘉乐：《中国二十世纪历史剧论争研究》，博士学位论文，北京师范大学，2011 年。

刘慧娟：《王朝的话语：论历史剧的艺术虚构》，硕士学位论文，山西大学，2011 年。

陈丽芬：《新时期以来历史剧观念的解放》，博士学位论文，南京大学，2011 年。

郑军港：《张黎导演的历史剧和家族剧研究》，硕士学位论文，北京师范大学，2011 年。

李学丽：《解读郭沫若抗战时期历史剧：以〈屈原〉为例》，硕士学位论文，华中科技大学，2011 年。

李宛聪：《网络时代历史剧的传播效果研究：以〈贞观长歌〉为例》，硕士学位论文，山东大学，2011 年。

殷默：《电影与历史：以侯孝贤作品〈悲情城市〉为例》，硕士学位论文，陕西师范大学，2011 年。

张利：《时代良知的影像表达：贾樟柯电影研究》，博士学位论文，苏州大学，2011 年。

姜文娟：《郑怀兴历史剧研究——以郑怀兴历史剧对"人"的关注为视角》，硕士学位论文，福建师范大学，2012 年。

崔敏：《郭沫若历史剧语气词研究》，硕士学位论文，河北大学，2012 年。

谭玉环：《周长赋历史剧研究》，硕士学位论文，福建师范大学，2013 年。

侯华：《古典历史剧〈赵氏孤儿〉的改编研究：戏剧影视叙事学系列研究之一》，硕士学位论文，山西大学，2013 年。

黄亚清：《新编历史剧生产体制研究（1942—1978）》，博士学位论文，浙江大学，2013 年。

戎骞：《新时期新编历史剧理论与创作研究（1978—2010）：以山西创作实践为例》，硕士学位论文，山西师范大学，2013 年。

陈云升：《历史剧核心问题研究》，硕士学位论文，中国戏曲学院，2013 年。

王晶：《新时期重大革命历史题材影视剧研究》，硕士学位论文，兰州大学，2013 年。

孙庆：《"荧幕历史"初探——以历史剧为主，兼论历史纪录片、历史讲坛及戏说剧》，硕士学位论文，华东师范大学，2013 年。

侯华：《古典历史剧〈赵氏孤儿〉的改编研究——戏剧影视叙事学系列研究之一》，硕士学位论文，山西大学，2013 年。

陈云升：《历史剧核心问题研究》，硕士学位论文，中国戏曲学院，2013 年。

张默：《〈六十种曲〉中历史剧研究》，硕士学位论文，辽宁师范大学，2014 年。

赵园园：《新世纪以来中国文革电视剧叙事研究》，硕士学位论文，南京大学，2014 年。

宋超：《中国后宫题材电视剧研究》，硕士学位论文，南京师范大学，2014 年。

苏惜：《史实·史诗·史剧：论抗战时期的历史剧研究》，硕士学位论文，山东大学，2014 年。

宋蔓蔓：《九十年代以来（1990—2010）的戏曲历史剧创作研究》，硕士学位论文，厦门大学，2014 年。

补依依：《明遗民历史剧研究》，硕士学位论文，广西大学，2015 年。

孟芳：《樊粹庭历史剧时代精神研究》，硕士学位论文，河南大学，2015 年。

沈远鑫：《三国题材电视历史剧与史学大众化》，硕士学位论文，扬州大学，2015 年。

陈敏：《新编历史剧〈项羽〉研究》，硕士学位论文，曲阜师范大学，2016 年。

李哲睿：《论〈人间正道是沧桑〉作为革命历史剧的时代审美》，硕士学位论文，苏州大学，2016 年。

刘伟：《戏曲历史剧创作初探——历史剧〈飞将军李广〉创作阐释》，硕士学位论文，杭州师范大学，2016 年。

丁薇：《论郭沫若历史剧的戏剧性》，硕士学位论文，河北大学，2016 年。

余永春：《郭沫若历史剧现代性与民族性的双重变奏》，硕士学位论文，闽南师范大学，2016 年。

殷娇：《借彼异迹，吐我奇气——郭启宏新编历史剧初探》，硕士学位论文，中国戏曲学院，2016 年。

贾一真：《"十七年"历史剧的接受研究》，硕士学位论文，扬州大学，2017 年。

　　肖静：《马克思主义家庭观视域下的郭沫若历史剧研究》，硕士学位论文，西华大学，2017 年。

　　李楠：《胡玫导演历史剧中英雄人物形象的研究》，硕士学位论文，云南师范大学，2017 年。

　　沈懿哲：《从历史剧看影像对历史的再现——以〈大明王朝1566〉为例》，硕士学位论文，湖南工业大学，2017 年。

　　林珣如：《历史与艺术——郑怀兴历史剧创作论》，硕士学位论文，福建师范大学，2018 年。

　　黄敏捷：《青山见我应如是——王芳与新编历史剧〈柳如是〉》，硕士学位论文，苏州大学，2018 年。

　　李燕：《抗战时期历史剧研究（1937—1945）》，硕士学位论文，华中师范大学，2018 年。

　　伊长璟：《曾永义历史剧研究——以〈霸王虞姬〉〈杨妃梦〉〈李香君〉为中心》，硕士学位论文，江苏师范大学，2018 年。

　　吴瑶：《新编历史剧服装设计研究》，硕士学位论文，中国戏曲学院，2018 年。

2018 年中国公共史学发展编年

编纂者：李雨桐：中国人民大学历史学院 2018 级硕士研究生；
审订者：姜萌：中国人民大学历史学院副教授。

一月

1 月 15 日

"上海国际航运中心建设口述史"工作小组召开第二次研讨会。

1 月 16 日

2017 年度联合国教科文组织亚太遗产保护创新奖授奖仪式在景德镇陶瓷工业遗产博物馆举行。

2017 年，景德镇陶瓷工业遗产博物馆斩获 2017 年度联合国教科文组织亚太地区文化遗产保护创新奖。景德镇陶瓷工业遗产博物馆把 20 世纪 50 年代初的国营老瓷厂厂房改造为博物馆及综合设施，为公共使用提供了空间。改造基于遗产保护的最少干预原则，拥有详尽的历史文献、鲜活的口述史料、丰富的物质遗存、独特的展陈设计。①

1 月 23 日

《南水北调中线工程口述史》课题研讨会在河南财经政法大学举行。

---

① 《陶瓷工业的时代印记——景德镇陶瓷工业遗产博物馆记事》，http://www.cssn.cn/kgx/kgsb/201802/t20180223_ 3855034. shtml，2019 年 9 月 20 日。

1 月 25 日

"川剧口述历史记忆"项目座谈会在四川省川剧艺术研究院召开。

1 月 29 日

顾维钧档案数据库正式上线。

是月

卢柳杉、徐锦博在《教育与教学研究》第 1 期发表《影像史学与中国教育史研究——以教育影像史料为中心的考察》。

文章指出，影像史学是史学发展的新动态。从影像史学的学术背景、学术主张和学术价值来看，将影像史学的理论和方法运用于中国教育史研究，对教育史研究思路的扩展和教育史学科地位的提升有重要意义。近年来，也出现了不少以影像为史料的教育史研究尝试，取得了一定进展，但仍显不足。以教育纪录片为例，视觉史料、听觉史料和档案史料，对近现代教育史研究都有着重要价值。因此，不仅要认识到历史影像在史料层面所具有的重要意义，更要充分发挥影像史学的理论价值，积极推进教育史研究的发展。

马卫东在《中学历史教学》第 1 期发表《"影像历史和史学"与历史教育——"影像历史与史学"跨学科应用的案例研究》。

文章指出，影像历史和史学要进入历史教育领域，实现跨学科应用，还有一系列问题有待处理。毕竟作为 20 世纪后期产生的"影像历史和史学"是一个新生的事物，作为历史学的一个新领域，其本身需要完善的地方还有很多。当前，在历史学和历史教育不断进步和发展的背景下，历史教育要将影像历史和史学引入其中，充分运用其研究成果，以提升历史教育的质量，就需要改变自身。从观念的更新到理论的建构、从课程的编订到教学的设计，涉及方方面面的问题，而不仅仅是将原有的"历史题材影视作品的运用"换个"影像史学"的名称那样简单。新一轮基础教育课程改革背景下，历史教育如何从原有体系和模式的困境中脱身，实现自身的进步与发展？或许影像历史和史学的进入不仅可以提供一条路径，更可以提供一个很好的范例，以为今后历史教育改革和进步提供有益的启示。

丁旭东在《中国音乐》第 1 期发表《"口述音乐史"学术实践的六个操作关键》。

文章指出,"口述音乐史"科学操作要把握住六个关键。一是具有专业素养的采访人,这是决定"口述访谈史料"学术价值的关键;二是找到各种类型的合适受访人,这是完成任务的关键;三是借助文献搭建"史骨""补配"缺失,是实现"口述音乐史"完整性的关键;四是采用历时和共时的双重视角构建历史,是解决许多"口述音乐史"书写难题的关键;五是同步建设可共享的"数字化原始口述史料库",是口述史料学术价值发挥与被广泛利用的关键;六是基于信任基础上签订相关资料授权使用协议,是保障口述史料合法利用与相关参与人合法权益的关键。

颜井平在《出版发行研究》第 1 期发表《1949 年以来我国口述历史的发展与出版》。

文章指出,追溯口述历史的渊源,可以发现中国其实有着较为悠久和丰富的口述史传统。1949 年后,我国口述历史的发展经历了三个主要阶段,即中华人民共和国成立以后的自我探索,到 20 世纪八九十年代与国际口述史接轨,再到新世纪以来的纵深发展。口述史拓展了包括历史学在内人文社科的研究途径和视野,同时通过出版等传播途径参与公众精神生活的建构中。60 多年来,中国口述历史的发展成绩显著,但是仍存在一些问题:口述历史理论薄弱;规范性有待提高;研究资金短缺;发展过程中尚有待完善之处。

王家乾在《艺术评论》第 1 期发表《历史在文本转译过程中的消解与重构——基于口述历史纪录片采访文本和剪辑脚本的对比研究》。

文章指出,从文本形式来看,口述历史纪录片的形成共经历了历史事件—口述历史事件—口述历史纪录片三个文本阶段、两次文本转译。在两次文本转译过程中,一部分历史被消解,同时也有一部分历史被放大和重构。

中关村口述史资料第一期(1978—1988 年)捐赠仪式暨座谈会在北京市档案馆举行。

南京市浦口区开展口述史采集工作。

江苏省泰州市党史方志档案办公室启动抗战口述史料征集对象摸底工作。

陕西省汉阴县档案史志局开展口述历史活动。

刘霄著《从灯影班社到真人舞台——孝义国家级非物资文化遗产传承人口述实录》由文化艺术出版社出版。

侯幼彬口述，李婉贞整理《寻觅建筑之道》由中国建筑工业出版社出版。

杭州市余杭区政协文史和教文卫体委员会编《余杭丝绸轻纺业口述史》由杭州出版社出版。

上海博物馆编《公共历史教育手册》由华东师范大学出版社出版。

孙庆忠著《村史留痕》《乡村记忆》《枣缘社会》由同济大学出版社出版。

二月

是月

焦润明在《河南师范大学学报》（哲学社会科学版）第 2 期发表《论公共环境史学》。

　　文章指出，公共环境史学是探讨历史上及当下之公共环境意识、环境行为和环境责任以及相关内容的史学边缘交叉学科。公共环境史学的学科框架主要依据公众对环境的感受以及公共利益而建立，公众对于环境问题的个体书写，构成了公共环境史书写的重要内容。公共环境史学在阐释原则上应坚持公众或全体利益优先的原则，强调建设性、反思性和通俗性。历史上及当下的公共环境事件与环境问题都是公共环境史学的研究对象。公共环境史学的核心价值观应该是生态文明史观。公共环境史学必须依托于公共平台才能不断发展，尤其是新兴媒体，理应成为公共环境史学的重要载体，把生态文明史观向更广大的社会层面传播，强化民众的环境保护意识。在当下历史学科建设中，公共环境史学对于丰富和拓展史学疆域、发挥史学资政育人功能、积极促进生态文明社会建设具有重要意义。

王艳勤在《武汉科技大学学报》（社会科学版）第 1 期发表《何种历史：公共史学视野下的口述历史》。

文章指出，在公共史学视野下，口述历史具有来自公众、服务公众、公众参与、面向公众的家族共性，在共享对于历史的解释权时，应该接受公共阐释的规训，警惕强制阐释。口述历史接地气的气质是其时下受到欢迎的重要质素，口述有助于建构可信又可爱的历史，可以通过自上而下和自下而上两种途径实现，但需要以求真为前提，在职业史家和公共史家的共同努力下实现。口述历史是有温度的历史，它对历史抱持温情和敬意，是一种敬畏历史、致敬生命的实践，它把感性请回历史学，与见事不见人的历史书写形成鲜明的对比，是当之无愧的"活历史"。

钱茂伟在《浙江社会科学》第 2 期发表《当代公众专题史建构的类型、路径及意义》。

文章指出，公众专题史是在个人记忆基础上汇集而成的专题性群体记录。在个人史、家族史、社区史、单位史之外增加专题史，是希望让公众史建构单位更为完整。其基本类型为三类，即场所人群记忆、行业人群记忆、学科人群记忆。公众专题史的研究，主要是靠口述史来进行，也会参考相关文献。公众专题史的价值主要有四个，场所记忆可以凝聚人类的集体认同感，公共场所因人的记忆而活化，可以留住文化之根，了解学科最近几十年发展的趋势。

马千里在《世界民族》第 1 期发表《"非遗"清单编制与非洲裔巴西人文化权利维护：历史、现实与启示》。

文章指出，巴西与非物质文化遗产有关的清单编制政策重点关注了少数族裔和相对边缘化的群体，具有鲜明的民生导向。

中共上海市委党史研究室编《破冰：上海土地批租试点亲历者说》由上海人民出版社出版。

三月

3 月 9 日

山东省"市（地）、县委书记口述历史"编撰工作会议在济南召开。

3月20日

江苏省常州召开地方志工作会议。

常州市召开地方志工作会议，回顾总结 2017 年度全市地方志工作，研究部署 2018 年工作任务。常州市在 2018 年将持续拍摄《常州影像志》系列专题片，继续推动口述史工作，推进《口述常州》系列专辑编印出版，采编完成《坦中合资友谊纺织有限公司口述史》。①

3月21日

中国传媒大学附属小学启动"口述历史和电影赏析"特色课程。

是月

姜萌在《中国社会科学评价》第 1 期发表《怎样正确认识史学与人民的关系》。

文章指出，以往学术界多重视历史创造者问题的讨论，而在中国现代史学的发生发展过程中，存在一个重大却一直未能很好解答，甚至未能得到足够重视的理论问题："史学与人民的关系"。清末的史学从业者对"史学"的认知分歧不大，但对"人民"的认知分歧较大；民国时期学者对"人民"的认知分歧缩小，但对"史学"的认知趋于多元。新中国成立以来，虽然"史学"和"人民"的变量干扰降低，但经过"史学革命"等运动，史学以突出"人民"的方式远离了人民大众。改革开放后，史学界试图突出"应用"来拥抱人民，但旋因学术风气转变而中辍。时至今日，这一重大理论问题仍以悬置的方式存在于中国史学界。新时代的中国史学如何健康发展，应从认真思考"怎样正确认识史学与人民的关系"这一问题入手。

林颖、吴鼎铭在《中国广播电视学刊》第 3 期发表《纪录片〈过台湾〉的史学价值与传播价值》。

《过台湾》是反映大陆先民横渡台湾海峡、繁衍生息并创造两岸共同历史的纪录片。该文结合影像分析与史学研究的方法，探讨其如何通过历史的影像化再现，成功实践影像史学的基本范式，使近 400

---

① 《常州召开地方志工作会议》，http://zg.changzhou.gov.cn/html/czzg/2018/CIBLK-PQE_0320/42201.html，2019 年 9 月 20 日。

年的台湾历史得以"在场"与还原，生成独特的史学价值；而在传播价值层面，这一纪录片通过影像的情节化叙事与情感的召唤策略，展现了两岸共同的文化记忆与集体记忆，建构了海峡两岸共同体的历史认知。

吕慧敏、李晓艳在《文教资料》第 9 期发表《以文创开发促进公众对田野考古工作的初步认知——基于公众考古的视野》。

文章指出，田野考古在大众媒体的发展下已经进入公众视野，公众对田野考古有着极浓厚的兴趣，并且愿意通过新颖的方式了解田野考古。但是公众对田野考古的认知处于浅显的平面认知上，信息来源主要是他人给予，没有实际的直观了解，对于田野考古究竟有哪些程序，有什么样的步骤，究竟是如何操作的没有深入清晰的认知。为促进公众认知，文创产品设计须尽力结合田野考古的实践过程，力求将实践过程以文创产品的形式生动表现出来，增强其趣味性。

马晓光在《南方文物》第 3 期发表《中国考古志愿活动发展刍议》。

文章指出，我国的考古志愿活动有较长的历史和复杂的背景。群众性的考古志愿活动作为文物事业群众工作的构成部分，始于新中国成立之初，至今仍然发挥一定作用。而真正意义上的考古志愿活动，则是作为公众考古的一种实践由考古研究机构发起并组织的，是近十年出现的新事物，也是目前考古志愿活动的主流模式。过去的实践为考古志愿活动进一步开展提供了宝贵的经验，也暴露出一些需要解决的问题。在志愿服务规范化、制度化、法制化的新形势下，为了满足公众和考古工作自身需求，考古研究机构作为当前考古志愿活动的主导方，应在成功案例的基础上继续探索。

台盟中央向全国政协十三届一次会议提交一篇题为《关于加强抢救性口述历史研究的建议》的提案。

禹明著《南山教育记忆》由商务印书馆出版。

四月
是月
朱煜、赖雄麟在《出版发行研究》第 4 期发表《口述出版：书籍出

版的新路径》。

在口述历史的基础上，文章尝试性地提出书籍出版的新模式——口述出版。文章认为市场的需要、出版行业职业化的团队及口述史学科的快速发展使口述出版模式的产生具有可能性，并分析了口述出版模式的运营流程。作为一个新生事物，口述出版在发展过程中也引发一些思考。

王春英主编《"5·12"特大地震访谈·汶川之殇——汶川县153位地震亲历者口述资料辑录》由四川大学出版社出版。

刘吕红、刘世龙主编《汶川大地震十年祭——来自亲历者的口述》由四川大学出版社出版。

刘文著《时代领跑者——上海劳模口述史》由上海人民出版社出版。

董翠平主编《周口店记忆》由中华书局出版。

孔寒冰编著《执着的汉语史学家：法国著名汉语语法学家阿兰·贝罗贝教授口述》由北京大学出版社出版。

徐伟东、刘国君著《声·生不息：广播剧人口述史》由中国社会科学出版社出版。

五月

5月8日

山西省省委党史办公室启动抗日战争口述史料征集工程和革命年代干部输出史料征集工程。

5月11日

"第一届中国建筑口述史学术研讨会暨工作坊"和"建筑学术论坛"在沈阳建筑大学举行。

以口述史的方式抢救记忆中的建筑的历史，成为中国建筑界日益紧迫的任务。本次活动以工作坊的形式对有志于从事口述史调查工作的专业人士进行培训。天津大学教授邹德侬做了题为《我对口述资料在历史写作中的运用》的报告，通过引用口述资料的实例，描述了在资料引用中与口述者的关系和访谈体会，介绍了搭建中国现代建筑史的构架思路。李浩阐述了口述历史对当代城市规划史研究的主要作用和贡献，归纳了城市规划口述历史的基本方法和应注意的问题。①

5 月 12 日

江苏省常州市口述史研究院成立。

5 月 18 日

《不问沧桑·三线人物口述历史》专题片点映在重庆市举行。

《南通老归侨口述史》《南通新侨口述史》发行仪式暨侨史研究研讨会在江苏省南通市举行。

5 月 28 日

华中师范大学中国农村研究院招募 2018 年"中国农村调查"项目暑假调研员，继续推进对农民口述史资料的收集。

项目调查内容主要包括：农民问卷调查、农民口述史调查、传统农村家户调查及农村社会惯行调查等，旨在通过实地调查获得一手涉农数据，为国家决策提供支撑，同时也以此记录农村社会正在发生的深刻变革，还原最完整而又最易逝的农民眼中的历史。经过十余年的调查积累，研究院现已收录了 4.5 万份调查问卷、18523 位 80 岁以上农村老年人共计 2.5 亿字的口述史访谈资料。

本次调查主题为"农民与土地——以土为生农民的 60 年"。调查内容有土地改革口述史调查、农村老年妇女口述史调查、农业合作化口述史调查、传统村庄公共性调查、农民问卷调查。②

5 月 30 日

"铭记历史 珍爱和平——中日口述历史研讨会"在伪满皇宫博物院东北沦陷史陈列馆召开。

5 月 30 日上午 9 点，由伪满皇宫博物院与日本"日中口述历史文化研究会"共同举办的"铭记历史 珍爱和平——中日口述历史研讨会"，在伪满皇宫博物院东北沦陷史陈列馆召开。研讨内容涉及在日侨民对"伪满洲"的记忆，关于日本侵华战争加害中国的认识，日

---

① 《〈第一届中国建筑口述史学术研讨会暨工作坊〉及〈建筑学术论坛〉在沈阳建筑大学成功举办》，http：//tmjzxh. sjzu. edu. cn/info/1009/1373. htm，2019 年 9 月 20 日。

② 《招募：中国农村调查 2018 年暑假调研员招募》，http：//www. ccrs. org. cn/List/De-tails. aspx？ tid = 5931，2019 年 9 月 20 日。

军在长春细菌战研究的口述调查与文献挖掘，关于口述历史可信性的探讨研究等各方面问题。①

是月

李娜主编《公众史学》第一辑由浙江大学出版社出版。

　　《公众史学》旨在打造一个公众史学的研究者、实践者和教育者与公众交流的平台，主要介绍公众史学的理论、实践、方法、教学等。集刊设立了"出版笔谈""理论探索、前沿与反思""记忆与公众历史""博物馆、遗址与历史保护""口述历史""数字公众史学""伦理道德""历史教育""海外札记"等专栏，探讨历史在公众领域的产生、表征、呈现、认知和传播。出版笔谈栏目浓缩了国内外史学家对公众史学的认识、反思与希冀。陈新《当代史学的处境与问题：公众史学作为一种选择》指出历史学家们要主动介入公众史学研究及各种实践性项目。李娜《历史的"公众转向"：中国公众史学建构之探索》一文，指出公众史学欲成专门之学，要厘清与相关学科或领域的关系，并逐步建立起学历框架与概念体系。该书还将美国公众史学委员会的"最佳实践"系列文本翻译出版，包括公众史学硕士项目、面向本科学生的公众史学教育、公众史学项目的建立与发展、公众史学证书项目、公众史学实习五部分内容，值得公众史学从业者学习、参考。

徐柏翠、潘竟虎在《经济地理》第 5 期发表《中国国家级非物质文化遗产的空间分布特征及影响因素》。

　　该文基于点格局分析、核密度分析、热点聚类等方法，以中国 4 批次 3140 项国家非物质文化遗产为研究对象，对其空间分布模式进行了定量分析。结果发现：（1）中国国家级非物质文化遗产呈聚集分布态势，具有较强的空间依赖性。（2）从类别来看，表演艺术类聚集于京津冀与冀鲁豫、长三角、粤闽沿海、湘鄂贵地区；传统手工艺类聚集在长三角、陕晋交界、京津冀地区；口头传统和表现形式类

---

① 《铭记历史珍爱和平——中日口述历史研讨会新闻通稿》，https：//www. sohu. com/a/233430249_ 588947？qq-pf-to＝pcqq. c2c，2019 年 9 月 20 日。

聚集在长三角及黄河下游地区；有关自然界和宇宙的知识和实践类主要分布于京津冀地区；社会实践、仪式与节庆类多分布于东南沿海。（3）从批次来看，前两期非遗项目较多；后期更重视经济不发达地区非遗项目的开发。（4）非遗项目的两个分布高核区分别位于京津冀和长三角。（5）非遗分布趋向于地势比较平坦、气候温暖宜人、水资源丰富、阔叶林为主的平原和低山地区，以及历史文化悠久、民族聚居、经济较发达区域。

伍婷婷在《青年研究》第 3 期发表《青年自主探索"过去"和"自我"的方式——以某大学口述史实践教学为例》。

文章指出，公共史学主张普通民众和历史学者共同享有对历史的解释权。口述史的合作性和民主性使它在公共史学的浪潮下成为普通人参与历史书写的基本方法。随着口述史的发展，青年群体已广泛地参与口述史的制作全过程，借助口述史的手段，他们不仅了解历史而且也记录当下，尤其是记录自己的历史。该文以某大学口述史实践教学为例，说明青年学生从事口述史实践的特征、价值和问题。

孟庆延在《学海》第 3 期发表《从"微观机制"到"制度源流"：学术史视野下口述史研究传统的力量、局限与转向》。

文章指出，孙立平、郭于华主持的"二十世纪下半期中国农村社会口述资料收集计划"以及由此产生的"口述史研究传统"有着独特的位置，该项研究蕴含了深刻的理论意涵，为理解中国社会中的国家——农民关系提供了全新的视角。同时，口述史研究传统也具有自身的内在局限，研究者们通过借鉴新的理论资源，将原有的问题意识从"微观机制"拓展到了"制度源流"层面，这也构成了有关革命与文明的历史社会学研究的核心旨趣。

四川省眉山市启动了中共抗日战争口述史料征集、整理与研究工作。

北京市西城区启动"西城老干部口述史"项目。

山东省济南市开展纪念改革开放"芳华四十"口述历史档案征集活动。

农工党北京市委全面开展"口述史"工作。

南通市侨联编《南通新侨口述史》由中国华侨出版社出版。

王金玲主编《被拐卖婚迁妇女访谈实录》由社会科学文献出版社出版。

游江编《九十九种他乡：美国华人口述实录》由中国科学技术出版社出版。

李建强著《不泯的记忆：口述焦裕禄》由人民出版社出版。

六月

6月1日

山东省东营市广饶县全面启动"纪念改革开放40周年离休干部'口述历史'"访谈活动。

6月2日

第五届"中国公众史学研讨会"在宁波大学举行。

　　本次研讨会围绕"中国公众史学发展现状、《公众史学评论》《公众史学读本》首发，公众口述史学，公众家族史编修"三个议题进行了深入而激烈地讨论。《公众史学读本》是一个新形态教材，每章节上面有二维码，扫描二维码即可观看慕课视频，可以实现线上线下教学相结合。《公众史学评论》是以书代刊的杂志，计划一年出一期，主要有专家圆桌论坛、公众历史研究、公众口述史学、公众影像史学、公众文化遗产、通俗普及史学、公众专门史学、公众历史评论、公众历史写作、公众史学课堂、公众史学会议等部分。①

6月6日

东航云南公司"口述历史"编撰工作正式启动。

6月7日

全国非物质文化遗产保护工作座谈会在天津召开。

　　7—8日上午，由文化和旅游部主办的全国非物质文化遗产保护工作座谈会在天津召开。此次会议，旨在总结非物质文化遗产保护相关工作成果，梳理经验，加强交流，进一步明确下一阶段保护工作的

---

　　① 《2018年中国公众史学研讨会综述》，https：//mp. weixin. qq. com/s/6LFvvhx-z5wok CFM6uYgsA，2019年9月20日。

重点任务，为后续工作开展奠定基础。会上，文化和旅游部非遗司相关负责同志分别就中国非遗传承人群研修研习培训计划、非遗调查与记录、非遗助力精准扶贫、非遗分类保护政策探索和管理等主题内容，向与会代表介绍了有关工作的实施成果、重要进展和下一步工作安排。[①]

6 月 8 日

第二届全国公众历史会议在杭州举办。

8—9 日，第二届全国公众历史会议在杭州举办。为加强同行交流，推动公众史学的建设与发展，浙江大学公众史学研究中心和浙江大学历史学系世界史所特主办"第二届全国公众历史会议"。会议主要分为《公众史学》编辑会议与学术研讨两大板块。

编辑会议介绍了《公众史学》辑刊的办刊理念、学术旨趣及现实关怀等，同时就第一辑刊物的具体实践问题进行了详细的介绍。学术研讨共分为四场，主题分别是：博物馆、遗址、历史保护与公众考古；记忆、媒体与历史传播；口述历史；公众史学与历史教育。会议最后的珍稀历史纪录片欣赏与讨论环节，与会来宾共同观摩了由上海音像资料馆带来的《寻找饶家驹》《印溪之桥》及杭州默片剪辑等作品，展现了影像材料在传播公众史学意识方面的重要功能。[②]

6 月 13 日

河北大学附属医院启动"老专家口述历史项目"。

6 月 15 日

"台湾研究 40 年口述历史项目"暨"读懂中国"系列活动启动仪式在厦门大学举行。

6 月 20 日

中国海关博物馆口述历史项目组前往武汉海关开展"海关老同志讲海关"采访活动。

---

① 《全国非物质文化遗产保护工作座谈会在天津召开》，http：//www. ihchina. cn/Article/Index/detail? id = 400，2019 年 9 月 20 日。

② 《第二届全国公众历史会议圆满结束》，http：//www. sohu. com/a/235175398 _ 507384，2019 年 9 月 20 日。

6 月 21 日

四川省委党史研究室组织改革开放口述史料审稿培训。

6 月 23 日

上海市嘉定区启动"口述历史"公益项目。

6 月 26 日

上海大学文学院口述史团队赴天童寺进行田野考察。

6 月 29 日

中国人民大学"纪念中国人民大学复校 40 周年"校友口述史项目启动。

是月

林发钦主编"澳门口述历史丛书"由广西师范大学出版社出版。

澳门理工学院中西文化研究所近年来大力发展公共史学，取得不俗成绩。特别是借助对澳门相关人群的口述历史研究，取得了"澳门口述历史丛书"等显著成果。2018 年该系列丛书出版了《旧区小店：澳门老店号口述历史》《行针步线：澳门制衣工人口述历史》《龙环春秋：澳门氹仔老街坊口述历史》三部口述史书籍。

艾智科在《日本侵华南京大屠杀研究》第 2 期发表《美国历史纪录片〈苦干〉视角下的中国抗战及其价值》。

《苦干》是一部由美国人拍摄的，以展现中国抗战精神为主题的历史纪录片。它于 1942 年获得奥斯卡纪录片特别奖，并在当时受到广泛认可。艾智科指出，《苦干》是开展抗战新闻宣传和影片制作的重要参考，是开展影像史学研究不可多得的素材，可以为进一步推动今天中外文化交流提供历史借鉴。

陈万怀在《电视研究》第 6 期发表《〈国家记忆〉的影像叙事与传播策略解读》。

该文以央视国史节目《国家记忆》为例，以其具象叙事进行故事化表达，以及动画虚拟的影像再现历史场景，分析其国史、民族史等宏观历史叙事和细节再现方式，探索新媒体平台营销背景下纪录片的当代阐释与传播等问题。在总结其叙事和传播策略的基础上，针对提升我国历史纪录片水准问题提出建议及可供参考的传播策略。

丁旭东在《云南艺术学院学报》第 2 期发表《口述音乐史学研究的三个路向——兼论三种研究模式的建构与利用及其意义》。

文章提出中国现当代口述史学研究的三个路向，亦即三种研究模式：口述音乐史中的边角史料研究模式、口述音乐史语料库分析研究模式、音乐生命成长理论研究应用模式。这三种模式又可称为"音乐史学家的口述音乐史研究模式""大数据口述音乐历史研究模式"和音乐口述史学者自创的、特有的"音乐文化生命力'性素'谱系研究"及其成果利用的研究模式。

"海峡两岸民间工艺口述史丛书"由福建教育出版社出版。

该丛书是国家十三五重点规划项目。目前出版了蓝泰华、刘欢著《海峡两岸木偶头雕刻艺术口述史》和王晓戈、刘雅琴著《海峡两岸木版年画艺术口述史》两部。

2018 香港理工大学、清华大学"敖鲁古雅使鹿鄂温克猎民口述史成果汇报会"在内蒙古自治区呼伦贝尔市敖鲁古雅乡召开。

青岛市北区开展"记忆市北"活动。

有着近 170 年历史的香港中区警署建筑群经过 10 年活化保护工程后重新开放。

澳大利亚华人口述历史研究会成立。

王金玲主编《犯罪妇女访谈实录》由社会科学文献出版社出版。

朱庆葆主编《我的高考：南京大学 1977、1978 级考生口述实录》由江苏凤凰文艺出版社出版。

七月

7 月 4 日

阿坝州 2018 年度口述历史工作推进会布置口述历史纪录片摄制工作。

会议观摩了《若尔盖藏医》《岷江之源 生态松潘》《汶川姜维城》《嘉绒唐卡》《新风使者：索囊仁青》和《策马高原》六部 2017 年度优秀口述历史纪录片。2018 年口述历史工作责任单位通报了今年 20 部口述历史纪录片的摄制进程。①

7 月 6 日

"年华易老，技忆永存——国家级非物质文化遗产代表性传承人抢救性记录成果展"在国家图书馆学津厅展出。

7 月 12 日

深圳市召开《深圳口述史（2002—2012）》口述者代表座谈会暨口述史采访工作启动仪式。

是月

杨祥银主编《口述史研究》（第二辑）由社会科学文献出版社出版。

　　《口述史研究》是由温州大学口述历史研究所组织编写的、关于口述史的连续性出版物。第一辑于 2014 年 11 月出版，此为第二辑。《口述史研究》第二辑继续秉持"回顾性、前瞻性、多元性与跨学科性"原则，围绕口述历史的理论、方法与跨学科应用等问题展开讨论。本辑共收入专题学术论文 13 篇，来自中、英、美等国的 16 位学者围绕企业（商业）口述历史、口述历史与医学研究、口述历史与地方志、口述历史与音乐研究以及口述历史与女性研究等专题展开跨学科和跨区域讨论。除此之外，还有 8 篇口述历史著作的书评与介绍。全书共收录了 21 篇文章。其中重点对口述历史与地方志编修过程中口述历史资料的运用与选择进行了较为详细的界定。

王灿在《中共党史研究》第 7 期发表《影像史学与改革开放史研究》。

　　文章对如何运用影像史学来拓宽和深化改革开放史研究进行探讨。作者认为，在改革开放史的研究中，关注并运用影像史学方法，不仅在时代需要、研究领域、史料收集等方面具有必要性，而且在史学成果的借鉴、历史叙事的意愿、研究者群体的扩展等方面具备可能性。如果对影像史学方法加以科学运用，或将为改革开放史乃至整个党史研究提供一个可持续的学术增长点。

高云龙口述、陈正卿撰稿：《高云龙口述历史》由上海书店出版社出版。

---

　　① 《阿坝州 2018 年度口述历史工作推进会顺利召开》，http：//www.scds.org.cn/2018 - 7/11/41 - 6042 - 1267.htm，2019 年 9 月 20 日。

王德强主编《亲历与见证：民族团结誓词碑口述实录》由社会科学文献出版社出版。

广西贵港市开展非物质文化遗产及传统文化口述档案采集征集工作。

浙江省杭州市开展"口述西湖历史"工作。

上海市启动"我与杨树浦的那些事儿"口述历史征集活动。

烟台市牟平区档案局推进"口述历史档案"征集工作。

八月

8月6日

季我努学社发起"致敬恩师·史学百家"全国征文大赛，以传播史学名家的学术观点及治学理念、研究方法。

8月8日

"中国出版人口述史研究及数据库建设"课题研讨会在北京举办。

国家社科基金重点课题"中国出版人口述史研究及数据库建设"课题负责人、中国新闻出版研究院院长魏玉山指出要根据实际情况对原定采访对象进行适当的调整和补充。要广开思路，形成"以人为中心、以书为中心、以事件为中心"等多种口述模式。对于出版人口述史数据库建设要按照一定结构对所有材料进行系统化整合，可以尝试建立一个视频数据库和一个文字图片数据库。把出版人口述史的国家社科基金课题研究和中国新闻出版研究院长期的出版口述史研究结合起来。①

8月10日

江苏能建机电实业集团口述历史采集完成。

8月11日

第三届"全国高校（职业院校）非物质文化遗产教育教师培训班"在首都师范大学举办。

---

① 《"中国出版人口述史研究及数据库建设" ┃ 课题研讨会举办》，https：//www.sohu.com/a/248754317 _ 619610？ spm = smpc. author. fd-d. 239. 156670187941133OCBzVd，2019 年 9 月 20 日。

11—19 日，第三届全国高校（职业院校）非物质文化遗产教育教师培训班在首都师范大学举行。本次培训由首都师范大学历史学院主办。在理论教学环节，中国艺术研究院苑利研究员讲授《非物质文化遗产学》系列课程，故宫博物院单霁翔院长讲授《匠者仁心：一座公共文化服务设施的追求与梦想》，台湾艺术大学原校长谢颙丞教授讲授《两岸非遗保护传承及应用服务》，中央文史馆馆员田青讲授《中国非物质文化遗产保护诸问题》，中国艺术研究院音乐所所长项阳研究员讲授《关于音声技艺类非遗申报与保护的相关问题》，中国曲艺家协会原副主席崔凯教授讲授《民间说唱艺术解码》，首都师范大学历史学院文化遗产学系主任郗志群教授讲授《北京非物质文化遗产资源与传承保护》。在实践教学环节，学员赴中国紫檀博物馆等地进行非物质文化遗产调研和实践。①

8 月 28 日

"20 世纪中国科学口述史"丛书发布会暨研讨会在北京举行。

丛书发布会暨研讨会在北京中国科学院科技战略咨询研究院举行。中科院院士韩启德、孙鸿烈等专家对丛书的史料价值、科学精神的传承、科技创新的启示等话题展开讨论。

从 2006 年春开始至今，由湖南教育出版社编辑出版的"20 世纪中国科学口述史"丛书整整历时 12 年。"20 世纪中国科学口述史"丛书以口述历史的方式，通过亲历 20 世纪中国科学发展历程的一批著名科技工作者的口述实录，还原一系列重要事件真实、具体且鲜为人知的历史本原。截至目前，丛书已出版图书 54 种 56 册，收录了近400 位科技工作者的自述文本或访谈资料，为大众了解 20 世纪中国科技发展历程提供了极为重要的史料。②

是月

魏峭巍、方辉在《考古》第 8 期发表《公共性与社会化：公共考古

---

① 《第三届全国高校（职业院校）非遗教育教师培训班在我校举行》，http：//history. cnu. edu. cn/xwzx/xyxw/145787. htm，2019 年 9 月 20 日。

② 《"20 世纪中国科学口述史"丛书在北京发布 为中国科学存信史》，https：//baijiahao. baidu. com/s？ id = 1610055676664936064&wfr = spider&for = pc，2019 年 9 月 20 日。

学与公众考古学之思辨》

作者指出，公共考古学的主要发展目标，一方面是要实现考古工作成果由公众共享，另一方面是强调公众参与及合理利用考古资源。公共考古学科建设的关键问题，还在于厘清最基本的概念：到底是公共考古学还是公众考古学？公共考古学与公众考古学仅仅是翻译方式的不同吗？公共考古学究竟是外来概念，还是中国考古实践的内在发展逻辑？公共考古学如何实现考古工作成果由公众共享？明确了公共考古学的概念和理论脉络，才能最大限度上发挥公共考古学对中国考古与文物事业发展所具有的重要启示作用。

温欣在《文物鉴定与鉴赏》第 8 期发表《从〈国家宝藏〉看中国公共考古的发展》。

文章指出，中央电视台《国家宝藏》栏目以 9 大博物馆的 27 件国宝前世今生的故事为基础，用一种大众喜闻乐见的综艺与纪录片结合的新形式展示给公众，成功改变了公众对于文物的认知，特别是新一代年轻人。中国的公共考古的发展得到质的飞跃，以《国家宝藏》节目为媒介，加强了公共考古和大众之间的联系，让大众可以参与考古文博事业中，感受到文物所带来的文化和艺术的魅力。

谢海洋在《档案学研究》第 4 期发表《档案学语境下直隶非物质文化遗产数字化保护与传播策略研究》。

该文运用档案学前端控制理论和档案记忆观等思想，结合文化生态学、信息生态学和计算机科学等学科相关理论和技术方法，从分类标准体系建设、数据库建设、基于 GIS 技术的直隶非物质文化遗产地理信息系统建设、基于 Tag 技术的直隶非物质文化遗产网上信息资源的组织与共享机制建设等几个方面，探讨了直隶非物质文化遗产的档案式保护和数字化传承与传播策略。这有助于提升文化认同感和区域文化软实力，从文化层面促进京津冀协同发展。

石芳在《人民音乐》第 8 期发表《21 世纪以来我国音乐口述史研究综述》。

文章从音乐口述史学科理论与实践研究、音乐口述个案研究、跨学科口述历史理论的研究，以及民族音乐学、非遗、流行音乐类的口述研究四个方面，对我国 21 世纪以来具有代表性的音乐文献研究论著做一梳理。试图通过相关文献的梳理，对我国 21 世纪以来有关"音乐口述史"的学科建构与基本发展脉络有一个清晰的认识，理解其基本内容，掌握研究方法，为今后进一步开展地方音乐口述研究工作提供理论和实践依据。

郑新蓉、胡艳主编"乡村教师口述史系列"由广西教育出版社出版。

"乡村教师口述史系列"是国家出版基金项目，国家"十三五"重点图书出版规划项目。由北京师范大学教师口述史研究团队历经五年，深入基层，记录新中国乡村教育的伟大变迁，描绘中国几代乡村教师的精神风貌，探寻中国乡村教师队伍建设的经验和理论。此次一共出版《撑起教育的半边天——乡村女教师口述史》《泥土上的脚印——新中国第二代乡村教师口述史》《大山里的开拓与守护——少数民族乡村教师口述史》《回归与希望——乡村青年教师口述史》《开拓者的足迹：新中国第一代乡村教师口述史》五部作品。

首部中国名镇影像志《中国影像志·周庄》的前期拍摄工作结束。

2017 年 4 月 22 日，作为中国名镇志文化工程项目之一的周庄古镇保护与旅游发展影像志·口述史文化工程，在周庄正式启动。周庄古镇保护与旅游发展影像志·口述史文化工程，通过口述历史、影像记录的方式，专访周庄古镇保护与旅游发展的多位决策者、建设者及相关专家学者，抢救性、创新性地记录了古镇保护与旅游发展的历史，以数字化的方式将周庄发展轨迹汇聚成公共记忆。①

特布信口述、白云整理《民族历史的见证：特布信口述史》由人民出版社出版。

上海社会科学院老干部办公室等编《岁月无痕 学者无疆：上海社会科学院老专家口述史》由上海社会科学出版社出版。

中共厦门市委宣传部编《口述历史：厦门老街岁月》（第三辑）由厦门大学出版社出版。

---

① 《影像让镇志"活起来"》，http://js.ifeng.com/a/20180806/6783620_0.shtml，2019 年 9 月 20 日。

贾志敏口述、朱煜整理《积攒生命的光：贾志敏教育口述史》由华东师范大学出版社出版。

董琪著《雕刻时光：中国邮票雕刻凹版口述史》由北京大学出版社出版。

西南交通大学出版社图书项目"普米族口述历史的抢救与整理"增补列入 2018 年国家民文出版项目库。

九月

9 月 5 日

中国非物质文化遗产保护中心发布《2017 年度中国非物质文化遗产保护发展研究报告》。

　　通过文献分析、经验总结和个案研究，该报告对 2017 年中国非物质文化遗产保护发展状况、趋势进行了总结，并针对取得的成绩和存在的问题，提出相关建议。2017 年，文化遗产保护传承已成为治国理政的重要资源和重要工作。以重大工程和项目推进的非物质文化遗产保护工作及其成果利用，渗透于文化发展改革的众多领域。本年度涵盖物质文化遗产、非物质文化遗产两大要素的文化遗产整体观被确立，策论研究面向不断拓展。保护工作坚持"见人见物见生活"的理念，以能力建设为核心，以巩固抢救保护成果、提高保护传承水平为目标，全面推进。我国履行《保护非物质文化遗产公约》能力进一步加强，"中国经验"不断丰富。同时，与新时代新要求新任务相比，文化遗产保护利用与传承发展工作仍存在一些问题。非物质文化遗产保护的泛化倾向，应引起关注。建议完善相关法规，深化非物质文化遗产依法保护，制定相关指导意见，使非物质文化遗产顶层设计的智力成果得以有效实施；大力宣传非物质文化遗产向上向善的文化价值，为满足人民日益增长的美好生活需要发挥重要作用。①

---

① 《2017 年度中国非物质文化遗产保护发展研究报告》，https：//mp. weixin. qq. com/s/hhK8pSQsJmGSu6QY2nGivQ，2019 年 9 月 20 日。

9月8日

香港口述历史剧《双环记》在上环文娱中心上演。

9月19日

国际"城市记忆"学术研讨会、地方文献学术研讨会在首都图书馆举行。

19—21日，国际"城市记忆"学术研讨会、地方文献学术研讨会在首都图书馆召开。"城市记忆"学术研讨会邀请了来自新加坡、美国、韩国等国家的国际专家学者，国内包括各省市图书馆及台湾地区图书馆从业者，以及国际国内关于城市记忆、口述历史、地方文献各领域的嘉宾，就"'城市记忆'在不同文化背景下的建设与发展"和"口述历史与城市记忆"展开交流和讨论。

由首都图书馆主办的地方文献学术研讨会同期召开。议题包括"区域文化发展下的地方文献"和"地方文献资源建设与服务"。图书馆的地方文献工作，在历史文化名城的保护与利用方面发挥着重要作用。首都图书馆希望通过学术研讨会和纪念展，进一步推动北京地方文献工作和"北京记忆"工作，增进国内外城市之间的交流，传承城市的记忆与文明，促进城市文化发展，培育城市精神，更好地助力全国文化中心建设，彰显北京文化魅力。"北京记忆"是以首都图书馆近百年北京地方文献专藏为依托、集信息资源和文化宣传为一体的公共文化服务性网站。①

9月21日

第八届原生态民族文化高峰论坛"口述环境史：理论、方法与实践"学术会议在云南大学召开。

21—23日，由云南大学历史与档案学院等主办，云南大学西南环境史研究所等承办的第八届原生态民族文化高峰论坛"口述环境史：理论、方法与实践"学术会议在云南大学东陆校区科学馆召开。来自南开大学、复旦大学等十余所高校以及云南省环境科学研究院等

① 《国际"城市记忆"学术研讨会、地方文献学术研讨会在首都图书馆举行》，http://www.yidianzixun.com/article/0K6BpdHD，2019年9月20日。

科研单位的七十余名专家学者参加了此次学术盛会。第八届原生态民族文化高峰论坛聚焦口述环境史的理论、方法与实践研究，分设"口述环境史的理论与方法""口述环境史史料的收集、整理与运用""口述环境史的个案研究""口述记忆中的滇池环境变迁""滇池环境变迁与城市生态文明建设""'滇池模式'与高原湖泊治理研究"6个议题。①

9 月 26 日

"中国公共考古·贵州论坛"在贵州贵安新区举办。

9 月 26—27 日，"中国公共考古·贵州论坛"在贵州贵安新区举办。此次论坛由中国社会科学院考古研究所、贵州省文化厅等主办，中国社会科学院考古研究所公共考古中心承办。来自全国各地考古文博单位、高校和媒体的百余位代表参加论坛，分享重要考古发现、展示最新研究成果、交流最新的学术观点。专题研讨分为洞穴考古、考古与城市、聚焦西南地区民族考古等专题。除了主会场的专题研讨，主办方还在贵州大学、贵州省图书馆、贵州省博物馆 3 个分会场举办了 6 场公共考古专题讲座，从玛雅名城的"中国龙"到邺城的"铜雀三台"，从"如虎添翼"的科技考古到"无心插柳"的发掘现场婚礼，从两座宋墓的故事到秦始皇陵的传奇。②

《大包干口述历史》座谈会在滁州举行。

9 月 26 日下午，《大包干口述历史》座谈会在滁州召开，介绍项目制作情况，观看音像制作进展，进行交流座谈。《大包干口述历史（音像、书籍）制作项目》的主要内容包括：（1）一套资料，采录并整理大包干带头人、历史事件经历者的个人回忆、历史讲述等资料，形成一整套的音像、文字资料；（2）一部专题片，根据视频、文字等资料，制作出一个 100 分钟左右的电视专题系列片；（3）一本书，

---

① 《原生态民族文化论坛 & 口述环境史学术会议召开》，http：//www. xnhjs. ynu. edu. cn/plus/view. php？aid = 1471，2019 年 9 月 20 日。

② 《探索理论 分享案例 聚焦热点——第六届"中国公共考古·贵州论坛"纪实》，http：//kaogu. cssn. cn/zwb/xshdzx/dljggkglt/201809/t20180929_4662628. shtml，2019 年 9 月 20 日。

编辑出版一本《大包干口述历史》图书。①

9 月 28 日

《红色记忆——老战士口述历史选编》新书首发活动在广州举行。

是月

覃琮在《文化遗产》第 5 期发表《从"非遗类型"到"研究视角"：对"文化空间"理论的梳理与再认识》。

　　"文化空间"是目前国内学界频繁使用、着力探讨的术语，但至今没有一个达成共识的定义，特别在范围界定和未来研究走向上存在较大的争议。该文从"非遗类型"和"研究视角"两条线索梳理国内对于文化空间的研究，指出"文化空间"已呈现多学科、多视角的交叉融合，不应该局限于人类学和非物质文化遗产领域，应把文化空间视为一种研究视角，让它进入更多的研究领域和更大的知识系统，开拓出更多的可能。

朱伟在《文化遗产》第 5 期发表《非物质文化遗产中的"国家"叙事》。

　　文章梳理诸多非物质文化遗产中的历史与文化叙事，并借用"文化中国"的概念，展示出"国家"叙事如何通过历史、地缘和文化的表述，在当代非物质文化遗产中被延续、解构和重构。与此同时，本文也从历史与现实的角度，提出了非物质文化遗产的延续与复兴，对于当代构建"国家"叙事具有积极意义。

赵丽明主编《百年清华口述史》由中国文史出版社出版。

陈吉凤著《吉林民间乐人口述史》由高等教育出版社出版。

河南省平顶山市鲁山望城岗冶铁遗址在全国范围内招募社会志愿者和考古发掘技师。

十月

10 月 11 日

"南社与辛亥革命后裔口述历史影像记录"首发仪式在中国南社文史

---

① 《〈大包干口述历史〉座谈会在滁举行》，http：//www.chuzhou.cn/2018/0927/368086.shtml，2019 年 9 月 20 日。

馆举行。

中国苏州南社研究会从 2016 年开始，进行组织南社与辛亥革命后裔口述历史采访工作，成立了"南社后裔口述历史"摄制组，足迹遍及几十座城市，走访了十多位南社与辛亥革命后裔，有孙中山、何香凝、李济深、李根源等后裔及相关专家学者，中国苏州南社研究会通过口述方式，还原、补充了先辈们的真实历史和生活写照。①

10 月 17 日

大德化人——广州美术学院"987 口述史工程"第一阶段汇报展开幕。

10 月 20 日

"绿色世界公众史学研究中心"成立大会暨第一届"环境保护与公共历史"论坛在清华大学举办。

20—21 日，"绿色世界公众史学研究中心"成立大会暨第一届"环境保护与公共历史"论坛在清华大学举办。清华大学环境学院教授、中国工程院院士钱易，中国人民大学海外高层次文教专家、美国人文与科学学院院士唐纳德·沃斯特（Donald Worster），梅雪芹以及浙江大学公众史学研究中心主任陈新教授分别以《清华大学环保教育的历程与体会》《我们为何需要绿色历史》《共建共享生态家园——绿色公众史学畅想》《作为史学范式变革的公众史学》为题发表主旨演讲。②

10 月 22 日

第二届"中国考古学大会"在四川成都召开。

本次大会由中国考古学会等主办，四川省文物考古研究院等承办。大会设立了公共考古指导委员会分会场，与会专家表示，近年来公共考古迅猛发展，使考古由"高冷"走向大众，不仅揭开了考古的神秘面纱，也促进了文化遗产保护，增强了公众的民族自豪感和文

---

① 《"南社后裔口述历史"捐赠苏州市方志馆》，http：//www. suzhou. gov. cn/news/bm-dt_ 991/201810/t20181011_ 1008440. shtml，2019 年 9 月 20 日。

② 《"绿色世界公众史学研究中心"成立大会暨第一届"环境保护与公共历史"论坛举办》，https：//www. tsinghua. edu. cn/publish/shss/1839/2018/20181023161540051587779/20181023161540051587779_ . html，2019 年 9 月 20 日。

化自信。在数百位中外考古专家出席会议展开学术研讨的同时，数十场公共讲座、一系列精品文物展览也于大会前后及大会期间亮相成都，8 集大型纪录片《考古中国·四川篇》登陆央视科教频道。[①]

10 月 24 日

黑龙江百年妇女运动口述历史项目启动。

10 月 26 日

"多元化与规范化：中国口述历史的发展之路"学术研讨会在杭州召开。

本次会议以多元化和规范化为主旨，探讨中国口述历史未来的发展之路。会议由中华口述历史研究会、杭州师范大学历史系和中国人民大学历史学院联合主办，来自全国各地的 100 多位专家学者出席，共提交论文 50 篇。

左玉河、张连红、谢嘉幸、李德英等学者先后进行了《多维度推进的中国口述历史》《关于抗战老兵口述调查的几点思考》《话语博弈——音乐口述史的内在张力》《口述历史与三线建设研究》等主旨发言。分组报告环节中，各位专家学者从跨学科研究、口述史研究规范的建构、艺术美学、抗战记忆等各个角度进行了讨论。[②]

10 月 31 日

西南联大博物馆开馆暨《西南联大口述史》首发式举行。

是月

李自典、刘佳在《遗产与保护研究》第 10 期发表《走向公众：口述史在非物质文化遗产研究与保护领域的作用》。

文章指出，随着口述史研究理论与方法的不断成熟化，其应用领域不断扩大。在新兴的非物质文化遗产研究中，口述史的应用可谓是引发了一场革命，它不仅为非遗研究与保护保存了大量鲜活的第一手资料，而且将丰富的非遗技艺推向公众，为非遗发展受到社会公共关

---

① 《公共考古：推动考古走向大众》，https：//baijiahao.baidu.com/s？id = 1617065459704792905&wfr = spider&for = pc，2019 年 9 月 20 日。

② 《我校人文学院联合主办中国口述历史学术研讨会》，http：//www.hznu.edu.cn/c/2018 - 11 - 01/2078169.shtml，2019 年 9 月 20 日。

注搭建了桥梁。重视口述史在非遗研究与保护领域的作用，将有助于非遗保护与传承的进一步发展。

梁漱溟、〔美〕艾恺（Guy S. Alitto）著《我们从何处来？梁漱溟晚年口述》由外语教学与研究出版社出版。

何艳玲等著《夏书章口述史：为时代立书》由中山大学出版社出版。

方兴东主编《光荣与梦想：互联网口述系列丛书——钱华林篇》由电子工业出版社出版。

该系列还于 11 月出版《光荣与梦想：互联网口述系列丛书——刘韵洁篇》，于 12 月出版《光荣与梦想：互联网口述系列丛书——张朝阳篇》《光荣与梦想：互联网口述系列丛书——张树新篇》。

十一月

11 月 5 日

第四届"口述历史国际周"在中国传媒大学崔永元口述历史研究中心举行。

5—11 日，由中国传媒大学崔永元口述历史研究中心、中国人民大学历史学院等主办的第四届口述历史国际周在北京隆重举办。本届国际周以"口述历史档案的多元化应用"为主题，包含国际研习营、影像展映、口述历史项目海报展和"口述历史在中国"国际研讨会等版块，致力于深入探讨口述历史档案管理与应用等相关议题，促进口述历史档案在跨学科研究与应用领域的交流。

作为口述历史国际周的重要环节，"口述历史之夜——口述历史国际周 2018 特别发布会"于 11 月 9 日晚在中国传媒大学中传讲堂隆重举行。口述中心联合深圳市越众公益基金会，为散落在全国各地的口述历史同仁提供展示平台和资金支持。由专家组在近百个参选项目中评选出的 10 个项目代表在"口述历史之夜"的舞台上分享他们在日常实践中采集到的珍贵故事。①

---

① 《2018 年第四届口述历史国际周在京举办》，http://news.cssn.cn/zx/bwyc/201811/t20181111_4773538.shtml，2019 年 9 月 20 日。

11月6日

北京市丰台区工委总结整理口述史系列访谈工作。

11月8日

第四届四川省非物质文化遗产口述史学术研讨会在绵阳召开。

11月10日

"2018年家谱理论与编修技术培训班"在浙江师范大学开班。

11月17日

中国人民大学公共史学工作坊第一期暨《中国公共史学集刊》发刊座谈会成功举办。

由中国人民大学史学理论研究所主办的《中国公共史学集刊》本月正式出版，为了促进集刊更好地发展，主办方召开了此次发刊座谈。在发刊座谈上，中国人民大学史学理论研究所所长杨念群教授介绍了史学理论研究所的情况，并明确表示将公共史学作为最主要的发展方向。历史学院副院长朱浒教授指出，中国人民大学历史学科向来注重史学知识的普及工作，公共史学可以说是人民大学历史学科的学术传统之一，今后学院将大力支持公共史学的发展。《中国公共史学集刊》的主编姜萌老师介绍了集刊的编辑出版过程。

随后杨念群、李开元、于洪、蒋海升、杨祥银、周东华等专家学者围绕"历史知识的应用与传播"主题，进行了热烈探讨。与会学者就公共史学的定义、研究对象、采用形式、受众视角、历史学与传媒如何结合等问题进行了热烈探讨。与会专家普遍肯定了公共史学的价值和中国人民大学历史学院发展公共史学取得的成绩。①

11月26日

大型口述历史纪录片《生于1978》在北京电视台财经频道开播。

11月27日

暨南大学"华文教育口述史"项目调研取得初步进展，首批访谈

---

① 《公共史学工作坊第一期暨〈中国公共史学集刊〉发刊座谈会成功举办》，http://lsxy. ruc. edu. cn/index. php? m = content&c = index&a = show&catid = 44&id = 1643，2019年9月20日。

95 人。

11 月 28 日

中国人民大学公共史学工作坊第二期在中国人民大学国学馆清史文献馆举办。

　　本次工作坊以"神入、分析于理解：电影如何融入历史教学"为主题，对谈人为东华大学历史系蒋竹山副教授与人民大学助理教授陈昊。蒋竹山介绍了当代历史学的发展转变过程，他结合自身的教学实践经验，对影视史学在台湾二十余年的发展进行了梳理并指出，影视史学所特有的以视觉感受传达信息的特点是学者应当注意的一个方面，尤其是在网络时代，影视史学的外延得到了极大扩展。此外，包含影视史学在内的公共史学，恰与近年来学校教育所提倡的"素养导向"契合，因而受到学生和教师的极大欢迎。他还指出，要注意分析影像与真实历史之间的距离，切莫认为电影或纪录片就是完全真实的。关于挑选电影，要根据学生的水平及课程的要求进行一定的设计。他提出，电影已经不再是视觉上最吸引学生的项目了，现在"桌游""手游"等已经被引入了教学，在具体教学中，不要拘泥于固定形式，应当注重跨学科训练，鼓励团队合作。①

台湾民间机构在京发布"迁台历史记忆库"抢救计划。

　　由台湾沈春池文教基金会发起的"迁台历史记忆库"抢救计划28 日下午在北京举行发布会，介绍两年来搜集整理的人物故事，呈现浩荡历史巨流里的原乡之思与离散哀愁。该基金会同时宣布启动《我家的两岸故事》征文征影活动，广邀两岸同胞共同书写迁台史。②

11 月 30 日

首届"赤脚医生口述历史调研"学术训练营在陕西师范大学召开。

　　作为一个独特群体，赤脚医生为我国的医疗卫生保障工作做出了巨大贡献，对他们展开大规模、抢救性的口述史调查工作势在必行。

---

　　① 《公共史学工作坊第二期顺利举办》，https：//mp. weixin. qq. com/s/Dolg9sFE13U6CJRRl1kehA，2019 年 9 月 20 日。

　　② 《台湾民间机构在京发布"迁台历史记忆库"抢救计划》，https：//news. sina. com. cn/o/2018 – 11 –28/doc-ihmutuec4500613. shtml，2019 年 9 月 20 日。

训练营就口述史调研的基本概念、核心理论、基本程序和方法与应用领域热点等问题，以及相关的人类学田野调查等内容进行深入的探讨。①

是月

姜萌、杜宣莹主编《中国公共史学集刊》第一集由中国社会科学出版社出版。

《中国公共史学集刊》由中国人民大学史学理论研究所于 2018 年创办，致力于在中国历史学界推进公共史学的发展，提倡理论与实践有机结合，推动历史学在注重基础研究之同时，努力走向人民大众，让历史学成为公共文化产品生产的基础之一。该刊既刊发有关公共史学理论探索的论文，也刊发实践经验介绍和相关评论、调查等稿件。集刊设立了"工作坊传真""专题研究""实践者说""评论者说""名家访谈""调查分析""资料整理""学术编年"等栏目，共刊载了 16 篇文章。亚历山德拉·M. 劳德、伊夫·克鲁姆纳盖尔、莎拉·里斯·琼斯、梁元生四位著名学者的文章不仅分别介绍了美国、法国、英国和香港的公共史学发展情况，还针对史学发展的一些重要理论问题进行了思考。姜萌《"公共史学"和"公众史学"评议》一文指出了"'公共史学'和'公众史学'混用是可以接受的"。赵天鹭《"游戏史学"初探》提出"游戏史学"的概念，是历史学与电子游戏的结合式研究。周东华、张宏杰、张鹏三位在公共史学实践方面取得优异成绩的学者，结合各自的实践情况谈了自己的心得体会，以进一步推动理论与实践的结合。滕乐《全球化语境下的本土化传播——从跨文化传播视角看〈万历十五年〉》从心理学、传播角度讨论了此书为何能数十年畅销不衰。李伯重教授在访谈中提出的"为大众写作，也可以做成第一流学问"既体现了李老师高远的学术认知水平，也反映了当今中国史学界学术观念正在发生根本性的变化。徐雷鹏《中国学生对公共史学的认知——基于调研数据的分析》一文有关青

---

① 《首届"赤脚医生口述历史调研"学术训练营在陕西师大召开》，http://www.sohu. com/a/282236927_ 619610，2019 年 9 月 20 日。

年学生对历史学看法的调查分析，值得中国史学界的从业者认真思考。

林卉、康学萍主编口述历史在中国丛书第二辑：《跨学科应用与公共传播》由广西师范大学出版社出版。

　　"口述历史在中国丛书"是由中国传媒大学崔永元口述历史研究中心主办的"口述历史在中国"国际研讨会论文结集出版。第二辑《跨学科应用与公共传播》一方面从跨学科应用的角度呈现口述历史在中国的理论与实践现状，既有学科前沿理论的探讨，也有学科建设与教学实践的结合；另一方面从公众传播作用的角度呈现口述历史在国内外的现状，阐述口述历史在文化普及与个人文本记录等方面的进展。

崔莹在《云南民族大学学报》（哲学社会科学版）第 6 期发表《论影像化在非物质文化遗产保护中的作用和意义》。

　　作者认为，随着"世界多极化、经济全球化、社会信息化、文化多样化深入发展"，我国文化生态环境发生巨大变化，少数民族非物质文化遗产的原生态和生存境况正在遭受现代化的冲击。影像作为视听结合的媒介兼具艺术与传播的双重功能，可以将"非遗"以活态的形式广泛播扬，在"互联网＋"时代，借助大数据和云平台传播，依靠媒体和互联网的技术力量，以期实现非遗保护传承"见人见物见生活"，为少数民族非物质文化遗产的保护、传承与传播开辟一条"由术及道"的新路径，使之在当今人们的日常生活中体现留存的价值和意义。

周俊超在《郑州大学学报》（哲学社会科学版）第 6 期发表《民国时期口述史探研》。

　　作者认为，民国时期口述史是传统口述史向现代口述史学嬗变的过渡形态。在民国时期，"口述"概念已获得较充分的理解和使用。从重视口头性到叙事性、纪实性，民国时期"口述"被广泛应用考试、翻译、文学、新闻、考古等诸多领域，最终形成口述史。在选题、采访、叙事等方面，民国时期口述史较之今日体现出诸多亮点，如选题上，重视公众参与性与题材广泛性，体现"民史""总体史"色彩；采访工具上，已有条件使用现代化录音设备；叙事上，由于事件发生时间较近，故细节性强、史料价值高。民国时期口述史也存在采访信息与过程透明度不足、采访活动与内容的可验证性较弱等缺陷，这些都为当下的口述史研究提供了启示。

周勇、刘婧雨在《西南大学学报》第 6 期发表《从影像史学视角考察美国电影纪录片〈苦干〉》。

《苦干》（*KuKan*）对中国抗战前期的真实状况进行了影像展现和舆论传播，使太平洋战争爆发前的美国主流社会、广大民众了解到日本在中国犯下的罪行和中国的巨大牺牲；中国人民坚强不屈、顽强抵抗的形象和精神感染了美国人民；引发了美国主流社会对中国及其抗日战争的新认识。这种巨大的震撼和影响力，促使美国社会逐渐趋于认同与支持中国，进而促使美国政府调整其援华政策，为 1941 年 12 月太平洋战争爆发后美国与中国结盟，共同对日作战，逐渐扭转中国独自苦撑抗战的局面，做了最为成功的舆论准备。《苦干》展现了海外华人运用舆论援华的新史实和新作为。这对于进一步研究战时中美关系、海外华人华侨舆论宣传的援华历史，以及推动影像史学在中国的发展提供了新的视角。

桑栎在《北方文物》第 3 期发表《挑战与机遇：新媒体时代的公共考古学》。

文章指出，公共考古学浪潮的兴起，是现阶段中国考古学转型发展的产物。随着移动互联网和智能终端的普及，以自媒体为主的新媒体时代席卷中国。新形势下，考古学面临伦理道德、价值信仰的质疑，考古学有被"黑化"的危机。故而，急需从学科定位、人文关怀、成果转化等方面重新构建和拓展考古学的目标和任务，提倡全社会在认知和在践行层面提升公共考古学的正能量，化解考古学与各相关方存在的误解和隔阂。公共考古学以"回报社会"为己任，提醒人们注重对历史文化的传承和人文精神的坚守。

"上海改革开放 40 年口述系列丛书"由学林出版社出版。

目前出版了《口述上海改革开放》《口述杨浦改革开放》《口述金山改革开放》《口述青浦改革开放》《口述闵行改革开放》《口述松江改革开放》《口述普陀改革开放》《口述奉贤改革开放》《口述长宁

改革开放》《口述虹口改革开放》《口述崇明改革开放》《口述黄浦改革开放》。

欧阳淞、高永中主编《改革开放口述史》由人民出版社出版。

杭州书画社为迎接 60 岁生日，开启"口述历史"计划。

胡振郎口述《胡振郎口述历史》由上海书店出版社出版。

朱晓军、杨丽萍著《大国粮仓：北大荒留守知青口述实录》由江苏凤凰文艺出版社出版。

柴燕菲主编《浙江改革开放 40 年口述历史（1978—2018）》由浙江科学技术出版社出版。

厉鸿华主编《No.1 亚洲花都：昆明斗南花卉产业发展口述史》由云南人民出版社出版。

十二月

12 月 8 日

第五届"中国影像史学学术研讨会"在北京召开。

　　8—9 日，以"影像—世界史"为主题的第五届中国影像史学学术研讨会在北京召开。研讨会从影像史学与世界史研究、影像史学与中西交流、影像史学的理论探索和影像史学与虚拟仿真四个专题展开研讨。历史学虚拟仿真实验和教学是本次研讨会特别关注的方向。研讨会第三阶段就"影像史学与虚拟仿真"进行了专题研讨。从影像史学的视角审视历史学虚拟仿真是本次研讨会有别于往届的特点。与会学者和代表通过倡议：以北京师范大学历史学院影像史学研究中心为研究基地，吸收连续五届全国影像史学学术研讨会成果，成立影像史学研究交流平台："中国影像史学会"，通联地点在北京师范大学历史学院。影像史学研究成果的辑刊《中国影像史学研究辑刊》将于 2019 年由商务印书馆正式出版发行。[①]

---

　　① 《学者关注世界史和虚拟仿真影像研究第五届"中国影像史学学术研讨会"在京举行》，http：//www.cssn.cn/zx/zx_gjzh/zhnew/201812/t20181211_4791614.shtml，2019 年 9 月 20 日。

12 月 9 日

国家社会科学基金重大项目"汶川特大地震抗震救灾精神口述史挖掘、整理与研究"开题报告会在成都举行。

12 月 11 日

"新语境下中国影视史学发展现状及趋势"论坛在北京举行。

　　"2018·中国艺术研究院电影电视评论周"举办"新语境下中国影视史学发展现状及趋势"论坛，围绕中国电影电视史学研究的当下现状与发展趋势，以及史学批评在当下电影电视发展进程中所应具有的学术功能和价值进行深入探讨。①

12 月 13 日

第三届"全国音乐口述史学术研讨会暨首届音乐口述史研习营活动"在岭南师范学院举行。

　　本次活动为期 5 天，来自全国各地的 100 多位专家学者齐聚岭南师范学院，共同研讨音乐口述史的理论和实务。山西师范大学丁旭东通过对比中美口述史的发展现状指出，音乐口述史将有可能开拓现代音乐学研究的新格局。厦门集美大学音乐学院院长臧艺兵教授表示，要通过研究口述历史去认识生命和完善人生、体察和改良社会。②

12 月 15 日

"民俗文化记忆与口述史学术研讨会"在陕西师范大学召开。

　　本届论坛以"民俗文化记忆与口述史"为主题，对民俗学与文化记忆理论、口头传统与文本研究、陕西民俗文化资源整理与开发等相关议题进行深入探讨。③

12 月 17 日

"泰康之家献礼建国 70 周年——百人百集居民《口述历史》纪录片"

---

　　① 《新语境下中国影视史学发展现状及趋势》，http：//ex. cssn. cn/ysx/ysx_ ycjx/201812/t20181216_ 4793900. shtml，2019 年 9 月 20 日。

　　② 《百余位专家学者集聚我校共研音乐口述史》，http：//news. lingnan. edu. cn/html/2018－12/2018121405659904. html，2019 年 9 月 20 日。

　　③ 《民俗文化记忆与口述史学术研讨会》，http：//www. snnu. edu. cn/info/1086/23408. htm，2019 年 9 月 20 日。

开机仪式在泰康之家粤园举办。

12 月 18 日

中国（海南）改革发展研究院主办的"向改革开放 40 周年献礼——庆祝改革开放 40 周年暨中国改革开放数据库上线仪式"在海口举行。

中国（海南）改革发展研究院推出"口述改革"访谈项目系列成果。此外，一是由该研究院发起，联合广东广播电视台等摄制的大型电视纪录片《风云四十年》将播出，二是《口述改革历史》（上中下）也将出版发行。自 2014 年以来，该研究院启动了"口述改革"访谈项目，旨在对体制改革战线的老领导、老专家以及基层实践者进行抢救性访谈，以亲历者身份忆述重大改革事件。①

江苏省"百村万户"口述历史采集工作推进会在泗阳召开。

会议聘请南京大学历史学院副教授武黎嵩作《口述历史的基本内涵和工作方法》专题讲座。江苏省张家港市、海安市、句容市分别于2018 年 5 月、6 月、7 月启动"百村万户"口述历史采集工作。

12 月 22 日

"第八届全国大学生口述史成果交流赛"在广州市中山大学举办。

本次比赛由中山大学历史系主办，以"时代变迁中的家庭与社会"为主题。共有来自北京大学、南开大学等高校的 13 支队伍从五十多支参赛队伍中脱颖而出，入围决赛。中国社会科学院近代史研究所研究员、中华口述历史研究会秘书长左玉河教授等学者担任评委。②

是月

程焕文、陈润好、肖鹏在《图书馆论坛》第 12 期发表《"后申遗"时代图书馆非物质文化遗产数据库建设进展》。

作者于 2016 年、2018 年调查了我国省级公共图书馆建设非遗数据库的进展，该文统计分析其名称、项目数量、项目分类、著录字段等。研究发现：在省级公共图书馆中，非遗数据库建设仍与非遗名录

---

① 《中改院推出"口述改革"系列访谈项目献礼改革开放 40 年》，http://difang.gmw.cn/hi/2018-12/20/content_ 32207136. htm，2019 年 9 月 20 日。

② 《第八届全国大学生口述史成果交流赛决赛圆满落幕》，http://news2. sysu. edu. cn/news01/1356710. htm，2019 年 9 月 20 日。

机制联系紧密，但在申遗工作逐渐放缓的情况下，其建设随之延滞；非遗类目划分、数据库著录尚未有统一标准；省级公共图书馆未能参与和打通全面的申遗流程，数字化工作很难匹配"后申遗"时代的转型诉求。

邓锐在《史学史研究》第 4 期发表《真理与美学的实验室——历史表现论视域中的影像史学的历史教育价值论与方法论》。

作者指出，海登·怀特的历史叙述主义和 F. R. 安克斯密特的历史表现论是当今西方史学理论与历史哲学领域并列的两大范式。海登·怀特的另一大史学创见——影像史学并未在其自身学说中获得最充分的理论价值，反而在安克斯密特的历史表现论视域下成为绝佳史学叙述载体。在历史表现论视域下，影像史学在知识传播和美学表现两方面都具备一种特殊的"实验性"，即基于不确定条件的探索性。因此可以成为历史教育完成知识传播与文化渗透双重目标的重要手段，具有重要的理论和实践价值。相应的，也应具有较专门的方法论。

"改革开放口述史丛书"由中共党史出版社出版。

目前已出版《安徽改革开放口述史》《四川改革开放口述史》《云南改革开放口述史》《重庆改革开放口述史》《陕西改革开放口述史》《浙江改革开放口述史》《山西改革开放口述史》。

孔寒冰编著《从化学博士到驻华大使：阿尔巴尼亚校友塔希尔·埃莱兹口述》由北京大学出版社出版。

朱佳木著《我所知道的十一届三中全会》由当代中国出版社出版。

徐勇、邓大才主编《中国农村调查·农村妇女》第 2 卷由天津人民出版社出版。

杜亮、王伟剑编《回归与希望：乡村青年教师口述史》由广西教育出版社有限公司出版。

编 后 记

《中国公共史学集刊》创刊后，一些朋友给予了正面的肯定，也增加了继续办刊的动力，于是便有了本集的出现。在集刊创办时，我们曾经确立了办刊之道，即效仿《禹贡》或《食货》，以专题的方式呈现对某一个问题的探索，刊登的稿件主要以学术价值为导向，而不以形式或作者身份为导向。为了践行这种意识，本集虽然尽量继承了创刊号的主要栏目，但开始以专题的方式组稿。这一集的主题，是在第一集编排时就已确定了的——"影像史学"。将主题确定为"影像史学"，并不仅仅是因为组稿的情况，更是因为我们感受到影像对历史学正在产生的影响及其即将带来的挑战，值得史学界高度重视。

本集共设 7 个栏目，比创刊号有所收缩。一来是有些栏目缺少合适的稿件，如"评论者说"，二来是本期有些稿件字数较多，为了追求每一集印张的大致平衡，有一部分稿件不得不被暂时撤下。为了让读者更好地把握本专号的内容，下面依次介绍各个栏目收录的文章。

"工作坊传真"栏目共刊发了三篇文章，丘比特和林奇两位教授的文章是 2017 年第一届"公共史学国际工作坊（中国）"的演讲稿，第三篇是 2018 年年底创办的"公共史学工作坊"第一期的录音整理稿。丘比特教授的文章主要以英国军团记忆研究为例，探讨了借助文献、展品等资料研究军事记忆的方法与路径，不仅有助于我们了解英国学者有关历史记忆研究的动态，对我们理解军事记忆研究的方法和路径也极有助益。林奇教授的文章在主题上与丘比特教授的文章是相联系的，为我们分析了澳大利亚战争纪念活动背后的情感问题，帮助我们了解到澳大利亚人对战争的认识。《历史知识的应用与传播》一文虽然是学术工作坊的整理稿，但是与会的学者均谈及自己对公共史学的看法，其中不少观点有继续深究的价值。这三篇文章，看起来和影像史学关系不大，实则不然。丘比特和林奇两位教授的文章都将图像运用到了研究中，可以说是"以图证史"的实践，更不用说影像史学本身就应该置放在"历史知识的应用与传播"这个大议题下进行探讨。

"专题研究"栏目刊登了两篇学生的论文。《当代中国影视/影像史学的理论发展及其问题》是中国人民大学历史学院 2015 级硕士生刘亚楠同学在硕士学位论文的基础上改写而成。文章初步梳理了中国影像史学的理论发展历程，并讨论了当前影像史学理论讨论中存在的问题。亚楠同学曾有志于历史剧的实践，可惜因种种原因未能如愿。此文的刊登，亦可视为她曾经努力的一个纪念，也希望她在职场历练后还能有实现梦想的机会。《公共史学与美国罗斯伍德大屠杀》是中国人民大学历史学院 2018 级硕士生郑泽宇同学在她课堂作业的基础上修改而成。泽宇同学随我读书后，开始对公共史学感兴趣。鉴于她良好的英语素养，我建议她多多关注美国公共史学的实践问题。随后她在《公共史学研修》课堂上，告诉我发现了"罗斯伍德大屠杀"这个典型的公共史学案例。本来我希望她以此作为硕士论文的备选题目之一，不曾想她非常努力，在期末就提交了这篇文章作为课堂作业。此文借助对"罗斯伍德大屠杀"从尘封到成为美国公共历史教育典型案例的分析，向我们展示了公共史学到底是如何在实践中展开的。从这个案例中我们也可以看到，影像之于历史事件的意义及在公共历史教育中的作用。

"实践者说"栏目刊登了两篇重量级的文章。第一篇是于洪老师对《百家讲坛》节目创作过程的介绍。《百家讲坛》不仅带动了深受人民大众喜爱的"电视讲史"，也为中国大陆的电视文化类节目发展做出了突出贡献。于洪老师曾任《百家讲坛》主编，现为中央电视台大型纪录片《中国影像方志》执行总导演。他从核心创作者的角度为我们解读了《百家讲坛》栏目的定位、节目制作的技巧等，不仅有助于我们了解栏目本身，也有助于我们思考公共史学实践过程中需要注意到的问题。第二篇文章是蒋竹山教授对运用电影进行历史教育的思考。蒋老师在大学里开设"电影与社会"课程已有十余年的历史。他不仅授课深受学生喜爱，还善于总结教学方法，于去年出版了《This Way 看电影："提炼电影里的历史味"》专著，向我们详细展示了如何从历史学的角度来解读著名影片。本集刊登的文章可以说是蒋老师过去十余年"电影与社会"课程的方法总结，我们通过此文，基本可以掌握到把影视资料引入课堂的窍门。蒋老师真是肯把金针度与人的好老师。

"名家访谈"栏目刊登的是包伟民教授的访谈。包伟民教授是享誉国内外的著名学者，于百忙之中接受了几位本科生同学的采访。包老师的访谈，显示了一位著名历史学者对影像史学的观察，既有对历史学界的反思，也有对当前历史影视剧缺点的批评。"史学写作形式走向多样化是一种必然的趋势"的论断，显示出一位历史学者对历史学发展的开放态度。

"调查与分析"栏目刊登的是屈家桢、陈路等五位同学完成的《中国历史剧发展历程及现状研究（1978—2018）》。几位同学是中国人民大学 2016 级本科生，对历史剧的问题感兴趣，并以这个题目获批了国家级"大学生创新实验计划"。他们不畏困难，团结合作，不仅对中国过去四十年的历史剧剧目进行了全面梳理分析，还尽可能去实地考察，调研采访，最终以优秀结项。这篇文章对四十余年来中国历史剧的发展历程、对历史剧生产流程各要素的分析、对人民大众和历史学专业学生对历史剧的认知等方面的分析，对我们认识中国当代历史剧等情况有一定价值。当然，文稿虽然经过中国政法大学光明新闻传播学院滕乐老师和我的修改，但仍存在稚嫩、单薄，以及问卷调查不够规范等问题。

"资料整理"栏目刊登的是楼文婷同学整理的《中国影像史学研究论著篇目汇编（一）》。这是文婷同学本科时期与徐雷鹏、何仁亿、汤佳丽、孔荦几位同学一块进行国家级"大学生创新实验计划"的成果之一。由于版面的问题，本次只刊登了有关理论和历史剧的两个部分，其余部分将在第三集刊出。近几年来，凡涉及某个议题，我总是特别重视该议题研究论著篇目汇编的编纂。虽然编纂篇目汇编属于"出力不讨好"的工作，但是却是推动该议题研究"继往开来"的基础之一。不过，由于纸本过刊收藏不全和人力不足等问题，编纂篇目汇编时主要是依靠数据库检索获得信息，这就导致篇目汇编一定存在遗漏。这是必须要让读者知晓的。

"学术编年"栏目刊登的是李雨桐同学编纂整理的《2018 年公共史学发展编年》。从搜集的信息看，口述史的信息最多，显示出口述史实践已经在全国各个地方和各个领域展开，史学界也在努力讨论相关理论和规范问题。公共考古学也在蓬勃发展，学术界的理论探讨和考古发掘征集志愿者参与的尝试都获得突破。2018 年在中国公共史学发展最有标志性的事件，应该是在《中国公共史学集刊》和《公众史学》两部专业集刊的诞生。不过这个编年也显示出，中国公共史学的现状还不是那么让人乐观，各个领域之间的互动还比较少，学院派学者的参与和推动还不够。

需要特别强调的是，"专题研究""调查与分析""资料整理""学术编年"四个栏目刊登的学生习作，都是由我指导或审补完成的。如果有一定的价值，都是学生努力的结果。如果有问题，则是我指导或审补不力导致的，与学生无关。

最后，要对本集"'影像史学'专号 I"这个题目有所解释。之所以将本集确定为"影像史学"专题的第一号，是因为明年的第三集将会是"影像史学"专题的第二号。我们真诚欢迎师长朋友们惠赐大作。正如第一集和第二集已刊稿件那样，我们只看稿件的学术价值，并不注重作者的身份，无论您是本科生还是研究生，只要稿件有学术价值，我们都会刊登。

姜萌

2019 年 10 月 7 日